Bascha Mika
Nadja Erb (Hg.)

Mut

Für einen Feminismus,

der allen gut tut

SOCIETÄTS
VERLAG

Inhaltsverzeichnis

Von Mut – Für einen Feminismus, der allen gut tut

Ein Vorwort

Sind Sie bereit, etwas zu riskieren? Gefällt es Ihnen, unerschrocken zu sein? Streiten Sie gern für Dinge, die Ihnen wichtig sind? Wenn es um Frauen und Männer geht, sind das entscheidende Fragen. Denn die Rechte, die Frauen heute haben, mussten sie gegen vielerlei Widerstände selbst durchsetzen. Alle Freiheiten, die sie bei uns genießen, mussten hart erstritten werden. Geschenkt wurde den Frauen nichts. Sie haben nur bekommen, was sie mit aller Macht forderten.

Such' nach Wegen, wie Ideen und Überzeugungen zu Wirklichkeit werden! Das war und ist für viele Frauen Auftrag und Ansporn.

Wer das ernst nimmt, muss mutig sein. Auch im Kleinen und Alltäglichen. Darf sich nicht einschüchtern lassen. Schließlich geht es um etwas Entscheidendes, um Freiheit und Selbstbestimmung. „Es gibt kein Glück ohne Freiheit und keine Freiheit ohne Mut." Diese Weisheit aus der Antike hat an Aktualität nichts verloren. Vor allem wenn es um Geschlechterfragen geht. Denn wer Freiheit will, wer Gerechtigkeit für alle fordert, muss mit Anfeindungen und Widerstand rechnen.

Doch wer sagt, dass Frauen diesen Kampf alleine führen müssen? Warum nicht Männer einbeziehen – als Verbündete! Viele von ihnen haben verstanden, dass es uns allen besser geht, wenn Macht, Einfluss und materielle Güter gerechter verteilt sind. Wenn die besondere Last, die Frauen tragen, auch von Männern übernommen wird. Wenn Männer ihre Last auch mit Frauen teilen. Und neben der Last auch die Lust.

Gemeinsam – das ist das Zauberwort für die Zukunft.

Das vorliegende Buch, das aus einer Serie in der Frankfurter Rundschau entstand, macht Mut zu dieser Gemeinsamkeit. Es widmet sich Frauen in den unterschiedlichsten Rollen: als Heldinnen und Schlampen, als Schöpferinnen, Verführerinnen, Dichterinnen oder Streiterinnen. Frauen können alles sein. Und Männer sollten diese Vielfalt entspannt akzeptieren. Dann sind wir alle schon einen guten Schritt weiter.

Denn es gibt keine Frauenfragen, nur Menschheitsfragen.

Ich wünsche Ihnen ein großes Lesevergnügen voller Überraschungen, Anregungen und Erkenntnisse.

Bascha Mika, August 2019

Ar bei ter in nen

Die Männer an der Front, die Frauen mussten ran:
1916 vor einer Brauerei in Berlin.

Foto: SCHERL/BUNDESARCHIV

Jessesmaria, nein!

Frauen und Arbeit –
passt das überhaupt zusammen?

Von Ella Carina Werner

Früher gab es Männerberufe und Frauenberufe, so erklärte es mir meine Großmutter, und dazwischen gab es nichts. Letztere erkannte man daran, dass sie meistens was mit Textilien, Tieren oder Menschen zu tun hatten und immer schlecht bezahlt waren. Frauen taten, was man mit kleinen, zierlichen Frauenhänden eben am besten tun konnte: sticken, Gänse rupfen oder Zäpfchen in Säuglingspopos einführen. „Oder operieren? Oder Geräte reparieren?“, fragte ich als Kind meine Großmutter, weil das doch auch millimetergenaue Handarbeit war. „Jessesmaria, nein, das waren doch keine Frauenberufe!“, rief sie und schlug ihre gar nicht zierlichen, eigentlich ziemlich klobigen Hände über der Dauerwelle zusammen. Lange Zeit durften Frauen Männerarbeit nicht machen, dafür waren sie nicht geeignet. Zu kleine Körper (Militär), zu kleine Gehirne (Wissenschaft), zu schwache Nerven (Politik) und so fort. Die Aufgabenteilung war klar. Straße fegen: männlich. Haus fegen: weiblich. Diktieren: männlich. Diktat abtippen: weiblich. Krieg machen: männlich. Trümmer nach Krieg wegräumen: weiblich.

Meine Großmutter, das sagte sie immer, wollte eigentlich Architektin werden, wurde aber Hausfrau. Meine andere Großmutter wäre gerne Chemielaborantin geworden, wurde aber Handarbeitslehrerin (für zwei Jahre, dann Hausfrau). Großtante Gerda träumte von einem Leben als Ärztin, wurde aber Arztgattin. Das fand sie „auch ganz apart“, aber ihr trübseliger Blick und ihre Liebe zu medizinischen Fachbüchern sagten etwas anderes. „Froh in den Hausputz“, hieß es auf Werbeplakaten 1953, aber Großtante Gerda ging eher unfroh in den Hausputz und wurde depressiv.

Es war verwirrend, aber für mich als Kind auch spannend: Hinter fast jeder weiblichen Berufsbiografie, die ich in den 80er Jahren kannte, stand ein „aber eigentlich". Hinter jeder Frau verbarg sich noch etwas anderes, eine zweite Wunschidentität. Bis 1977 durften Ehemänner mitbestimmen, was und ob ihre Frauen arbeiteten. Vermutlich gingen sie sogar mit zur Berufsberatung, wie heute die Helikopter-Eltern: „Guten Tag, meine Gattin möchte einen Beruf erlernen, aber keinen anspruchsvollen, eher was Nettes mit den Händen, und maximal drei Stunden pro Tag, damit sie weiterhin ihren hausfraulichen Pflichten nachkommen kann."

Klar separierte Frauen- und Männerberufe gibt es heute kaum noch, aber zahllose Jobs werden noch immer als weiblich oder männlich wahrgenommen. Geburtshilfe: weiblich. Bestattungshilfe: männlich. Tagesmutter: weiblich. Tagesvater: lustig. Und noch immer wird Frauenarbeit häufig schlechter bezahlt. Ohne Grund. Mein Onkel ist Abteilungsleiter und hat 25 Leute unter sich. Meine Tante ist Kita-Erzieherin und hat auch 25 Leute unter sich, verdient aber elf Mal weniger.

Meine Großmutter wäre heute Architektin geworden, trotz der kleinen Hände, und Großtante Gerda vielleicht niemals depressiv. „Froh in den Hausputz" gehen die meisten Frauen heute nur noch nach Feierabend oder lagern ihn gleich aus.

Im Vorfeld dieser Kolumne fragte ich meinen sehr alten Nachbarn im Treppenhaus: „Herr Trischke, was fällt Ihnen eigentlich zum Thema ‚Frauen und Arbeit' ein?" „Hm, sind das nicht eigentlich zwei Themen ...?", fragte der gute Mann grübelnd zurück, ehe er in der lichtlosen Tiefe seines Wohnungsflurs verschwand.

„Selbständig müssen die Frauen werden“

Louise Otto-Peters' Forderung aus dem Jahre 1847 ist heute noch so aktuell wie damals. Der Weg dahin führt über den Beruf und die öffentliche Anerkennung

Von Bascha Mika

Manchmal sind es die kleinen Erfahrungen, die den Blick fürs Größere schärfen. Vielleicht ist mir deshalb ein Gespräch mit meiner Mutter so lebhaft im Gedächtnis geblieben. Kein Mensch, behaupte ich mal, hat je so viel gearbeitet wie sie. Als meine jüngste Schwester fünf Jahre alt war, stieg meine Mutter wieder in den Beruf ein. Vollzeit. Ende der 1960er Jahre war sie unter den rund 150 Angestellten in ihrer Bank eine Exotin – die einzige Frau mit unmündigen Kindern.

Meine Mutter stand morgens um halb sechs auf und kam nie vor Mitternacht ins Bett. Sie hatte einen Acht-Stunden-Tag im Beruf, fünf Kinder, ein Haus, den Garten und mit meinem Vater einen Mann, der sie zwar mehr unterstützte, als es für seine Generation üblich war – aber angesichts des unendlichen Bergs an täglichen Aufgaben waren es Peanuts.

Wir Kinder sind stets davon ausgegangen, dass meine Mutter sich die wahnsinnige Doppelbelastung nur aufgehalst hatte, damit das Familieneinkommen für das eigene Haus und unsere Ausbildung reichte. Bis sie uns aufklärte. Klar ginge es auch um die ökonomische Seite, meinte sie. Aber mindestens genauso wichtig sei alles andere, das der Beruf ihr biete. Denn so habe sie neben der Familie auch noch ein anderes Leben: nicht nur als Ehefrau und Mutter, sondern auch als kompetente Mitarbeiterin und Kollegin. Sobald sie in die Bank käme, rücke die Familie weit weg. Die Arbeit sei interessant, durch den Job wäre sie sehr viel selbstbewusster geworden, sie fühle sich unabhängiger, weil sie eigenes Geld verdiene und sei stolz auf die Anerkennung, die sie bekomme.

Näher am Alltagsleben lässt sich für mich kaum beschreiben, warum ein Beruf für Frauen wichtig ist. Warum aller Einsatz rund um Kind und Haus zwar schön und notwendig bleibt, die Erwerbsarbeit aber noch Entscheidendes darüber hinaus bieten kann: Sinnstiftung jenseits von Familie und Partnerschaft, ökonomische Eigenständigkeit, Sichtbarkeit im öffentlichen Raum, Respekt und Ansehen in der Außenwelt. „Es gibt so viele Goodies, die mit der Erwerbsarbeit verbunden sind, dass es ganz falsch ist, einen Beruf auf den finanziellen Aspekt zu reduzieren“, betont die Soziologin Jutta Allmendinger. „Es geht auch um die soziale Vernetzung, darum, Freunde zu haben, anderes kennenzulernen, etwas zu tun, das einen gesellschaftlichen Wert hat. Kurzum, es geht um Teilhabe an der Gesellschaft.“

Um diese Teilhabe haben Frauen erst einmal kämpfen müssen. Zumindest die bürgerlichen Frauen. Louise Otto-Peters, die als Gründerin der deutschen Frauenbewegung gilt, forderte 1847: „Selbständig müssen die deutschen Frauen werden.“ Selbstständig durch Bildung, Arbeit und eigenständige materielle Existenz. Louise Otto-Peters erklärte es als Sünde, das Weib „auf den engen Kreis der Häuslichkeit beschränken zu wollen und somit auszuschließen von jeden anderen Zwecken des Menschtums, welche sich nicht auf die Familie beziehen“. Paradox an dieser Forderung ist, dass es in jener Zeit bereits sehr viel weibliche Lohnarbeit gab: Millionen Frauen aus dem proletarischen Milieu, die unter unmenschlichen Bedingungen schufteten; massenhaft Dienstmädchen, die für wenig Geld viele Stunden in Haushalten ausgebeutet wurden. Doch für bürgerliche Töchter war die Erwerbstätigkeit tabu – was viele von ihnen in Abhängigkeit oder Armut führte.

Bei der zweiten Frauenbewegung ab 1968 stand das Recht auf Arbeit wieder auf dem Plan. Denn im kollektiven Selbstverständnis der bundesrepublikanischen Wohlstandsgesellschaft war weibliche Berufstätigkeit nicht angesagt. Sie gehörte sich irgendwie nicht, sie brachte die alten Geschlechterrollen durcheinander. Noch bis 1977 waren Frauen sogar gesetzlich „zur Führung des Haushaltes“ verpflichtet. Der Ehemann entschied, ob seine Angetraute einen Job haben durfte und konnte ihn auch ohne ihre Zustimmung kündigen.

Angesichts dieser Kämpfe, könnte man den Eindruck gewinnen, Frauenarbeit sei ungewöhnlich. Das Gegenteil ist der Fall. Frauen haben immer gearbeitet. Doch die Wahrnehmung von Frauenarbeit unterlag stets anderen Kriterien als die der Männer. Die herkömmliche Wirtschafts- und Sozialgeschichte unterschlug mit Vorliebe den weiblichen Beitrag. Historisch betrachtet, wurde das wissenschaftliche Interesse erst durch die Lohnarbeit geweckt.

Wenn es um den Wert von Arbeit und ihren gesellschaftlichen Nutzen geht, lässt sich die weibliche Leistung jenseits der Erwerbsarbeit tatsächlich leicht ignorieren: der Einsatz im Haus, bei der Kindererziehung und Pflege von Angehörigen, bei der Unterstützung auf dem Hof, im Handwerksbetrieb oder im Geschäft. Denn dabei sind die Frauen kaum sichtbar. Und weil diese Arbeiten häufig als Verlängerung der traditionellen Rollenaufgaben angesehen werden, wird deren Professionalität gern verleugnet. Bis heute.

Nehmen wir nur mal das Kochen. Im Alltag wird diese Arbeit fast ausschließlich und millionenfach von Frauen erledigt; aber wenn es ums professionelle Kochen geht, zumal um die Spitzengastronomie, wird Kochen zur Männerdomäne. Dasselbe Spiel im Modebereich. Nadelarbeiten sind traditionell weiblich: das Sticken, Stricken, Nähen, Schneidern. Doch die hochprofessionelle Schneiderszene ist fast ausschließlich von Männern bevölkert. Und die heißen dann Modedesigner.

Wann gilt eine Tätigkeit als Beruf? Wo verläuft die Grenze zwischen Arbeit und Nichtarbeit? Zwischen Erwerbsarbeit, gesellschaftlichem Nutzen und öffentlicher Anerkennung?

Die ökonomische, finanzielle und soziale Wertschätzung von Frauen- und Männerarbeit ist weder neutral noch ausgewogen. Wie auf allen Feldern, in denen konservative Geschlechtermuster vorherrschen, geht es auch hier um männliche Deutungsmacht und weiblichen Ausschluss – was sich noch in der heutigen Arbeitswelt allzu deutlich niederschlägt. Zum Beispiel bei der katastrophalen Bezahlung von Krankenschwestern und Erzieherinnen oder dem Gender-Pay-Gap. Dabei wurde bereits 1955 der Grundsatz „Gleicher Lohn für gleiche Arbeit" ausgerufen.

Geht es um das Thema „Frauen und Beruf", wird in der Öffentlichkeit häufig mit dem Schlagwort „Frauen und Karriere" operiert – was falsch ist. Denn Karriere zu machen kann nicht das Kriterium für Berufsarbeit sein, Karriere machen, immer nur wenige: einige Männer, viel seltener noch Frauen. Beim Beruf geht es um mehr, als erfolgreich an die Spitze zu kommen.

Männer wissen das. Nie kämen sie auf die Idee, die Erwerbsarbeit zu vernachlässigen oder auf einen Versorger zu setzen. Die gut ausgebildeten Frauen hierzulande ticken ganz ähnlich. Nach ihren Zukunftsentwürfen befragt, sind ihnen Beruf und Familie gleichermaßen wichtig, sie wünschen ein Leben auf Augenhöhe, in dem sie alles mit ihrem Partner teilen.

Nur verschieben dann viele Frauen ihre Prioritäten, sobald sie Mutter werden. Kaum in den Beruf eingestiegen, gilt er neben der Familie als nicht mehr so wichtig. Weil die Strukturen der Arbeitswelt nach wie vor männerdominiert und familienfeindlich sind. Weil sich Frauen noch immer in uralte Rollenmuster drängen lassen, die ihnen ein angenehmeres Leben vorgaukeln. Mit allen Konsequenzen, die das für ein eigenständiges weibliches Leben bis hin zum Altern in Würde hat.

Kann es ein Akt der Emanzipation sein, sich der Arbeitswelt zu entziehen? Um sich nicht vollends nach Männermanier den Gesetzen des Marktes und der Ökonomisierung der Lebenswelt auszuliefern? Diese Überlegung hat zweifellos etwas für sich. Nur hilft sie nicht. Denn ohne die massenhafte Präsenz von Frauen werden sich die Verhältnisse in der Arbeitswelt nicht ändern. Zudem gehen Frauen, die diesem Weg folgen, ein großes Risiko ein: Wenn sie sich finanziell abhängig machen, können gerade sie von den Gesetzmäßigkeiten einer kapitalistischen Ordnung besonders brutal eingeholt werden.

Übrigens: Meine Mutter hat dreiundzwanzig Jahre in Vollzeit bei ihrer Bank gearbeitet. Heute ist sie 87 und sagt, dass sie es nie bereut hat. Es sei kein einfaches Leben gewesen, aber ein gutes.

„Ich musste erst lernen, meinen Fähigkeiten zu vertrauen“

Janina Mütze hat sich von der erfolgreichen Gründerin der Berliner Start-up-Szene an die Spitze der deutschen Digitalwirtschaft gearbeitet – als eine von wenigen Frauen in der Branche

Von Alicia Lindhoff

Es ist Montagmorgen, sieben Uhr. Janina Mütze sitzt auf dem Rücksitz eines Taxis. Während vor den Fenstern die Baustellen und Wohnblöcke Berlins vorbeiziehen, scrollt sie ein letztes Mal durch die Notizen auf ihrem Smartphone. Gleich soll sie für das Morgenprogramm der Deutschen Welle ein Fernsehinterview geben. Live und auf Englisch wird sie einem internationalen Publikum erläutern, warum Deutschland ein Digitalministerium braucht – zumindest aus Sicht des Bundesverbands deutscher Start-ups, in dessen Vorstand sie sitzt. Nervös wippt sie mit dem Fuß. Es ist nicht so, als hätte Janina Mütze keine Erfahrung darin, auf großer Bühne über Themen rund um die digitale Wirtschaft zu sprechen. Seit sie vor zweieinhalb Jahren Civey mitgegründet hat, ein Institut für Online-Meinungsforschung, stand sie unzählige Male vor Journalisten, Politikerinnen und Investoren, um über ihre Arbeit zu sprechen. Doch seit sie vor Kurzem in den Vorstand des Start-up-Verbandes gewählt wurde, hängt die Latte noch ein wenig höher. Sie vertritt jetzt die gesamte Branche in der öffentlichen Debatte.

Und sie weiß, dass sie besonders aufmerksam beobachtet wird. Nicht nur, weil sie erst 27 Jahre alt ist und keinen Tag älter aussieht. Sondern auch, weil sie eine Frau ist. Nichts Ungewöhnliches heutzutage – könnte man meinen. Tatsächlich aber sind Frauen in der digitalen Wirtschaft absolut unterrepräsentiert. Im vergangenen Jahr waren nach Zahlen des Bundesverbands nur 15 Prozent aller Start-up-Gründer in Deutschland weiblich. Im Silicon Valley sieht es nicht viel besser aus. Laut der Branchen-Datenbank Crunchbase waren 2017 lediglich an 17 Prozent aller Start-up-Gründungen dort Frauen beteiligt. Ein steigender Trend ist nicht zu erkennen: Seit zwei Jahren ist der Prozentsatz weitgehend gleich geblieben. Und das, obwohl mehrere Studien nahelegen, dass Start-ups mit gemischten Gründerteams erfolgreicher und nachhaltiger wirtschaften als solche, an denen nur Männer beteiligt sind.

Doch woher kommt dieser eklatante Frauenmangel – gerade in einer Branche, die als Garant für Fortschritt und Innovation bejubelt wird? Auch Janina Mütze stellt sich diese Frage immer wieder. Sie hat inzwischen das Interview hinter sich gebracht und ist zufrieden: Knappe Sätze, keine Haspler, keine Wissenslücken. Gut gelaunt sitzt sie im Taxi Richtung Kreuzberg, wo Civey seine Büroräume hat. Doch als es um die fehlenden Frauen in der Digitalwirtschaft geht, wird sie ernst: „Unsere Branche hat den Anspruch zu verändern, wie wir leben, wirtschaften – oder in unserem Fall: Politik machen. Wenn diese neuen Gesellschaftsentwürfe jetzt wieder hauptsächlich von Männern entwickelt werden, dann ist das kritisch."

Einfache Antworten auf die Frage nach dem „Warum" hat sie nicht. Zumal sie andere Branchen als viel frauenfeindlicher wahrnimmt: „Wenn wir irgendwo in Deutschland bei einem Mittelständler unser Produkt vorstellen, dauert es oft, bis die dort akzeptieren, dass ich keine Praktikantin bin, sondern diejenige, mit der sie verhandeln müssen." In der Start-up-Szene dagegen zähle mehr, was jemand tatsächlich vorzuweisen habe. Das sehen nicht alle so. In einer Studie des Vodafone Instituts für Gesellschaft und Kommunikation zur Situation von Gründerinnen in der deutschen Digitalbranche sagten über 86 Prozent der Befragten, dass es eine besondere Hürde für Frauen darstelle, sich auf die in der Branche übliche Selbstdarstellung und Übertreibung einzulassen. Die sind vor allem dann an der Tagesordnung, wenn es an die Finanzierung geht. Start-ups sind in aller Regel auf Risikokapital angewiesen und präsentieren dafür ihre Ideen bei sogenannten „Pitches“ vor Investoren. Über diese Bewerbungsrunden sagte Ida Tin, Gründerin der Zyklus-App Clue, einmal in einem Interview: „Die ganze soziale Situation in einem Pitch-Prozess belohnt Charaktereigenschaften, die traditionell als männlich wahrgenommen werden.“

Eine Studie der Harvard-Universität bestätigte 2014 den Eindruck vieler Frauen, dass die meist männlichen Geldgeber lieber in Ideen von Männern investierten – unabhängig vom tatsächlichen Inhalt. In den USA machen bereits Berichte über Frauen die Runde, die sich fiktive Geschäftspartner ausdenken, um an Kapital zu kommen. Zugleich entstehen Ratgeber, in denen Gründerinnen geraten wird, aggressiver aufzutreten, auch mal die Ellbogen auszufahren. „Abweichendes Geschlechterverhalten neutralisieren“ – so klingt das in einem Artikel auf der Internetseite deutsche-startups.de.

Janina Mütze scheint von solchen Tipps wenig zu halten. Als sie mit einem Kaffee in der Hand in den hellen, schmucklosen Büroräumen von Civey ankommt, steht als Erstes ein Meeting zum Wochenstart mit den Teamleiterinnen und Teamleitern an. Die Atmosphäre ist entspannt und auch Mütze wirkt nicht wie eine strenge Vorgesetzte. Sie plaudert, scherzt. Erst auf den zweiten Blick fällt auf, dass sie während der Besprechung ständig die Fäden in der Hand hält. Sie korrigiert Zahlen, bündelt in regelmäßigen Abständen die gesammelten Informationen, drängt auf Ergebnisse. Als ihr eine Diskussion zwischen zwei Kollegen zu viel Raum einnimmt, greift sie kurzerhand ein: „Identifizierst du bitte einfach jemanden aus deinem Team, der das später mit dem Marketing klärt? Super, danke!“ Ein Blick auf die Uhr, weiter geht‘s.

Sich im ganz normalen Arbeitsalltag durchzusetzen, sich Autorität zu verschaffen, das sei in der Anfangsphase von Civey das Härteste für sie gewesen, sagt sie später. Einige männliche Kollegen, gerade die etwas älteren, hätten sie spüren lassen, dass sie sich von ihr ungern Dinge vorschreiben ließen. Sie selbst wiederum habe sich oft nicht gut genug gefühlt. „Ich musste erst lernen, meinen Fähigkeiten mehr zu vertrauen. Schließlich machen wir hier alle alles zum ersten Mal.“ Sie denkt kurz nach. „Aber ich bin schon auch ‚chefiger‘ geworden.“

Und als Chefin musste sie sich eigene unbewusste Vorurteile – und die ihrer männlichen Mitgründer – eingestehen. „Auch wir neigen dazu, Frauen zu unterschätzen. Es ist wichtig, sich so was bewusst zu machen und aktiv gegenzusteuern.“ Von den gut 30 Angestellten von Civey sind heute fast die Hälfte Frauen – und zwar entgegen aller Klischees nicht nur im Marketing oder im Verkauf, sondern auch in den Abteilungen, die für technologische Entwicklung zuständig sind. Heile Welt also in der eigenen Firma? Janina Mütze schüttelt den Kopf. „Je höher man in der Hierarchie geht, desto männlicher wird es auch hier wieder.“ Im mittlerweile fünfköpfigen Leitungsteam ist Janina Mütze die einzige Frau. Auch um das zu ändern, treffen sich die weiblichen „Civeyées“ alle zwei Monate und besprechen ihre Situation im Unternehmen.

Immer mehr Frauen, die es in der digitalen Wirtschaft in Leitungspositionen gebracht haben, setzen heute auf Frauen-Netzwerke, um den sprichwörtlichen Old Boys Clubs etwas entgegenzusetzen. So gründeten sich in den USA 2009 die Start-up Chicks, und seit zwei Jahren veranstalten die „Women of Silicon Valley“ Konferenzen unter dem Motto: „Lasst uns die gläserne Decke zertrümmern“. In Deutschland wollen die „Venture Ladies“ Frauen die Finanzierung erleichtern, und 2014 gründete Stephanie Renda ein Unternehmerinnen-Netzwerk innerhalb des Start-up-Bundesverbands. Dort ist Janina Mütze mittlerweile Co-Vorsitzende.

Sie wolle Frauen die Angst vor dem Gründen nehmen, sagt sie. Viele glaubten, sich damit zu überfordern – finanziell oder auch persönlich. Gedanken, die verständlich sind angesichts der hohen Prozentzahl an Start-ups, die allein während des ersten Jahres scheitern. Und auch Janina Mütze kennt solche Zweifel, allerdings war es eher der Erfolg, der ihr Angst machte: „Hätte ich am Anfang gewusst, dass Civey so einschlägt, hätte ich es mir niemals zugetraut.“ Doch letztendlich habe sie nie bereut, mit nur 24 Jahren den Sprung gewagt zu haben – auch wenn sie seit der Gründung von Civey quasi im Dauereinsatz für das Unternehmen ist und jeder Tag sie vor neue Schwierigkeiten stellt. Doch ob es der erste Pitch war oder das erste Live-Interview auf Englisch: Bisher hat immer alles gut geklappt. Sie grinst. „Du wächst ja auch mit deinen Aufgaben.“

Arbeitsalltag I: „Wir entwerfen Wohnhäuser und Cafés“

Die Tunesierin Rahma Kilouche, 24, schafft in einem kreativen Umfeld

Aufgezeichnet von Martin Gehlen

Privat

Rahma Kilouche

Von Kindesbeinen an bin ich zu Hause in einem kreativen Umfeld aufgewachsen – voller Formen und Farben. Heute bin ich Innenarchitektin und arbeite in einem großen Büro in Tunis. Als erste Berufserfahrung bin ich damit sehr zufrieden. Wir sind 13 Mitarbeiter, zwei Drittel Frauen, die Wohnhäuser, Geschäfte, Turnhallen, Restaurants und Cafés entwerfen. Das Klima ist professionell und kooperativ, die beiden Chefs sind offen und zugänglich.

Mein Vater und meine Mutter sind meine großen Vorbilder. Meine Mutter eröffnete Mitte der 80er Jahre eine eigene Fabrik für Lederwaren. Sie fuhr zu Modemessen in Italien und Frankreich. Alle Produkte entwarf sie selbst, sie hatte ihr eigenes Label. Bis zur Revolution im Januar 2011, als ein Mob ihre Boutique plünderte und anzündete, führte sie diese Fabrik mit 60 Mitarbeiterinnen und Mitarbeitern. Sie war Tunesiens erste Modedesignerin, die von dem damaligen Staatspräsidenten Habib Bourguiba in einer Audienz empfangen wurde.

Geboren und aufgewachsen bin ich in Sousse. Nach dem Abitur ging ich nach Tunis, um Innenarchitektur zu studieren. Meine Heimat Tunesien ist ein beliebtes Ferienland, also habe ich als Examensarbeit ein Gästehaus für Touristen entworfen. Zu meinen Vorbildern gehören der amerikanische Architekt Frank O. Gehry und das Bauhaus von Walter Gropius, weil dort Architektur, Kunst und Design miteinander verbunden sind. Aus der arabischen Welt bewundere ich vor allem die Architektin Zaha Hadid, die aus Bagdad stammte. Vor drei Jahren, während meiner ersten Reise durch Deutschland, bin ich extra nach Wolfsburg gefahren, um mir das berühmte Wissenschaftsmuseum Phæno anzusehen, das sie dort gebaut hat."

Die Mär von der Quotenfrau

Nicht Frauen, sondern Unternehmen brauchen die Quote

Von Marie-Luise Wolff

Marie-Luise Wolff

ENTEGA

Bei Stellenbesetzungen gehe es doch um Eignung und Talent, nicht um Geschlecht, sagen die Quotengegner. Klingt zunächst plausibel, ist es aber nicht. Denn dieser so oft zitierte Satz enthält eine irreführende Verknüpfung. Die Quote hebt Eignung und Talent einer Kandidatin als Voraussetzungen für den Erfolg ja nicht auf. Die Quote ist doch kein Instrument, ungeeignete oder nicht leistungsfähige Frauen einzustellen. Denn sie gilt nie allein. Es geht um Eignung, Talent und um Geschlecht! Wenn dieses Verständnis herrscht – und alles andere wäre diffamierend –, ist auch ein weiteres Argument hinfällig, nämlich das der „Quotenfrau". Daraus ist ein Kampfbegriff geworden, der die Sache nicht trifft. Nachweisbar geht es heute bei keiner personellen Besetzung nur um die Quote. Es geht um gleiche Chancen bei gleicher Qualifikation, aber eben unterschiedlichen Voraussetzungen.

Über Jahrzehnte waren Frauen von Aufstiegsprozessen in Unternehmen weithin ausgeschlossen. Regelungen zur Selbstverpflichtung sind bekanntlich völlig gescheitert. Dagegen zeigen die Erfahrungen mit der Quote: Professionell angewandt, schafft sie Anreize zur Unternehmensentwicklung! Über das Genderthema hinaus hat die Quote das Zeug, Unternehmen strukturell zu verändern und zu verbessern. Gerade in Deutschland ist dies unerlässlich. Das wird nicht einfach, aber jeder kann es sich schon vorstellen. Wenn ich mir als Unternehmerin das Ziel setze, in den nächsten Jahren auf den oberen Management-Ebenen eine dreißigprozentige Frauenquote zu erreichen, dann muss ich auf den Ebenen darunter weit mehr als 30 Prozent Frauen in Verantwortung bringen. Junge und ältere, mit den verschiedensten Fähigkeiten. Und ich muss es schaffen, den größten Teil dieser Frauen im Unternehmen zu halten.

Dafür muss ich weg von der alten Arbeitszeit- und Anwesenheitskultur, hin zu neuen Karrieresystemen, die deutlich mehr Unterbrechungen und auch sogenannte Spätkarrieren zulassen, einem modernen Aus- und Weiterbildungsprogramm, bis zur Kooperation mit den besten Kindergärten und Schulen, einer exzellenten Hausaufgabenbetreuung, einem Sport- und Freizeitangebot, auch für die Kinder. Und auch auf scheinbare Nebensächlichkeiten gilt es für moderne, leistungsfähige Unternehmen zu achten: ein vielfältigeres Mittagessen, eine Haltestelle direkt vor der Tür, eine Wäscherei in der Nähe und vieles mehr. Nicht die Frauen, sondern die Unternehmen brauchen die Quote – wollen sie zukunftsfähig sein.

Marie-Luise Wolff ist Vorstandschefin der Entega AG.

Gefangen in der Leichtlohngruppe

Pflicht zur Hausarbeit, kaum Chancen auf Ausbildung – von 1968 an stritt die Frauenbewegung auch für die gleichberechtigte Teilhabe an der Arbeitswelt

Von Ingrid Kurz-Scherf

Es ist überraschend, welche Kraft die Frauenbewegung unerwartet und immer wieder neu entfaltet. Sie mobilisiert scheinbar aus dem Stand heraus Millionen von Menschen – wie etwa beim March of Women nach der Wahl von Donald Trump oder bei weltweiten Aktionen wie One Billion Rising oder #MeToo. Und dennoch ist es auch immer wieder ernüchternd, wie wenig Einfluss die Frauenbewegung auf die großen Linien der Zeitgeschichte zu haben scheint und mit welcher schier unendlich erscheinenden Penetranz sich Grundstrukturen und kulturelle Befestigungen männlicher Dominanz hinter lebensfeindlichen Institutionen gegen Veränderungsdruck verschanzen.

Gemessen an den eigenen Ansprüchen stellt sich der Frauenbewegung die eigene Geschichte manchmal sogar als eine nicht enden wollende Kette des ewigen Scheiterns dar. Die jüngste Variante sind Attacken gegen eine vergleichsweise erfolgreiche Frauenbewegung – so als ob die den Ausbau von Kinderbetreuungs- und Pflegeeinrichtungen, Verbesserungen von Arbeitsbedingungen in diesen Feldern, Verbesserungen hinsichtlich der Vereinbarkeit von Familie und Beruf, die sich allmählich doch durchsetzende Teilhabe von Frauen an sogenannten Führungspositionen nur als Steigbügelhalter des sogenannten Neoliberalismus und unter Preisgabe eindeutig kapitalismus- und globalisierungskritischer Positionen erreicht hätte.

Bezogen auf eine der Lieblingsparolen der neuen Frauenbewegung – „Wir wollen alles, und zwar sofort“ – ist die Ungeduld höchst verständlich. Im Rückblick auf 100 Jahre Frauenwahlrecht erscheinen die „Errungenschaften“ ebenfalls eher bescheiden – zumal die ersten Erfolge beispielsweise der „neuen Frau“ in der Weimarer Republik ebenso schnell wie brutal vom Nationalsozialismus wieder außer Kraft gesetzt wurden und dies zumindest in Westdeutschland auch in der Nachkriegszeit blieben. Zumindest in Westdeutschland markiert die 68er-Tomate einen tieferen und nachhaltigeren Einschnitt in der Geschichte des Wandels der Geschlechterverhältnisse als die Einführung des Frauenwahlrechts (1918) oder auch die Verankerung der Gleichberechtigung im Grundgesetz (1949).

Zunächst einmal stand das Jahr 1968 allerdings nicht im Zeichen eines allgemeinen Aufbruchs in die Emanzipation. Der meistgespielte Musiktitel und die meistverkaufte Single war in diesem Jahr das rührende Liebeslied von Heintje (damals 13 Jahre alt) an seine „Mama“. Das „golden age of marriage“ strebte fast überall seinem Zenit entgegen und verhalf der Hausfrauenehe zu einer mit scharfen Sanktionen für abweichende Lebensformen ausgestatteten Dominanz. Unverheiratete Frauen im heiratsfähigen Alter wurden als „alte Juffer“ diffamiert, uneheliche Schwangerschaft galt als absolute Schande, Mädchen wurde immer noch eine Ausbildung verweigert, weil sie „später ja doch ohnehin heiraten“ würden; in vielen Tarifverträgen gab es noch die sogenannten Frauenlohngruppen, die die Abschläge vom Männerlohn für Frauen bezifferten.

Erwerbstätigkeit von Frauen war eigentlich nur für den Übergang zwischen Schule und Heirat und dann auch wieder für ein paar Stunden, „wenn die Kinder aus dem Haus sind“, vorgesehen. Mit dem Eintritt in die Ehe traten Frauen die Verfügung über ihren Körper und über ihr Vermögen an ihren Ehemann ab. Sie waren rechtlich zur Hausarbeit und zum ehelichen Beischlaf verpflichtet. Eine Verweigerung oder Vernachlässigung des einen oder des anderen lieferte Ehemännern einen Scheidungsgrund. Das alles ist erst 50 Jahre her; manches davon wirkt bis heute nach.

Als vertrackt erweisen sich die Dilemmata der Emanzipation in den Überschneidungen zwischen Arbeit und Geschlecht. So wird die Frauenbewegung immer wieder beschuldigt, Frauen in das Zwangsregime der Erwerbsarbeit zu pressen, den im Kern patriarchalen Mythos der Erwerbsarbeit in den modernen (Arbeits-)Gesellschaften zu befördern, statt sich ihm zu verweigern. Dabei war doch eine der prominentesten Forderungen der neuen Frauenbewegung „Lohn für Hausarbeit“. Mit dieser Forderung setzten sich die Frauengruppen aber schon in den 1970er Jahren dem Vorwurf einer Befestigung der geschlechtsspezifischen Zuweisung der Hausarbeit an Frauen aus. Tatsächlich wurde mit mindestens dem gleichen Nachdruck die Forderung nach „50 Prozent aller qualifizierten Arbeits- und Ausbildungsplätze“ erhoben. Heftige Auseinandersetzungen zwischen den diesen beiden Forderungen zuzuordnenden Flügeln prägten schon die 2. Sommeruniversität 1977 in Berlin unter dem Titel „Frauen als bezahlte und unbezahlte Arbeitskräfte“ und sie waren auch Teil des Konflikts zwischen den beiden Bewegungsblättern „Courage“ und „Emma“. Erreicht hat die Frauenbewegung weder das eine noch das andere. Aber immerhin wird Frauen inzwischen das Recht auf eine angemessen bezahlte Berufstätigkeit nur noch am neuerdings wieder erstarkenden rechten Rand abgesprochen, und die unentgeltliche Tätigkeit in den Privathaushalten fließt mittlerweile sogar in die amtliche Statistik für eine volkswirtschaftliche Gesamtrechnung ein.

Vergleichsweise unstrittig ist seit jeher die Forderung nach gleichem Lohn für gleiche Arbeit. In den letzten 50 Jahren hat sich die Lohnschere zwischen Männern und Frauen zwar leicht geschlossen, aber Deutschland ist immer noch eines der Schlusslichter im internationalen Vergleich. Das liegt auch daran, dass sich Deutschland den größten Niedriglohnsektor in der EU leistet – der „selbstverständlich“ überproportional mit Frauen besetzt ist.

Ein wirklich existenzsicherndes Einkommen, das dann auch noch in der Rente für ein Leben in finanzieller Unabhängigkeit und sozialer Würde reicht, bezieht immer noch nur eine Minderheit von Frauen. Es gibt Angleichungsbewegungen zwischen Männern und Frauen, die sich aber mittlerweile aus Annäherungen in beiden Richtungen, also aus Zuwächsen bei Frauen und aus Einbußen bei Männern ergeben. Ein heikles Thema! Es ist dabei nicht nur der neoliberale Sozialabbau wirksam, sondern die Erosion von Privilegien, die mittlerweile einen durchaus bedrohlichen antifeministischen Schub mit xenophoben Exzessen in Hochburgen gekränkter Männlichkeit ausgelöst hat.

Die Dilemmata der Emanzipation sind die Konsequenz der Verhältnisse, unter denen sie stattfindet. Diese Dilemmata speisen aber auch eine Dialektik der Emanzipation, die nicht notwendigerweise einer negativen Dynamik folgt. Vielleicht bin ich deshalb so optimistisch, weil ich den Aufbruch der Frauen zweimal erlebt habe: bei der Frauenuni, bei der „Courage“ in den 1970er Jahren und dann noch einmal in den 1980er Jahren als hauptamtliche Gewerkschafterin bei den Arbeitskämpfen um die 35-Stunden-Woche und bei den innergewerkschaftlichen Auseinandersetzungen um die Perspektive der gewerkschaftlichen Arbeitszeitpolitik und um den von den Gewerkschaftsfrauen geforderten Sechs-Stunden-Tag. Als der große Vorsitzende sich in einer großen Rede auf der 13. Frauenkonferenz der IG Metall dem Begehren der Frauen nach „mehr Zeit zum Leben“ verweigerte, zerplatzten Tausende von Seifenblasen, die die Delegierten statt des von ihnen erwarteten frenetischen Beifalls in die Luft bliesen. Allein schon dafür haben sich viele Mühen gelohnt.

Viel wichtiger aber ist, dass die IG Metall in ihrer letzten Tarifrunde das individuelle Recht auf eine befristete Verkürzung der Wochenarbeitszeit auf 28 Stunden gefordert und durchgesetzt hat. Der Tarifabschluss hat viele Haken, er könnte aber immerhin der Einstieg in die Durchsetzung einer alten Forderung der autonomen Frauenbewegung – „Teilzeitarbeit für alle!“ – in der Form „kurze Vollzeit für alle!“ sein.

Ingrid Kurz-Scherf ist emeritierte Professorin der Universität Marburg. Sie forscht zur Sozialpolitik und zu Geschlechterverhältnissen.

Arbeitsalltag II: „Ich habe mich immer stark unter Druck gefühlt“

Die Isländerin Agnes Gústafsdóttir, 28, will Beruf und Familie verbinden

Aufgezeichnet von Thomas Borchert

Thomas Borchert

Agnes Gústafsdóttir

Island ist schon ein sehr gutes Land für Frauen, um Arbeit und Privatleben auch als Mutter zu kombinieren. Wir sind gut ausgebildet, haben viele berufliche Möglichkeiten – genau wie die Männer – und arbeiten auch hart. Ich schließe gerade eine Ausbildung zur Vor- und Grundschullehrerin ab, davor habe ich als Kindergärtnerin gearbeitet.

Gerade ist ein neues Gesetz gekommen, wonach Arbeitgeber von selbst immer nachweisen müssen, dass sie Frauen und Männer gleich bezahlen. Allerdings hab ich mich auch immer stark unter Druck gefühlt, viel zu arbeiten und außerdem die perfekte Mutter zu sein. Das hat sehr viel mit den sozialen Medien zu tun. Alle preisen sich auf Facebook und Instagram an. Da will man immer genauso gut sein wie alle anderen. Auf uns Frauen lastet in der Elternrolle immer noch ein größerer Druck als auf den Männern. Um meiner Tochter keine Zeit wegzunehmen, habe ich das Lehramtsstudium immer nachts erledigt und da dann wenig geschlafen. Bei der Arbeit musste ich dann ja auch immer gut und im Kindergarten Vollzeit anwesend sein. Deshalb hab ich jetzt bis zum Ende des Studiums den Job aufgegeben, damit ich für meine Tochter da sein kann, wenn sie nachmittags aus ihrem Kindergarten kommt. Und damit abends wenigstens ein bisschen Zeit für mich und meinen Mann übrigbleibt.

In Privatunternehmen sind sie flexibler, und experimentieren mit kürzeren Arbeitszeiten für Eltern, die kleine Kinder haben. Die müssen ja auch oft acht oder neun Stunden in Kindergarten oder Schule und Hort bleiben. Für die Zukunft hoffe ich sehr, dass die Arbeitszeit so verkürzt wird, dass mehr Platz für die Familie bleibt. Das wird auch so kommen. Mindfulness liegt im Trend, einige Unternehmen experimentieren schon mit kürzerer Arbeitszeit ohne Lohneinbuße."

„Ich würde den Kopf ausschalten“

Wann ist der richtige Zeitpunkt für ein Kind? Drei FR-Redakteurinnen im Gespräch – über äußeren Druck, die innere Stimme und Männer, die keine Antworten liefern

Elena Müller: Mädels, wann ist es denn bei euch soweit?

Sonja Thomaser: Das ist die absolute Hassfrage. Die Small-Talk-Frage, die man auch gestellt bekommt, wenn man nicht schwanger ist.

Lara Feder: Weil alles im Leben so geplant ist, auch die Familie. Dabei ist es nicht planbar. Ob es klappt, weiß keiner.

Elena: Es wird immer nur davon ausgegangen, dass wir unser Leben danach ausrichten. Man kann zwar sagen: „Jetzt habe ich alles durchgezogen, bin 35, jetzt gilt es.“ Und dann sagt dir ein Arzt: „Nee, sorry, ist nicht.“ Oder körperlich müsste es klappen – und es klappt nicht. Oder man verliert das Kind.

Sonja: Dabei scheinen Kinder was zum Abhaken zu sein, wie auf einer Liste. Studium, Job, Kind. Ab dem Tag, an dem ich meinen Studienabschluss hatte, kam die Frage nach dem Kinderwunsch.

Lara: Wie hast du reagiert?

Sonja: Ich habe gesagt, dass ich nicht studiert habe, um gleich Mutter zu werden. Das wurde abgenickt, aber nicht akzeptiert.

Elena: Ich habe noch keine Entscheidung getroffen. Und ihr?

Sonja: Nein, noch nicht entschieden.

Lara: Ich auch nicht.

Sonja: Obwohl ich denke, dass ich Kinder will, will ich sie jetzt noch nicht. Ich hätte gerne noch zehn Jahre. Aber wenn das so bleibt, habe ich ja auch eine Entscheidung getroffen. Wenn ich weiter denke, dass ich gerne noch zehn Jahre hätte, ist das wohl nix für mich.

Lara: Es gab doch vor drei, vier Jahren die Debatte um das Social Freezing, das total verurteilt wurde. Klar, dass der Arbeitgeber einen in der Zeit verheizt, ist nicht gut. Aber dass es die Möglichkeit gibt, den Kinderwunsch aufzuschieben, finde ich gar nicht so schlecht.

Sonja: Ich habe die Kritik nicht verstanden. Es hieß ja unter anderem, dass dann in 20 Jahren lauter 50-jährige Mütter mit Babys herumlaufen. Warum nicht?

Lara: Bei Vätern ist es vollkommen normal. Dabei müssen wir uns vielleicht einfach an das Bild gewöhnen.

Elena: Ich finde die Idee, sich loszulösen von der Natur, das biologische „Ablaufdatum“ der weiblichen Reproduktionsfähigkeit zu verlängern, legitim. Aber ich weiß gar nicht, ob mir das persönlich helfen würde.

Lara: Weil es das Problem nicht löst, sondern nur verschiebt.

Elena: Genau. Eigentlich will ich eine Familie haben. Andererseits habe ich das Gefühl, noch so viel erleben und erreichen zu wollen, das einfach leichter ist ohne Kinder.

Lara: Aber was hält uns davon ab, das auch mit Kindern zu machen? Den Stress macht man sich auch selbst.

Sonja: Ich erlebe so oft, dass das Kind zum Mittelpunkt wird. Das ist, was mich davon abhält, Kinder zu bekommen. Dass ich immer nur Menschen sehe, die das Kind zu ihrem Mittelpunkt gemacht haben. Ein Beispiel: Ich habe Freunde, die bekommen im April ihr Kind. Wir haben für Juni einen Besuch angefragt. Die Antwort war: Nein, bis September können wir nicht, wir bekommen ja ein Kind.

Elena: Wie unentspannt ... Es ist aber auch müßig, sich zu überlegen, wie man als Mutter mal sein wird. Irgendwie muss man als Frau jede Rolle übererfüllen. Wir sollen eine tolle Ausbildung machen, mit Praktika und Auslandsaufenthalt, man sollte tolle Hobbys haben ...

Sonja: ... und nicht nur joggen ...

Lara: ... um dann nach einer Schwangerschaft die Figur zu halten.

Sonja: Stimmt, gut aussehen muss man ja auch noch.

Elena: Man muss das alles übererfüllen. Und deshalb denke ich, man muss auch das Muttersein übererfüllen. Man muss Dinkel-Vollkorn-Pancakes für die Kleinen backen – und das auch noch gerne.

Sonja: Das mit dem Rollen-Erfüllen schlägt sich auch im Arbeiten mit Kind nieder. An Frauen werden andere Erwartungen gestellt. Wenn man ein Kind bekommt, ist der Job irgendwie nur noch so schmuckes Beiwerk. Teilzeit darf's dann noch sein, aber Vollzeit? Was bist du denn für eine Rabenmutter? Das wurde mir erwidert, als ich sagte, ich würde nach der Geburt wieder Vollzeit arbeiten wollen.

Elena: Als ich überlegt habe, welchen Job ich will, gab es nicht die Überlegung, einen auszusuchen, in dem man toll Kinder bekommen kann. Trotzdem ist da diese Stimme, die einem sagt, dass man das Kind nicht erst um 18 Uhr aus der Kita abholen kann.

Sonja: Ich glaube, das kommt nicht aus einem selbst. Das sind Erwartungen von außen. Gerade von solchen Super-Muttis, die sich eine Gesellschaft nur nach ihrem Modell vorstellen können.

Lara: Ein großes Problem ist, dass man gar keine große Wahl hat, wenn man keinen Betreuungsplatz findet. Fünf Tage arbeiten zu gehen, ist dann eher eine Luxussituation. Und dann ist es teuer.

Elena: Das kommt noch dazu. Du arbeitest aber nicht nur für die Betreuung deines Kindes, sondern auch, um unabhängig zu sein. Ich finde es ohnehin blauäugig, heute noch zu sagen, dann bleibe ich zu Hause, mein Mann verdient ja gut. Wie schnell kann das vorbei sein? Diese Annahme, als Frau müsse man beim Einkommen zurückstecken, bringt sie hintendran – bei der Rente oder wenn der Mann denkt, die Sekretärin sei die bessere Partnerin.

Sonja: Von Frauen wird erwartet, dass sie in Teilzeit zurückstufen, sobald sie ein Kind haben. Ich kenne keinen Mann in meinem Freundeskreis, vom dem das jemals erwartet wurde.

Elena: Dafür hat man dann Jahre in die Berufsausbildung investiert. Wer einen guten Job hat, verdient auch bei 80 Prozent noch gut. Wenn beide 80 Prozent arbeiten, muss sie nicht allein auf 60 Prozent runtergehen.

Lara: Bei der Elternzeit finde ich blöd, dass die meiste Arbeit an der Frau hängenbleibt, selbst wenn sich beide die Zeit teilen. Leider scheinen viele Männer die Elternzeit als eine Art Extra-Urlaub zu empfinden, in dem sie keine anderen Aufgaben übernehmen müssten.

Elena: Man kann einem Mann ja auch unterstellen, dass er gerne Vater sein will. Alles andere ist eine total antiquierte Vorstellung.

Sonja: Das Absprechen der väterlichen Kompetenz erlebe ich oft. Da schafft man es mal, die Muttis von den Kindern loszueisen, und dann sitzt man mit ihnen im Café, und sie hängen nur über dem Handy. Und ihre Erklärung: „Ich muss ihn fragen, welchen Schlafanzug er angezogen hat, auf wie viel Grad er das Fläschchen erwärmt hat.“ Ich sitze daneben und denke „Er ist der Vater, er wird es schon nicht umbringen.“

Lara: Interessant wäre, dieses Gespräch in fünf Jahren noch mal zu führen.

Elena: Wenn wir dann alle mit Kind hier sitzen ... Man könnte uns unterstellen, wir beschweren uns über etwas, das wir selbst eingefordert haben. Die ganz Reaktionären könnten jetzt sagen: „Ihr wolltet doch arbeiten, ihr wolltet doch finanziell unabhängig sein, und ihr wolltet alles dürfen, was ein Mann darf“. Aber da ist zusätzlich dieses riesige Ding „Mutter“, das betrifft einen Mann – zumindest in der Gesellschaft, wie sie heute ist – nicht.

Lara: Die Planungsfrage, die wir am Anfang hatten, wird Männern nicht so häufig gestellt. Noch mal zurück zum richtigen Zeitpunkt: Habt ihr Barrieren? So im Arbeitsleben?

Sonja: Ja, den befristeten Vertrag. In meinem Umfeld wurde gerechnet: „Du hast einen Zwei-Jahres-Vertrag. Wenn du jetzt schwanger wirst, passt doch alles ...“ Dabei gehe ich zu 99,9 Prozent davon aus, dass ein Vertrag nicht verlängert wird, wenn du schwanger wirst.

Lara: Dabei wissen unsere Arbeitgeber, dass wir gerne und viel arbeiten. Dass wir lange studiert haben, im Ausland waren – ich mache sogar parallel noch ein Studium. All das mache ich nicht, um dann zu Hause zu bleiben.

Elena: Wie geht ihr mit der Befristung um?

Lara: Ich lass mich davon nicht beeindrucken. Entweder mein Arbeitgeber weiß, dass ich gerne arbeite, viel investiert habe und dass ich wiederkomme – oder halt nicht. Wenn ich alt und grau auf mein Leben zurückschaue, werde ich vermutlich eher bereuen, keine Kinder bekommen zu haben, als in Kauf genommen zu haben, dass mein Vertrag nicht verlängert wird.

Sonja: Nein, ich plane das nicht. Wenn ich irgendwann aufwache und denke „ein Kind wäre schön", dann mache ich das. Ich möchte das nicht von irgendetwas abhängig machen.

Lara: Wenn mein Mann einen befristeten Arbeitsvertrag hätte, hätte ein Baby für ihn null Auswirkungen, für ihn steht nicht alles auf der Kippe. Für mich als Frau schon.

Sonja: Eigentlich freue ich mich ja schon auf das Kinderkriegen: Wenn es soweit ist, wird es gut, weil ich mir vorgenommen habe, dass ich es anders mache. Ich glaube fest daran, dass es anders geht.

Elena: Das ist gut. Eine Grundsouveränität muss man haben, sonst kann man es gleich lassen. Vielleicht muss man es als eine kleine Art Gesellschaftskampf sehen ...

Lara: Wenn ich übermorgen aufwache und denke „irgendwie passt es jetzt", dann würde ich mich auch von einem befristeten Arbeitsvertrag, von allen anderen Erwartungen nicht abhalten lassen. Ich würde den Kopf ausschalten.

Im Gespräch: Elena Müller (31), Lara Feder (28) und Sonja Thomaser (31).

Arbeitsalltag III: „Meine männlichen Kollegen sind gute Freunde“

Die Südsudanesin Martha Nyathak, 43, muss sich auf ihr Team verlassen können

Aufgezeichnet von Johannes Dieterich

Johannes Dieterich

Martha Nyathak

Ich lebe in Akobo, im Osten des Südsudan, an der Grenze zu Äthiopien. Früher habe ich als traditionelle Geburtshelferin gearbeitet, aber vor zwei Jahren erhielt ich einen Job als Krankenhelferin bei der Hilfsorganisation „Ärzte ohne Grenzen“. Da arbeite ich in einer Gruppe mit vier Männern. Wir fahren gemeinsam mit einem Auto oder einem Boot auf dem Fluss in kleine Dörfer, um dort Kranke zu betreuen und Medikamente auszugeben.

Obwohl meine Heimat für den brutalen Umgang von Männern mit Frauen, vor allem Vergewaltigungen, berüchtigt ist, habe ich im Umgang mit meinen Kollegen davon noch nie etwas erfahren. Wir sind gute Freunde und respektieren uns gegenseitig. Ich werde auch nicht schlechter bezahlt als meine männlichen Kollegen. Doch wer als Krankenpfleger richtig ausgebildet ist, der bekommt ein höheres Gehalt.

Meine Arbeit ist sehr wichtig für mich. Ich habe den Eindruck, dass wir den Menschen hier wirklich helfen können. Wenn wir mit unserer mobilen Klinik in ein Dorf kommen, treffen wir auf Patienten, die oft nur ein kleines Problem wie Durchfall oder Fieber haben. Mit unseren Medikamenten können wir sie meist schnell heilen. Ohne unsere Pillen könnten sie daran sogar sterben. Wenn ich einen Wunsch habe, dann noch besser ausgebildet zu sein. Ich würde gerne zurück in eine Schule oder ein College gehen, um noch mehr über Krankheiten und Medizin zu lernen."

Erst Flucht, dann Freiheit

Für geflüchtete Frauen eröffnen sich in Deutschland viele neue Wege. Aber das bedeutet auch, dass sie mit tradierten Rollen brechen und in Konflikt mit ihren Männern geraten

Von Regine Seipel

Nach Deutschland wollte Mariam nie. Sie hatte sich arrangiert mit den Möglichkeiten, die das Leben vor zwanzig Jahren den Frauen in einer kleinen Stadt in Syrien bot. Ein Ehemann, drei Kinder, die Träume von einem Studium begraben. Nach ihrem Abitur war das noch anders. Sie wollte Biologie oder englische Literatur studieren, ehrgeizige Pläne, die die Eltern unterstützt hätten. Doch dann lernte sie ihren Mann kennen, 17 war sie und zum ersten Mal verliebt. Lange zu warten, war nicht üblich in Syrien, ein Jahr später folgte die Hochzeit. Ihr Mann verbot ihr zu studieren, wozu auch, so dachte er wohl. Er hatte sein Auskommen als Handwerker, genug für eine junge Familie, bald kam das erste Kind. „Die Frauen arbeiteten nicht in meiner Heimat", sagt Mariam.

Heute ist sie 47 Jahre alt, eine attraktive schlanke Frau mit feinen energischen Gesichtszügen. In Jeans und Pullover, die dunklen Haare zusammengebunden, sitzt sie am Küchentisch ihrer Altbauwohnung in einer deutschen Stadt, die sie ebenso wie ihren richtigen Namen lieber nicht veröffentlicht sehen möchte. Schatten der Vergangenheit, ein letzter Rest, der sich wohl nie ganz abschütteln lässt. Sie will keine Angst mehr haben – nie mehr, es gab genug davon in ihrem früheren Leben, in dem man sich diese selbstbewusste Frau nicht so recht vorstellen kann.

Erst war es die Angst, in einer Sackgasse festzustecken, als sie merkte, dass ihre Ehe ein Fehler war. Als sie sich niemandem anvertrauen konnte, weil sie ja eigentlich kein schlechtes Leben führte. Und an Trennung war nicht zu denken. „Diese Schande hätte ich meinen Eltern nicht antun können." Und was wäre mit den Kindern? Also blieb sie, auch als ihr Mann ein neues Leben in Deutschland wagen wollte. Nach ihrer Meinung fragte er sie nicht. „Er hat allein entschieden, ich wollte nicht von meiner Familie weg, ganz allein in einem fremden Land neu anfangen." Dass sie folgte, war trotzdem selbstverständlich.

2001 kamen sie in Bayern an, für sie als Christen ging es schnell mit dem Asylverfahren und der Aufenthaltsgenehmigung. Die Kinder besuchten bald die Schule. Aus deren Englischbüchern erarbeitete sich die Mutter ihre ersten deutschen Worte. Englisch beherrschte sie gut aus der Schulzeit, aber auf den Behörden half das nicht. Also lernte sie Deutsch erst aus Büchern und CDs, später in Kursen. Im neuen Land war es nun willkommen, dass sie arbeiten wollte. Die Familie brauchte ihren Verdienst, vom Staat wollte sie keine Hilfe.

Ihr Mann ließ sie gewähren, sie hätte sich ohnehin widersetzt, sein Einverständnis war nicht mehr gefragt. Putzfrau, Zimmermädchen oder Bedienung – drei Möglichkeiten boten sie ihr auf dem Amt an. Doch sie wollte eine Ausbildung. Das sei was für junge Leute, mit 31 Jahren sei sie dafür zu alt. Mariam ließ sich nicht entmutigen. Tagsüber trug sie in einem Fastfood-Restaurant Teller aus und räumte ab, nach Feierabend erledigte sie den Haushalt, putzte und bügelte, kochte Essen und brachte die Küche in Ordnung. Und spät am Abend, wenn die Kinder schliefen und der Mann ausgegangen war, da büffelte sie so lange deutsche Vokabeln, bis sie den Aufnahmetest für die Abendschule bestand.

Niemand machte ihr Mut. Andere syrische Frauen, die sie kannte, saßen zu Hause und waren zufrieden. Ihr Mann, der sich schwer mit der neuen Sprache tat, wollte ihr den Plan verderben, seine Verwandten, die ebenfalls in Deutschland lebten, bestärkten ihn. „Du übertreibst es", hieß es erst, später riefen sie oft an, beschimpften sie, gaben ihr die Schuld für die Familienprobleme.

Ihr Mann ging zurück nach Syrien, er kam in Deutschland nicht zurecht. Mariam blieb. Sie machte den Hauptschulabschluss, Note eins, und sie schloss eine Ausbildung im Gesundheitswesen ab – nicht ganz der Jugendtraum, aber ein Kompromiss.

Die Scheidung einreichen konnte Mariam erst, als sie schwer krank wurde. Innerlich war der Schritt längst vollzogen, er fiel ihr trotzdem schwer. Die Angst vor der Schande saß tief. Der Mann wollte sie zurück nach Syrien holen, er tobte. Seine Familie drohte ihr. „Aber es ging nicht mehr. Ich habe jahrelang alles runtergeschluckt, ich musste doch für meine Kinder da sein."

Auf den Vater konnten sie nicht zählen. Für die Kinder der Frau, die sich seiner Herrschaft entzog, wollte er nicht länger sorgen. „Du schaffst das nicht allein, ihr werdet alle verhungern", redete er ihr ein. Dass es anders kam, weiß er wohl bis heute nicht. Alle Kinder sind erwachsen, arbeiten in qualifizierten Berufen. „Ich bin sehr stolz", sagt Mariam.

Vielen Frauen in ähnlicher Lage gelingt so ein Ausweg nicht. Der Anteil geflüchteter Frauen, die eine Arbeit finden, ist gering. Nach Zahlen der Bundesagentur für Arbeit waren im Juni 2018 gerade mal rund 31.500 Frauen aus den acht stärksten Asylherkunftsländern sozialversicherungspflichtig beschäftigt, bei Männern hatten rund 214.000 einen festen Job – das sind fast sieben Mal so viel.

Im Bericht eines staatlichen Förderprogramms, das Menschen mit Migrationshintergrund den Weg in den Arbeitsmarkt ebnen soll, werden für die Schwierigkeiten der Frauen insbesondere tradierte Rollenbilder patriarchaler Familienstrukturen genannt. Viele Männer, heißt es dort, finden die gewonnenen Spielräume ihrer Frauen problematisch, da es auch ihnen schwerfällt, ihre eigene Rolle neu zu definieren. Auch in den meisten Programmen, die Beschäftigung für Geflüchtete fördern, seien Frauen unterrepräsentiert. Dabei sei ihr Bildungsniveau mit dem der Männer vergleichbar. Und auch die Erwerbsorientierung der Frauen sei hoch, doch die Umsetzung scheitere oft an fehlenden Abschlüssen, Sprachkenntnissen und der Arbeitsteilung in den Familien.

Wenn geflüchtete Frauen einen Job haben, dann ist er meistens schlecht bezahlt. Die größte Gruppe, rund 3.000 Frauen, waren laut der Statistik der Arbeitsagentur in der Reinigung beschäftigt, gefolgt von den Bereichen Verkauf, Erziehung und Sozialarbeit, Büro und Sekretariat sowie Speisenzubereitung.

Auch Mahboubeh Gholami arbeitet derzeit in einem Job, für den sie formal überqualifiziert ist: Sie macht in einem Kindergarten ein Praktikum und wendet dabei gleich ihre ersten Deutschkenntnisse an. Die Iranerin floh vor neun Monaten aus ihrer Heimat. Die 37-Jährige will studieren, sie will Lehrerin werden. Gelernt hat sie das im Iran, doch Englisch unterrichten konnte sie dort nur an einem privaten Institut. Der Staat lehnte sie ab, sagt sie, weil sie Christin werden wollte. Und weil sie sich mit Anfang 20 von einem Mann scheiden ließ, der vor der Ehe von Gleichberechtigung redete, sie in ihrem Beruf unterstützen wollte und später nichts mehr von seinen Versprechen wissen wollte.

Im Gegensatz zu Mariam konnte Mahboubeh Gholami bei der Trennung auf Eltern und Freunde zählen. In ihrem Umfeld sei es normal, dass Frauen arbeiteten. Doch die Entscheidung gegen den muslimischen Glauben und die Ehe habe ihr und den Eltern im Iran große Probleme eingebracht, deswegen entschied sie sich mit ihrem zweiten Mann zur Flucht. Ihre Asylanträge sind inzwischen anerkannt.

Nach dem Erstaufnahmelager im hessischen Gießen kam das Paar nach Königstein im Taunus, traf dort auf eine engagierte Pfarrerin und viele Helfer. Vor vier Monaten sind sie von der Gemeinschaftsunterkunft in ein eigenes kleines Haus umgezogen. „I'm so happy", sagt Mahboubeh Gholami oft. Glücklich ist sie auch über die neue Freiheit, anzuziehen, was sie will. Manche der Frauen, die sie in Königstein kennengelernt hat, tragen Kopftuch, die Iranerin fühlt sich im Sommer auch mal in einem kurzen Rock wohl. „Hier gibt es so viele Möglichkeiten", sagt sie und meint nicht nur die Mode: „Jeder kann seinen eigenen Weg gehen."

Mit ihrem Hochschulabschluss bringt Mahboubeh Gholami gute Voraussetzungen mit. Laut dem Arbeitsmarktbericht Fluchtmigration vom Februar 2019 haben 40 Prozent der Geflüchteten ein höheres Bildungsniveau, 31 Prozent verfügen über einen mittlere Schulbildung. Genaue Aussagen sind schwierig, es gibt verschiedene Zahlen über berufliche Qualifikation der Geflüchteten. Mahboubeh Gholami konnte ihr Abschluss-Dokument mitnehmen, nach dessen Anerkennung will sie studieren, um dann in Deutschland als Sozialarbeiterin oder Lehrerin zu arbeiten.

Mariam hat ihren Traum von der Uni aufgegeben. Fachabitur mit 47 Jahren, Studium und mit Anfang 50 im neuen Job Fuß fassen? Zu mühsam. Sie hat sich lange genug durch schwierige Jahre gekämpft. „Mein Beruf macht mir Spaß“, sagt sie, „ich bin zufrieden.“ 2013 heiratete sie ihren zweiten Mann, er ist Deutscher. Inzwischen hat die ganze Familie die deutsche Staatsbürgerschaft. Ist Syrien noch ihre Heimat? „Nein, dort ist der Ort meiner Kindheit. Aber ich will nie mehr zurück, Deutschland hat mich gut aufgenommen, ich will hier leben.“ Und ein bisschen reisen, endlich das Leben in einer harmonischen Partnerschaft genießen. Aber ihren Job und damit die finanzielle Unabhängigkeit würde sie nie mehr aufgeben, für keinen Mann der Welt. Als sie das sagt, wird ihre Stimme klar und fest: „Ich bin jetzt ein freier Mensch und werde das bleiben.“

Sie sind es wert

Selbst für gleiche Arbeit werden Frauen oft noch geringer bezahlt als Männer. Es gibt Mittel und Wege, das zu ändern

Von Christine Lüders

Können Frauen schlechter Schuhe produzieren als Männer? Zumindest waren sie einem großen Schuhhersteller weniger wert: Rund einen Euro Stundenlohn weniger erhielten dort Frauen in Produktionsbetrieben. Ein Arbeits- und ein Landesarbeitsgericht urteilten einhellig: Allein wegen des Geschlechts sei hier unterschiedlich bezahlt worden.

Trotz Frauenbeauftragten, trotz Gender Mainstreaming, ja ungeachtet des Artikels 3 im Grundgesetz: Diskriminierung von Frauen im Arbeitsleben kommt immer noch und immer wieder vor. Rund ein Viertel aller Anfragen bei der Antidiskriminierungsstelle des Bundes betreffen das Thema Geschlecht, davon sind die ganz überwiegende Mehrzahl Frauen.

Im Bereich Arbeit geht es dabei um alles: Da bekommen viele Frauen gar nicht erst den Job, weil sie im gebärfähigen Alter sind. Sie werden am Aufstieg gehindert, weil wieder ein Mann vorgezogen wird. Sie werden schlechter bezahlt. Sie werden durch sexuelle Belästigung eingeschüchtert und herabgewürdigt. Die Nichtverlängerung von Verträgen oder gar eine Kündigung wegen Schwangerschaft sind ebenfalls ein Thema, bei dem unsere Juristinnen und Juristen oft helfen müssen.

Das ist die eine Seite. Dabei hat sich die gesellschaftliche Wahrnehmung in den letzten Jahren ganz klar geändert. Umfragen zeigen: Die Ungleichbehandlung zwischen den Geschlechtern wird ganz klar als Demokratie-Defizit empfunden – und das ist sie ja auch ohne jeden Zweifel. Es findet ein Wertewandel statt: Sagten Mitte der 90er Jahre noch ein Viertel aller Befragten, eine Uni-Ausbildung sei für Jungen „wichtiger“ als für Mädchen, sind es heute noch 16 Prozent. Allerdings: In Schweden, seit langem ein Vorbild in Sachen Geschlechtergerechtigkeit, stimmen nur drei Prozent einer solchen Aussage zu.

Dennoch: Es tut sich etwas. Zukunftsforscher sprechen recht hochtrabend von einem „Gender Shift“, von „Womanomics“ – also dem steigenden Einfluss von Frauen in Gesellschaft und Arbeitswelt bis hin zu einer Eroberung derselben. Ein „Megatrend“ sei hier gar auszumachen.

Für so manche, die heutzutage Fantasiekonstrukte wie den „Genderwahn“ heraufbeschwören, mag das klingen wie eine Horrorvision. Ich denke eher: Schön wär‘s, wenn sich zumindest die Richtung bestätigt.

Aber: Noch sind Diskriminierungen von Frauen im Arbeitsleben keine Vergangenheit. Es gibt zwar weniger offene oder auch nur bewusste Diskriminierung. Sie funktioniert subtiler – etwa, indem Diskriminierung von Frauen einfach geleugnet wird. Der Gender Pay Gap? Eine Erfindung. Sexuelle Belästigung? War nur ein Kompliment. Gläserne Decke? Die Frau wollte ja eigentlich gar nicht aufsteigen. Hinzu kommt: Diskriminierung ist teilweise so fest institutionalisiert, dass die „Schuldigen“ kaum noch ausgemacht werden können. So zum Beispiel die Tatsache, dass Tätigkeiten, die traditionell vorwiegend von Frauen ausgeübt werden, häufig geringer bewertet und niedriger bezahlt werden. Daher braucht es dringend diskriminierungsfreie Bewertungssysteme, die auch spezifische Belastungen in typischen „Frauenberufen“ in Betracht ziehen.

Was für Lösungen gibt es noch, um tatsächlich mehr Gerechtigkeit und weniger Diskriminierung zu erreichen? Die Mittel sind bekannt: Es braucht mehr weibliche Vorbilder. Die Quote ist dafür eine wichtige und hilfreiche Sache. Es darf aber nicht so sein, wie es sich derzeit bei vielen Unternehmen abzeichnet: dass Frauen erst dann einspringen dürfen, wenn die Bilanz ohnehin schon im Keller ist. Dann, so zeigt sich, traut man Frauen offenbar zu, das sinkende Schiff zu retten – oder schiebt die Verantwortung ab. Nein: Es braucht jetzt ganz klar noch deutlich mehr Frauen in Führungspositionen – übrigens in privaten genauso wie in öffentlichen Unternehmen. Auch der Staat muss hier glaubwürdig bleiben.

Daneben muss es gute und niedrigschwellige Lösungen für Unternehmen geben, sich selbst noch mehr zu engagieren. Die Antidiskriminierungsstelle bietet beispielsweise eine Zertifizierung mit dem „Gleichbehandlungs-Check“ (gb-check) an, mit dessen Hilfe Betriebe prüfen können, wie es um die Gleichbehandlung der Geschlechter bei ihnen bestellt ist – etwa bei der Einstellung, dem beruflichen Aufstieg, der Beurteilung und der betrieblichen Weiterbildung. Es gibt zahllose weitere einfache Maßnahmen: Mentoring-Programme, gezielte Weiterbildungsangebote, anonymisierte Bewerbungsverfahren. Alle haben eines gemeinsam: Sie schaffen mehr Gerechtigkeit. Und das macht ein Unternehmen attraktiv – für Beschäftigte jeden Geschlechts.

Was wir darüber hinaus nicht vergessen dürfen: Wir haben bereits gute Möglichkeiten, gegen Diskriminierung vorzugehen. Aber es mangelt immer noch und immer wieder an der Rechtsdurchsetzung. Keine Frage: Zweifellos kann der Rechtsweg steinig und von Rückschlägen gezeichnet sein. Aber je mehr Frauen sich klar gegen unrechtmäßige Benachteiligung zur Wehr setzen, desto besser.

Nehmen wir unser Beispiel vom Anfang: Eine Frau, die gegen die ungerechte Bezahlung beim Schuhhersteller klagte, bekam nicht nur die Lohndifferenz mehrerer Jahre zugesprochen. Sie erhielt auch eine Entschädigung wegen Diskriminierung. Dutzende Frauen folgten ihrem Beispiel und zogen vor Gericht. Ein klares Signal: Sie sind es wert, gerecht behandelt – und bezahlt – zu werden.

Christine Lüders leitet die Antidiskriminierungsstelle des Bundes.

Arbeitsalltag IV: „Ich muss mich mehr anstrengen“

Die Mexikanerin Gabriela Olivera, 33, über die Konkurrenz zu männlichen Kollegen

Aufgezeichnet von Klaus Ehringfeld

Seit mehr als drei Jahren arbeite ich in einem großen Architekturbüro in Mexiko-Stadt. Es ist ein internationales Unternehmen, in dem ich sehr viel lerne. Die ausländischen Firmen bieten ganz andere Möglichkeiten zur Weiterbildung. Aber dennoch muss ich mich als Frau deutlich mehr anstrengen, um wahrgenommen zu werden. Hier in der Niederlassung arbeiten nur Mexikaner, und daher muss ich gegen viele Vorurteile ankämpfen.

Ehringfeld

Gabriela Olivera

In Mexiko sind die Rollenbilder auch im Arbeitsalltag noch ganz traditionell, das gilt auch für eine männerdominierte Branche wie die Architektur. Ich muss mich damit auseinandersetzen, dass wir Frauen angeblich Streit suchen und als Zicken gelten. Mir haben schon Ingenieure und Bauleiter den Hörer aufgelegt, als sie eine Frauenstimme hörten.

Auf den Baustellen erlaube ich den Arbeitern nicht den kleinsten Witz, sonst öffne ich dem Machismo Tür und Tor. Im Joballtag gebe ich mich hart und unnachgiebig, nur so mache ich mich unangreifbar. Ich fühle mich in meinem Job unter Druck. Ich muss doppelt so gut sein wie die Männer. Und ich vermute auch, dass die Männer besser bezahlt werden. Wir sind nur sechs Architektinnen, aber 20 Architekten. Ich kann mich nicht verwirklichen, auch weil das Arbeitsumfeld eher sexistisch ist.

Ich bekomme nicht immer die Projekte, die ich gerne hätte. Ich würde mir gerne einen neuen Job suchen, in dem ich mich besser verwirklichen kann, ohne mich so anstrengen zu müssen. Ein ideales Arbeitsumfeld ist für mich das, wo Frauen gefördert und bezahlt werden wie Männer, wo Chancengleichheit existiert und wir nicht darauf reduziert werden, ob wir hübsch sind oder nicht, sondern nur danach bewertet werden, was wir können. Ich kann mir auch sehr gut vorstellen, ins Ausland zu gehen und dort einen Job zu suchen. So bilde ich mich weiter und lasse diese Vorurteile hoffentlich hinter mir.

Erst Sklavin, dann Hure

Der Mythos von Prostitution als dem ältesten Gewerbe der Welt hält sich hartnäckig. Doch bevor Frauen ihren Körper verkauften, wurden sie von Männern zur Ware erklärt

Von Mira Sigel

Wenn es um Prostitution geht, ist oft die Rede vom „ältesten Gewerbe der Welt". Doch Prostitution entstand erst mit dem Patriarchat und ist keineswegs eine menschliche Universalie. Ihre Entstehung ist eng verbunden mit der Geschichte der Unterdrückung der Frau und der Sklaverei.

DIE TEMPELHUREN VON BABYLON

Als Beleg für die Behauptung vom „ältesten Gewerbe der Welt" wird die angebliche Tempelprostitution in Altbabylon angeführt, eine Art „heilige Prostitution", bei der sich angeblich Frauen aus Dienst an der Göttin Ischtar prostituierten. Die „heilige Prostitution" gab es so nicht, sondern stattdessen den Brauch, dass Frauen, bevor sie heirateten, eine Nacht mit einem Fremden verbrachten, der sie mit einer symbolischen Münze bezahlte, damit die Ehe glücklich und fruchtbar wurde. Zu Ehren der Göttin Ischtar wurde außerdem einmal im Jahr eine „heilige Hochzeit" abgehalten, ritueller Sex, der für die Fruchtbarkeit der Felder sorgte. Berühmtestes Zeugnis dafür ist das Gilgamesch-Epos. Trotzdem gab es in Mesopotamien Prostitution, und zwar in ihrem profanen Sinne. Sie steht in enger Verbindung mit dem Erstarken des Patriarchats und des wachsenden Einflusses einer männlichen Kriegerkaste. Die Herabstufung der weiblichen Gottheit zugunsten des Aufstiegs männlicher Götter korrespondiert mit dem sinkenden Ansehen der Frau an sich. Feministische Historikerinnen wie Gerda Lerner zeigen auf, dass Prostitution ihren Ursprung in der Sklaverei hat, und diese wiederum aus dem sich professionalisierenden Kriegswesen ab dem 5. Jahrtausend vor Christus entstand. Auf Kriegszügen wurden Frauen geraubt, vergewaltigt und zur Arbeit gezwungen. Parallel nahm die Anzahl der Gesetze zu, die Frauen in ihren Freiheiten einschränken, wie etwa Strafe bei Ehebruch.

DIE „HUREN“ IM ALTEN TESTAMENT

Im Buch Mose ist von „kadesha“ die Rede – was immer mit „heilige Hure“ übersetzt wird, doch auch andere Übersetzungen sind denkbar – die die magischen Fähigkeiten einer Frau und ihre Selbstbestimmung ausdrücken. „Zonah“ entspricht etwa dem, was wir heute unter „Schlampe“ verstehen – beschrieb also auch untreue Ehefrauen. Wir können davon ausgehen, dass die wenigsten Frauen, die im Alten Testament als „zonah“ bezeichnet werden, wirklich Prostituierte im engeren Sinn waren. Gleichzeitig werden Prostituierte als verschlagen und listig dargestellt, die Männer müssen, wie Juda, ständig auf der Hut vor ihnen sein.

DIE HETÄREN DER ANTIKE

Im antiken Griechenland waren Frauen streng auf die Sphäre des Hauses zurückgeworfen und der Autorität von Vater und Ehemann unterstellt. Ein Vergewaltiger hatte mit einer geringeren Strafe zu rechnen als ein Mann, der die Frau eines anderen „verführte“. Frauen wurden von Denkern wie Platon und Aristoteles als zutiefst triebgesteuert und nur mit einem schwachen Willen ausgestattet beschrieben. Damit die Männer ihren Lustinteressen nachgehen konnten, gab es staatlich organisierte Bordelle, in denen Sklavinnen und ehemalige Sklavinnen arbeiteten. Weibliche Neugeborene galten nach patriarchalem Verständnis als „wertlos“ und wurden entsorgt. Die „entsorgten“ weiblichen Neugeborenen hatten automatisch den Status von Sklaven – und waren somit für die Bordellbesitzer von

Nutzen. Die Einnahmen aus der Prostitution gingen an den Staat. Vom griechischen Wort „hora“ stammt unser Wort „Hure“ ab – es wurde aber nicht nur für Prostituierte verwendet, sondern auch für Frauen, die sich sexuell freizügig oder auch nur eigensinnig zeigten. Rom übernahm von Griechenland nicht nur die Sklaverei und die Entrechtung von Frauen, sondern auch die Prostitution.

DAS CHRISTENTUM UND DAS NEUE TESTAMENT

Auch das Neue Testament trägt den Frauenhass in sich. Paulus erklärte in seinem Brief an die Korinther, dass nicht die Frau, sondern der Mann über ihren Körper verfügte. Es war Kirchenvater Augustinus, der zum ersten Mal von der Notwendigkeit der Prostitution schrieb – ohne die es zu einer Explosion der Triebe kommen würde, ein Motiv, das sich in der Rechtfertigung der Prostitution bis in das 20. Jahrhundert findet.

PROSTITUTION IM MITTELALTER

Im Frühmittelalter gab es überall in Westeuropa öffentliche Bordelle. Noch 1198 erklärte Papst Innozenz III., dass die Heirat mit einer Prostituierten als besondere christliche Leistung anzusehen sei. Erst ab dem 13. Jahrhundert wurde die Prostitution strenger kontrolliert und stigmatisiert. Prostituierte mussten sich registrieren lassen und Erkennungsmerkmale an ihren Kleidern tragen, sie durften sich nicht verschleiern und in England war es Prostituierten verboten, zu heiraten. Die mittelalterliche Gesellschaft war nicht ganz so frauenfeindlich, wie sie uns immer dargestellt wird, doch die ständige Trennung zwischen ehrbarer Frau und Hure hatte fatale Folgen. So wurden Vergewaltigungen oft damit legitimiert, dass sich eine Frau nachts allein auf der Straße aufgehalten und man sie so für eine Hure gehalten habe. Auch die Kirche bereicherte sich an den Prostituierten – so erließ Papst Sixtus IV. 1471 ein Gesetz, das die römischen Prostituierten zu einer Steuerzahlung an die Kirche verpflichtete. Das Auftreten der Syphilis sollte den Umgang des christlichen Europas im Mittelalter grundlegend verändern. Es dauerte nicht lange, bis man die Bordelle als einen der Übertragungsorte ausgemacht hatte – aus Angst wurden europaweit Bordelle geschlossen und wurde Prostitution unter Strafe gestellt. Die Reformation tat ihr Übriges dazu – für Martin Luther waren Prostituierte Gesandte des Teufels. In Folge seiner und Calvins Ansichten wurden Prostituierte europaweit verfolgt, ihnen wurde das Haar geschoren, sie wurden gefoltert und in Gefängnisse geworfen.

PROSTITUTION IN DER NEUZEIT

Prostitution wurde zwar verboten – doch sie verschwand nicht. So entstand die Kurtisane des 17. Jahrhunderts. Sie lebte zurückgezogen und stand nur reichen Männern zur Verfügung. Das 19. Jahrhundert war besessen von der Prostitution – ihrer heimlichen Bewunderung wie öffentlichen Schmähung. Für einen Mann galt es als normal, Prostituierte zu besuchen, denn die Ehe wurde nicht als Ort der Lustauslebung betrachtet. Prostituierte waren eine Art notwendiges Abwassersystem für aufgestaute männliche Lust. Nicht der Freier, sondern die Prostituierten galten nach den strengen Moralvorstellungen als verdorben und wurden diskriminiert. Die Industrialisierung schuf ein ganzes Heer von Frauen in prekären Lebens- und Arbeitsbedingungen, für die Prostitution oft der einzige Weg war zu überleben. Der Streifzug durch die Geschichte zeigt: Prostitution ist keineswegs das „älteste Gewerbe" der Welt, sondern eine durch patriarchale Unterdrückung geschaffene Institution. Eine Welt ohne Prostitution ist denkbar.

Mira Sigel ist Aktivistin und Bloggerin und Mitbegründerin des feministischen Kollektivs „Die Störenfriedas".

Im Röckchen zu sexy, im Kostüm zu bieder

Klar ist: Kleider machen Rollen.
Aber ist Macht bloß eine Frage der Aufmachung?

Von Manuel Almeida Vergara

Wo sehen Sie sich in fünf Jahren? Was für eine dämliche Frage! Die nicht nur Personaler stellen: Frauen müssen sich genau das jeden Morgen überlegen. Wenn sie vorm Kleiderschrank stehen nämlich: „Zieh dich heute für den Job an, den du morgen haben willst“, sagt Sigrid Meuselbach programmatisch. „Zieh an, was dir nützt. Nicht, was dir gefällt.“

Die Frau, die gerade ihr Examen schreibt, die Frau, die ihren ersten Job antritt, die Frau, die vor der nächsten Karrierestufe steht – sie alle wollen in den Seminaren der Wirtschaftsmediatorin wissen, „wie Frauen und Männer unterschiedlich kommunizieren“. Als effektives Kommunikationsmittel halte gerade die Mode einige Chancen bereit. Und mindestens genauso viele Fettnäpfchen – für Frauen wie für Männer. Nur haben die Herren bekanntermaßen einen jahrzehntelangen Vorsprung, wenn es um das geht, was Meuselbach „die geheimen Spielregeln der Geschäftswelt“ nennt.

Und einfacher haben sie es auch noch, wenn sie sich allmorgendlich Stoffhose, Hemd und Sakko aus dem Kleiderschrank ziehen. „Frauen müssen sich mit einer größeren Vielfalt auseinandersetzen: Vom Kleidchen übers Blüschen übers Röckchen bis hin zum Kostümchen.“ Und das „-chen“ wird zum Problem: „Das Wichtigste ist, dass einer Frau im Business zugehört wird." Rüschchen und Blümchen lenken nur ab. So wie alles, was den Körper betont. „Fantasien, die Männer davon abhalten, wirklich zuzuhören, sind tödlich für eine Frau, die Inhaltliches mitteilen will." Mode ist eben auch ein Kommunikationsmittel für Erotik. Nur ist Kommunikation keine Einbahnstraße. Genauso wenig wie Erotik. Hört sich's einem Mann in Shorts und Shirt denn besser zu? „Müsste man mal ausprobieren", findet Meuselbach. „Eigentlich ist das aber egal, dann hört die Frau dem Mann eben nicht zu. Der Mann hat ja die Macht längst für sich reklamiert."

Ist Macht also nur eine Frage der Aufmachung? „Im Moment tut sich was. ‚New Work' ist ein riesiges Thema", sagt Constanze Wolf. „Alles wird agiler. Wie wir arbeiten, wo wir Dokumente ablegen, wie wir Termine organisieren, wo wir Kontakte machen. Da muss sich auch die Klamotte mitentwickeln." Constanze Wolf hat viele Jahre im Designteam einer großen Modemarke gearbeitet, hat verschiedene Start-ups entwickelt, zuletzt das Netzwerk „Women in Digital" gegründet, das Frauen im Digitalbusiness durch Lobbyarbeit unterstützt. Mit „The Bow Attitude" ist gerade Wolfs neues Portal online gegangen, das erklärt, wie viel modischen Spielraum die moderne Arbeit bietet. „Heute geht es nicht mehr darum, Kleidung wie eine Formalie vor sich herzutragen, heute zählt mehr und mehr die innovative Idee", sagt sie. „Wenn ein Konzern mit einem Start-up zusammenarbeitet, und die Start-uper alle in Sneakern Millionen erwirtschaften, warum sollte sich der Konzern-Vorstand noch die Lederschuhe schnüren?" Auch eine gute Frage: Gilt das genauso für Frauen?

„Frauen werden immer noch erzogen zu gefallen", sagt Sigrid Meuselbach. „Bei Männern zählen Leistung, Anerkennung, Weiterkommen." Eine Frau wird es also schwerer haben, auf ihr Engagement aufmerksam zu machen. Weil für das „schöne Geschlecht" immer auch eine optische Komponente entscheidend wirkt. So wird die Vielfalt, die sich einer Geschäftsfrau bietet, zur Farce, zum Minenfeld: Im Röckchen zu sexy, im Sneaker zu schluderig, im Kostüm zu bieder. Und? Wo sehen Sie sich in fünf Jahren?

Arbeitsalltag V: „Die Ungleichheiten nehmen ab“

Die Chinesin Jia Zhen, 30, macht als IT-Unternehmerin gern Geschäfte mit Männern

Aufgezeichnet von Finn Mayer-Kuckuk

Privat

Jia Zhen

Heute bin ich selbstständig, und vorher habe ich nur für IT-Firmen gearbeitet – vielleicht sind meine Wahrnehmungen daher nicht ganz repräsentativ. Aber aus meiner Sicht gibt es in China keine so großen Unterschiede zwischen Männern und Frauen, zumindest im Umgang miteinander. Wir machen die gleiche Arbeit und erhalten das gleiche Gehalt dafür. Auf der Management-Ebene hat sich allerdings noch nicht so viel geändert. Je höher die Hierarchiestufe, desto mehr Männer.

Nach meiner Erfahrung sind Frauen aber auch die schlechteren Chefs. Sechs oder sieben von zehn Frauen denken nicht logisch und klar, sie verhalten sich am Arbeitsplatz anders. Ihre Denkweise ist nicht so frei und unabhängig wie die der Männer. Sie sind mehr von den Erwartungen anderer geleitet. Das hat etwas mit der Erziehung in chinesischen Familien zu tun, glaube ich.

Als Unternehmerin finde ich es leichter, mit Männern Geschäfte zu machen als mit Frauen. Meine Denkweise stimmt mehr mit der der Männer überein. Ich bin durchaus Feministin: Ich denke, es sollte absolute Gleichberechtigung herrschen. Damit meine ich aber auch, dass Frauen genauso gnadenlos klar denken sollten. Männer sind auch entspannter – gerade weil sie einen gewaltigen Startvorteil haben und nicht so viel beweisen müssen. Oft haben gutaussehende Frauen jedoch einen Vorteil, den sie bewusst ausspielen.

In Zukunft werden die Ungleichheiten zwischen den Geschlechtern weiter zurückgehen, davon bin ich überzeugt. Von der Ausbildung her befinden sich beide Geschlechter schon auf dem gleichen Niveau, jetzt muss bloß die Gleichbehandlung nachziehen. Auch wenn die Mehrheit der Führungsfiguren männlich bliebe, werden mehr Frauen in Top-Positionen vorrücken. Wenn das intellektuelle Niveau angeglichen ist, werde auch ich mich mit der Situation wohler fühlen.

Mehr Bruttosozialglück – für alle

Die Arbeitswelt der Zukunft könnte uns alle freier machen. Wir müssen sie nur wollen

Von Anke Domscheit-Berg

Meine Utopie einer künftigen Arbeitswelt bleibt hoffentlich keine, denn ich halte sie für umsetzbar.

Mit dem Begriff „Freiheit" lässt sie sich am knappsten beschreiben. Weil Roboter, Software und neue Technologien künftig sehr viel von der Arbeit übernehmen werden, die heute noch bezahlte Erwerbsarbeit ist, werden wir endlich befreit vom Zwang, unsere Arbeitskraft auf Teufel komm raus verkaufen zu müssen. Produkte lassen sich auch ohne Mensch in der Produktion erzeugen und viele Dienstleistungen auch ohne Mensch erbringen, neun von zehn der am meisten von Automatisierung betroffenen Berufsbilder sind Dienstleistungsberufe. Wertschöpfung findet trotzdem statt, nur häufig ohne Menschen.

Die entscheidende Frage ist, wie man diese Wertschöpfung so umverteilt, dass wir uns alle ein schönes Leben leisten können. Eine Roboterfabrik produziert ja immer noch Turnschuhe, Handys oder Autos, aber dafür bekommt künftig (fast) niemand mehr Lohn, zahlt (fast) niemand mehr in die Sozialkassen ein. Da es viel weniger bezahlte Arbeit geben wird, werden überhaupt viel weniger Menschen Lohn erhalten und Sozialbeiträge zahlen.

Die Lohnquote bezogen auf die gesamte Wertschöpfung in unserer Gesellschaft wird daher stark sinken und vor allem sehr stark gespreizt sein. In der bereits erwähnten Roboterfabrik ist sie nahe null, im Krankenhaus bleibt sie hoch. Unter dem Strich ist jedenfalls weniger Lohn zum Ausgeben da und weniger Sozialbeiträge, um uns alle zu versorgen, wenn wir mal alt, krank oder Pflegefälle sind.

Jede industrielle Revolution hat bisher eine eigene soziale Revolution mit sich gebracht, mit den Dampfmaschinen und Webstühlen kamen Arbeitslosen-, Kranken- und Rentenversicherung, mit späteren industriellen Revolutionen kamen Mindestlöhne, freie Samstage, sinkende Wochenarbeitszeiten und Mutterschutz. Wir stehen jetzt an der Schwelle der digitalen Revolution und sollten uns Gedanken dazu machen, wie wir jetzt das Soziale passend umkrempeln, denn Instrumente wie Mindestlöhne reichen künftig nicht mehr, um den sozialen Frieden aufrechtzuerhalten.

In meiner Utopie gibt es daher viel Umverteilung: von Arbeitszeit, Vermögen und Wertschöpfung. Wenn weniger bezahlte Arbeit da ist, kann man sie menschenfreundlicher verteilen. Für weniger Burnout und mehr Familie, Hobby oder Freunde. Wenn weniger Werte über Löhne verteilt werden, muss man staatliche Einnahmen zum Beispiel über Wertschöpfungsabgaben und Vermögenssteuern erhöhen und sie über ein bedingungsloses Grundeinkommen (BGE) an alle verteilen. Ein solches BGE wäre ein hervorragendes Instrument zur Selbstermächtigung und Freiheit, ganz besonders für Frauen. Nie wieder müssten sie aus Existenzangst in einer unglücklichen Beziehung bleiben, nie wieder aus Existenzangst schikanöse Arbeitsbedingungen hinnehmen, nie wieder aus Existenzangst auf eine Unternehmensgründung oder Selbstständigkeit verzichten.

Ein BGE ist daher vor allem ein Instrument zur Umverteilung der Macht, weil das Erpresserpotenzial ausbeuterischer Arbeitgeber stark schrumpfen wird. Heute werden doch die schlechtesten Arbeitsplätze besonders schlecht bezahlt, weil die ärmsten Menschen über das unwürdige Hartz-IV-System am meisten erpressbar sind und noch die elendsten Jobs annehmen müssen. Mit BGE ist niemand mehr erpressbar, weil immer, bedingungslos, für Existenz und Teilhabe gesorgt wäre. Da, wo schlechte Arbeit bestehen bleibt, wird man sie endlich gut bezahlen müssen, sonst macht sie schlicht keiner. Höhere

Löhne als notwendiger Schadenersatz für entgangene Lebensfreude – so soll es sein!

In meiner Zukunftsvision verlieren die Begriffe bezahlte und unbezahlte Arbeit an Relevanz. Der Begriff „gute Arbeit" wird bedeuten, dass Arbeit Spaß macht, Entwicklungspotenziale bietet, dass Vorgesetzte und Kolleg*innen fair und sympathisch sind, dass die Aufgabe selbst sinnstiftend ist und Anerkennung findet – und alles das unabhängig davon, ob sie bezahlt ist oder nicht. In einer klug regulierten digitalen Gesellschaft kann man sich – BGE sei Dank – auch unbezahlte gute Arbeit leisten. Und sollten wir doch bezahlte Arbeit haben wollen, aber unsere Qualifikationen sind nicht mehr gefragt, weil sich viele Berufsbilder völlig verändert haben oder ganz verschwunden sind, dann können wir jederzeit eine Auszeit zur Weiterbildung nehmen, denn in meiner künftigen Gesellschaft ist Bildung barrierefrei und kostenlos das ganze Leben lang für jeden zugänglich.

Frei von Angst ist diese Arbeitswelt der Zukunft. Aber voll von Experimentierfreude, Entwicklungsmöglichkeiten und der Chance, eigene Potenziale auszuprobieren. In einer sich ständig und immer schneller verändernden Welt brauchen wir genau so ein Umfeld, denn es ist der Humus, auf dem sich Kreativität entfaltet und Innovationen entstehen können.

Wenn viel mehr Menschen als heute ihre Arbeit dort verrichten, wo sie Leidenschaft und Begeisterung empfinden, werden viel mehr Menschen als heute Großartiges zustande bringen. Was man liebt, das macht man oft am besten. Wo Angst und Zwang keine Rolle mehr spielen, dafür aber Freiheit und Autonomie unser Selbst bestimmen, da steigt am Ende auch das Bruttosozialglück der ganzen Gesellschaft. Was mehr kann man wollen? Ich schreibe es noch einmal: Diese Welt ist möglich. Wir müssen uns nur für sie entscheiden.

Anke Domscheit-Berg sitzt für die Linke im Bundestag und engagiert sich für Netzpolitik und Geschlechtergerechtigkeit.

Der lange Weg

1693: In Großbritannien erscheint das erste Frauenmagazin – herausgegeben von einem Mann. Der Grund für das Start-up: Das Männermagazin des Verlegers bekam viele Zuschriften von Frauen. John Dunton witterte einen Markt. Doch er fand nicht genug Abonnentinnen und stampfte die Zeitschrift bald wieder ein.

1789-1793: Nach der Französischen Revolution gründen Frauen erste Vereinigungen. Ihre Forderungen: volle Bürgerrechte für Frauen, die Gleichstellung von Mann und Frau und das Frauenwahlrecht.

1850: Paragraf 8 des deutschen Vereinsgesetzes bestimmt: „Politischen Vereinen ist die Aufnahme von Frauenspersonen, Schülern, Lehrlingen verboten. Auch dürfen solche Personen nicht an Veranstaltungen und Sitzungen teilnehmen, bei denen politische Gegenstände behandelt werden." (gültig bis 1908)

1865: In Leipzig gründen Luise Otto-Peters und Auguste Schmidt den (bürgerlichen) „Allgemeinen deutschen Frauenverein". Sie fordern Bildungsmöglichkeiten, Recht und Anspruch auf Arbeit und freie Berufswahl sowie gleichen Lohn für gleiche Arbeit. Für Frauen aus bürgerlichem Haus waren damals nur wenige Berufe wie Lehrerin oder Gouvernante vorgesehen. Die proletarische Frauenbewegung, die besonders mit dem Namen der Sozialistin Clara Zetkin verbunden wird, kämpfte für bessere Bezahlung, kürzere Arbeitszeit sowie Arbeits- und Mutterschutz. Zu weiteren prominenten Vorkämpferinnen für Frauenrechte gehörte Hedwig Dohm.

1878: In einer Novelle zur Gewerbeordnung wird der Mutterschutz erstmals geregelt. Für Mütter gilt ein Beschäftigungsverbot für die Dauer von drei Wochen nach der Geburt, eine Bezahlung erhielten sie in der Zeit nicht.

1882: In Hessen gründet die Verlegerin Gertrud Guillaume-Schack die erste Kranken- und Sterbekasse für Frauen, die bald 119 Zweigstellen umfasst.

1889: Der Internationale Arbeiterkongress findet zwischen dem 14. und 21. Juli in Paris statt. Dort wird unter anderem der Acht-Stunden-Arbeitstag ausgerufen. Auf Antrag von Emma Ihrer und Clara Zetkin erfolgt der Beschluss über die Gleichberechtigung der Frau. Im selben Jahr wird in Berlin die einzige deutsche Frauengewerkschaft gegründet: der „Verband weiblicher Angestellter".

1891: Das erste Arbeiterinnenschutzgesetz wird im Reichstag verabschiedet: Unter Tage dürfen Frauen nicht mehr arbeiten, der Elf-Stunden-Tag für Frauen sowie vier Wochen bezahlte Ruhepause nach der Entbindung werden eingeführt.

1892: Clara Zetkin gründet die sozialdemokratische Frauenzeitschrift „Die Gleichheit".

1900: Das Bürgerliche Gesetzbuch (BGB) tritt in Kraft. Es verankert die Rechtsstellung der Frau im Sinne der patriarchalischen Tradition. Demnach kommt dem Ehemann das Entscheidungsrecht in allen Fragen des Ehe- und Familienlebens zu.

1901: Frauen dürfen Schulen und Universitäten besuchen. Baden ist das erste Land, in dem Mädchen höhere Jungenschulen besuchen und sich an Hochschulen unter den gleichen Bedingungen wie Männer immatrikulieren dürfen.

1910: Am 26./27. August findet die Internationale Frauenkonferenz in Kopenhagen statt, bei der der „Internationale Frauentag" gegründet wird. Es werden aber auch Forderungen an die Politik erhoben: der Acht-Stunden-Arbeitstag, gleicher Lohn für gleiche Arbeit, Urlaub für Schwangere und die Gleichstellung der Frau im Arbeitsschutzgesetz.

1911: Am 19. März wird zum ersten Mal der „Internationale Frauentag“ gefeiert.

1918: Frauen erhalten am 30. November das aktive und passive Wahlrecht, später verankert in Artikel 109 II der Weimarer Verfassung vom 1.8.1919: „Männer und Frauen haben grundsätzlich dieselben Rechte und Pflichten.“

1923: Margarete von Wrangell wird am 12. März die erste ordentliche Professorin in Deutschland und erhält den Lehrstuhl für Pflanzenernährung an der Universität Hohenheim bei Stuttgart.

1933-1945: Das nationalsozialistische Regime dreht die Zeit zurück: Es beschließt Erwerbseinschränkungen für verheiratete Frauen; ein Numerus clausus für Studentinnen wird eingeführt und das passive Wahlrecht für Frauen gestrichen. Im „Dritten Reich“ wird Frauen verboten, bestimmte Berufe – vor allem wissenschaftliche und technische – zu ergreifen. Was folgt, ist die Gleichschaltung der Frauenverbände, massive Propagierung der Mutterschaft und die Abschaffung des Internationalen Frauentages zugunsten des Muttertages.

1949: Am 23. Mai tritt das Grundgesetz der Bundesrepublik Deutschland in Kraft. In Artikel 3 Absatz 2 Satz 1 der neuen Verfassung steht kurz und klar: „Männer und Frauen sind gleichberechtigt.“

1952: Das Gesetz zum Schutz der erwerbstätigen Mutter wird verabschiedet (Mutterschutzgesetz).

1955: Das Bundesarbeitsgericht verfügt den Grundsatz des gleichen Lohns von Mann und Frau bei gleicher Arbeit. Die Realität sieht allerdings anders aus. So dauert es noch Jahrzehnte, bis Frauenlohngruppen aus den Tarifverträgen verschwinden.

1957: Abschaffung des Gehorsamsparagrafen aus dem Jahr 1900, der verheirateten Frauen ein Mitspracherecht bei Entscheidungen über das gemeinsame Eheleben verwehrte. Frauen dürfen nun ohne Zustimmung ihres Ehemannes ein eigenes Konto eröffnen.

1958: Das Gleichberechtigungsgesetz im bürgerlichen Recht tritt am 1. Juli in Kraft. Damit brauchen Frauen keine Einwilligung ihrer Ehemänner, wenn sie eine Erwerbstätigkeit aufnehmen wollen – aber nur, wenn diese Arbeit mit ihren Pflichten in Ehe und Familie zu vereinbaren ist. Ist dies nicht der Fall, kann ihr Ehemann die Stelle jederzeit aufkündigen. Das Gesetz „zur Führung des Haushalts" sieht nämlich vor, dass sich die Ehefrauen um Kinder und Küche statt um Arbeit kümmern sollen.

1966: Das Familiengesetz in der Deutschen Demokratischen Republik verlangte, dass die Ehepartner ihre Verbindung so gestalten, „dass die Frau ihre berufliche und gesellschaftliche Tätigkeit mit der Mutterschaft vereinbaren kann".

1968: Das Mutterschutzgesetz sieht eine Schutzfrist von sechs Wochen vor und acht Wochen nach der Entbindung vor (früher sechs Wochen). Bei Früh- und Mehrlingsgeburten verlängert sich diese Frist auf zwölf Wochen.

1972-1973: Die Reform der gesetzlichen Rente führt zur Öffnung der Rentenversicherung für Hausfrauen.

1975: Die Vereinten Nationen rufen das Internationale Jahr der Frau aus. In Mexiko-City startet die erste UN-Weltfrauenkonferenz.

1975: Die Bundeswehr öffnet die Laufbahn der Offiziere des Sanitätsdienstes für Frauen und mit dem fünften Strafrechtsreformgesetz erhalten Frauen, die in der gesetzlichen Krankenversicherung versichert sind, einen Anspruch auf individuelle ärztliche Beratung über Fragen der Empfängnisverhütung und die Übernahme der Kosten eines legalen Schwangerschaftsabbruchs.

1977: Mit dem ersten Gesetz zur Reform des Ehe- und Familienrechts wird die Abschaffung der „Hausfrauenehe" beschlossen und das Partnerschaftsprinzip eingeführt. Es gibt nun keine gesetzlich vorgeschriebene Aufgabenteilung in der Ehe mehr, das heißt, beide Ehepartner müssen Fragen der Haushaltsführung und der Erwerbstätigkeit einvernehmlich und in gegenseitiger Rücksichtnahme regeln.

1979: Gesetz zur Einführung eines Mutterschaftsurlaubs: In einem Arbeitsverhältnis stehende Mütter erhalten zusätzlich zu bisherigen Schutzfristen einen viermonatigen Mutterschaftsurlaub. Ein Kündigungsverbot sichert den Arbeitsplatz und die Frauen erhalten Lohnersatzleistungen von bis zu 750 D-Mark monatlich aus Bundesmitteln.

1980: Zweite Weltfrauenkonferenz der Vereinten Nationen in Kopenhagen, bei der die Bundesregierung ein Übereinkommen vom 18. Dezember 1979 zur Beseitigung jeder Form von Diskriminierung der Frau unterzeichnet. Es enthält das Verbot aller Diskriminierungen von Frauen und Männern wegen des Geschlechts sowie die Verpflichtung der Vertragsstaaten, Maßnahmen zum Abbau rechtlicher und tatsächlicher Ungleichheiten zu ergreifen.

1985: Beschäftigungsförderungsgesetz: Erleichterung des Zugangs zu Maßnahmen der Umschulung und Fortbildung für Frauen, die wegen Kindererziehung zeitweise aus dem Erwerbsleben ausgeschieden sind. Teilzeitarbeit wird arbeitsrechtlich ebenso abgesichert wie Vollzeitarbeit. Neue Bestimmungen sichern die besonders von Frauen wahrgenommene Arbeit auf Abruf und die Arbeitsplatzteilung besser ab.

1986: Bundeserziehungsgeldgesetz: Darin wird die Gewährung von Erziehungsgeld und Erziehungsurlaub geregelt.

1988: Der erste Informelle Frauenministerrat der Europäischen Gemeinschaft (EG) kommt in der Bundesrepublik Deutschland zusammen.

1990: Gründung des Unabhängigen Frauenverbandes (UFV) in Berlin. In dem Gründungsaufruf eines Initiativekomitees heißt es unter anderem: „In der gegenwärtigen Situation des gesellschaftlichen Umbruchs spielen die Interessen von Frauen bislang eine untergeordnete Rolle. (...) Lasst uns deshalb die Initiative ergreifen! Frauen, organisieren wir uns! Schaffen wir uns eine eigene Interessenvertretung!“

1991: Die Bundeswehr nimmt Frauen in den Dienst auf. Allerdings nicht in den Wehrdienst. Geöffnet werden lediglich alle Laufbahnen des Sanitätsdienstes und des Militärmusikdienstes.

1992: Das Rentenreformgesetz tritt in Kraft: Die Anerkennung von Kindererziehungszeiten in der gesetzlichen Rentenversicherung wird für Geburten ab dem Jahr 1992 von bisher einem Jahr auf drei Jahre verlängert. Das Erziehungsgeld für Kinder, die in der Zeit vom 1. Januar 1992 an geboren sind, wird auf zwei Jahre ausgedehnt. Außerdem bringt eine Änderung des Mutterschutzgesetzes Verbesserungen im Kündigungsschutz.

1994: Das Gleichberechtigungsgebot in Artikel 3 des Grundgesetzes wird ergänzt: „Der Staat fördert die tatsächliche Durchsetzung der Gleichberechtigung von Frauen und Männern und wirkt auf die Beseitigung bestehender Nachteile hin.“ Im selben Jahr tritt das Zweite Gleichberechtigungsgesetz in Kraft. Schwerpunkte sind ein verschärftes Verbot der Benachteiligung von Frauen im Arbeitsleben und der Schutz vor sexueller Belästigung am Arbeitsplatz.

1994: Gesamtdeutscher Frauen-Streik-Tag im März: Die Frauen aus der neuen Frauenbewegung wollen ihre unterschiedlichen Erfahrungen und Positionen miteinander vernetzen.

1995: Die Vorgaben des Bundesverfassungsgerichtes zur rechtlichen Regelung des Schwangerschaftsabbruchs werden umgesetzt. Kernpunkt ist die verpflichtende Beratung der Schwangeren in einer Not- und Konfliktlage.

1996: Der Rechtsanspruch auf einen Kindergartenplatz ab Vollendung des dritten Lebensjahres wird beschlossen.

1997: Beschluss des Europäischen Rates in Amsterdam: Die Zielsetzung der Förderung der Gleichberechtigung von Frauen und Männern wird in Artikel 2 und 3 EG-Vertrag festgeschrieben. In Artikel 119 EG-Vertrag wird der Grundsatz des gleichen Entgelts bei gleicher Arbeit um gleichwertige Arbeit erweitert.

1999: Auf Grundlage der Beschlüsse der Weltfrauenkonferenz in Peking und vor allem des Amsterdamer Vertrags wird die Bundesregierung verpflichtet, Gender Mainstreaming als Strategie und Methode zur Verbesserung der Gleichstellung von Frauen und Männern einzuführen. Das Bundeskabinett bekennt sich in einem Beschluss vom 23. Juni 1999 zu dieser Verpflichtung.

2001: Änderung des Bundeserziehungsgeldgesetzes: Der Rechtsanspruch auf Teilzeitarbeit für Väter bedeutet eine Abkehr vom Leitbild des bis dahin geltenden Rechts, das immer noch von der traditionellen Aufgabenteilung zwischen den Geschlechtern mit Zuweisung der Kinderbetreuung an Mütter und der Ernährerrolle an Väter ausgeht und fördert. Väter und Mütter können ihre Kinder nun in den ersten drei Jahren gemeinsam erziehen und betreuen. In dieser Zeit haben sie einen Anspruch auf Teilzeitarbeit von bis zu 30 Wochenstunden in Betrieben mit mehr als 15 Beschäftigten.

2005: Angela Merkel (CDU) wird erste deutsche Bundeskanzlerin.

2006: Das Allgemeine Gleichbehandlungsgesetz (AGG) tritt in Kraft. Das Bundesministerium für Familie, Senioren, Frauen und Jugend richtet die Antidiskriminierungsstelle des Bundes ein.

2007: Das einkommensorientierte Elterngeld löst das Erziehungsgeld ab. Das Elterngeld wird an Vater und Mutter für maximal 14 Monate gezahlt; beide können den Zeitraum frei untereinander aufteilen.

2014: Hausfrauen (und -männer) erhalten für die Erziehung jedes Kindes jeweils zwei Jahre Erwerbstätigkeit angerechnet. Ansonsten sind häusliche Arbeit und Kindererziehung so selbstverständlich Teil

„weiblicher Pflichten“, dass Hausfrauen nicht einmal einen Anspruch auf Rente haben, wenn sie nicht mindestens fünf Jahre einer festen Beschäftigung nachgegangen sind.

2016: Einführung der Frauenquote in Deutschland: Für Aufsichtsräte von börsennotierten Unternehmen mit paritätischer Mitbestimmung gilt eine Frauenquote in Höhe von 30 Prozent. Sie betrifft derzeit gut 100 Unternehmen und muss im Zuge der Neubesetzung von Aufsichtsratsposten umgesetzt werden. Das Gesetz für die gleichberechtigte Teilhabe von Frauen und Männern an Führungspositionen (FüPoG) verpflichtet außerdem etwa 3.500 Unternehmen, sich Zielgrößen zur Erhöhung des Frauenanteils in Aufsichtsräten, Vorständen und obersten Managementebenen zu setzen. Aber es ist auch zulässig, sich die Zielgröße null zu geben.

Schöpferinnen

Gaia steigt aus dem Boden auf und übergibt Erichthonios an Athena. Rechts davon Kekrops. Melisches Relief, um 460 v. Chr.

Kurztrip in die Hölle

Mit Geburten ließe sich doch prima protzen – traut euch!

Von Ella Carina Werner

Früher besuchte ich oft meinen Onkel. Ich fand ihn toll. Das Tollste an ihm war, dass er eine Narbe im Gesicht hatte, von der Schläfe bis zum Kinn, sooo lang. „Ein Schmiss!“, korrigierte er jedes Mal, „errungen beim Fechtkampf in der Burschenschaft“, und schlug sich stolz auf die Brust, als trüge er das Florett noch immer.

So stolz wie in Jugendtagen meine Kumpels, wenn sie aufzählten, wer wie viel Alkohol gebechert und wie viel danach gereihert hatte. Und dann erst die verhängnisvolle, hackedichte Radfahrt nach Hause, von der die neue Kinnnarbe stamme ... nur noch übertrumpft von den Kollegen der Freiwilligen Feuerwehr meines Vaters: „Meine Leber ist kaputter als deine!“ Ohne Witz, das hat der eine mal gesagt. Oder Kriegsgeschichten: Endlos konnten mein Opa und die Nachbaropas und die Opas drei Straßen weiter miteinander battlen, wer die wüsteren hatte.

Frauen prahlen eher selten mit verwegenen Geschichten, dabei haben auch sie welche in petto, nicht wenige von ihnen die superverwegene Geschichte der Geburt eines Kindes. Mehr als 50 Prozent aller Frauen haben den schönsten Prahlstoff in der Tasche, ein abgefahrenes Grenzerlebnis, wüst wie ein Burschenschaftsduell, die Erstürmung der Normandie und drei Wochen Magen-Darm-Infekt zusammen. Geburtsgeschichten toppen alles, werden aber von den Protagonistinnen nur sehr selten erzählt.

Vielleicht, weil es sich für Frauen noch immer nicht gehört, mit irgendwas herumzuprahlen. Oder weil sie sich an diese elenden Minuten, Stunden, Tage lieber nicht zurückerinnern wollen.

Schade, ich würde das gerne mal hören. „Oma, erzählst du noch einmal von deiner ersten Geburt?“ – „Jesses, du meinst diesen Höllentrip? Diese Folternacht? Diese Schlacht um Verdun? Kindchen, kannst du Blut sehen? Dann halt dich gut fest. Das war so ...“ Mütter könnten einander mit ihren Erlebnissen übertrumpfen, wortreicher als jeder Rap-Battle. Vielleicht sollte jemand einen „Birth Slam“ ins Leben rufen. Die Geburtsgeschichten müssen raus aus den hintersten Winkeln der Erinnerungen, raus auf die Bühnen, in die Kneipen, auf Partys: „Mein Dammriss ist länger als deiner!“ Verwegene Anekdoten von alles überrollenden Austreibungswehen, Brüllattacken, Bauchtritten gegen den Arzt oder Blutverlust von 300, nein 400, nein 500 Millilitern. Mütter älteren Semesters könnten stolz ihre monumentalen Kaiserschnittnarben aus den Siebzigerjahren präsentieren, sooo lang waren die damals. Geburtsschmerzen sind nicht schön, aber solche Geschichten später erzählen zu können, das hat was.

Einmal hab ich es probiert, nachts um drei in meiner Lieblingskneipe, die Augenlider aller Gäste hingen schon auf Halbmast und keiner hatte mehr was Interessantes zu erzählen. „Hey Leute, wollt ihr mal hören, wie meine Tochter bei der Geburt im Becken steckengeblieben ist, die PDA nicht gewirkt hat und ich dann ...“ Aber niemand wollte. Die Reaktionen waren, nun ja.

Die Zeit ist dafür heute vielleicht einfach noch nicht reif. Später, in zehn, 15 Jahren, packe ich die Story noch mal aus.

Schwere Geburt

Wehe, sie haben nicht alles unter Kontrolle: Schwangere wollen unbedingt alles richtig machen

Von Nadja Erb

Wenn eine Frau in Deutschland heute Mutter wird, dann ist sie selten unvorbereitet. Die Reihe der Ratgeber in der Buchhandlung ist so lang wie die Liste der Verwandten und Freundinnen, die – gefragt oder ungefragt – mit guten Tipps zur Seite stehen. „Das große Buch zur Schwangerschaft – umfassender Rat für jede Woche", „Mami to go – die Checkliste", „Hypnobirthing – der natürliche Weg zu einer sanften, sicheren und leichten Geburt" und so weiter. Dazu kommen Vorbereitungskurse und Diäten, Akkupunktur und Bäuchleincreme, Babyshower-Partys, Atemübungen – und natürlich jede Menge medizinische Tests. Nur wer liest, hechelt, seinen Körper stählt und ständig untersuchen lässt, so die Botschaft, kann Schwangerschaft, Geburt und Wochenbett bewältigen.

Gebären, das tut sie nicht einfach so im Urvertrauen auf ihre weibliche Kraft, auf ihre biologischen Fähigkeiten als Schöpferin neuen Lebens. Das will erarbeitet sein. Die Soziologin Kati Mozymba hat die gesellschaftlichen Prozesse beim Übergang von der Frau ohne Kind zur Mutter untersucht. Sie stellt fest: „Die Befürchtung, als werdende Mutter falsch zu handeln und damit dem Kind zu schaden, ist ein Beispiel für die Verlagerung von Gesundheit in den Verantwortungsbereich des Einzelnen. Selbstbestimmung wird so zu einer Form von Selbstverantwortung, wobei das ‚richtige Tun' von außen und nicht von der subjektiven Bedarfslage der Nutzerinnen her bestimmt wird."

In einer Gesellschaft, die immer mehr auf Leistung, auf Kontrolle und Selbstoptimierung setzt, wollen auch Schwangere alles richtig machen – erst recht, wenn mit zunehmenden Alter die Chancen aufs Wunschkind schwinden. Damit das gewährleistet ist, gibt die Frau quasi mit Erhalt des Mutterpasses einen Teil ihrer Selbstbestimmung auf und sich selbst in die Hand der Experten. Die Medizin bestimmt zunehmend das Geschehen. Nahezu alle schwangeren Frauen (99 Prozent) erhalten inzwischen mehr Untersuchungen als die von Ärzten erarbeiteten Mutterschaftsrichtlinien vorsehen. Das geht aus einer Studie der Bertelsmann-Stiftung von 2015 hervor. Egal, ob sie eine Risikoschwangerschaft haben oder einen völlig unauffälligen Verlauf: Werdende Mütter erfahren die nahezu gleiche Behandlung.

Viele Frauen können den zahlreichen Kontrollterminen durchaus Positives abgewinnen. Für sie sind Ultraschall und Wehenschreiber eine Möglichkeit, die Existenz dieses heranwachsenden Lebens in ihrem Bauch erfahrbar zu machen. Doch Hebamme Melanie Boß kennt auch die Kehrseite: „Das Warten auf die Testergebnisse ist eine unsichere, sorgenvolle Zeit", sagt die Frankfurterin. „Das ist das Gegenteil von ‚guter Hoffnung sein'." Boß, die seit 20 Jahren Hebamme ist und sowohl in einer Klinik als auch in einem Geburtshaus arbeitet, hat den Eindruck, dass bei all den Untersuchungen wenig Zeit und Raum bleibt, sich mit deren Ergebnissen auseinanderzusetzen.

Wolf Lütje, Präsident der Deutschen Gesellschaft für psychosomatische Frauenheilkunde und Geburtshilfe, sieht diese Entwicklung durchaus kritisch. „In unserem Medizinsystem geht es fast nur um Pathologie. Diese Katastrophisierung von Schwangerschaft und Geburt führt dazu, dass Frauen alles abgeben an Ärzte und Hebammen, dass sie immer weniger in sich reinhören", sagt der Chefarzt einer Frauenklinik in Hamburg.

Dazu passt der Siegeszug des Kaiserschnitts in den vergangenen 30 Jahren. Inzwischen wird hierzulande nahezu jedes dritte Kind per Kaiserschnitt entbunden, in manchen Regionen ist es fast die Hälfte. „Da findet ein Kulturwandel statt, dessen Folgen wir noch gar nicht absehen können", urteilt Lütje. „Wir sollten innehalten und den Sinn der natürlichen Geburt gründlich erforschen, bevor wir sie abschaffen." Schließlich sei die Geburt auch ein Akt, der die Bindung zwischen Mutter und Kind fördere, der ein Feuerwerk von Hormonen freisetze. „Darüber wissen wir noch viel zu wenig."

Von den Frauen, die einen Kaiserschnitt der vaginalen Geburt vorziehen, geben die meisten als Grund die Angst vor den Schmerzen und die Sorge, „das nicht durchstehen zu können" an. Die immer ausgefeiltere Geburtsvorbereitung, eigentlich dazu ersonnen, den Angstzyklus mittels Information zu durchbrechen, hat vielfach die gegenteilige Wirkung. Unter Frauen weitergereichte Horrorgeschichten („Von der Schwester der Nachbarin die Tochter hatte eine gaaaanz schlimme Geburt") tun dazu ihr Übriges. Hebamme Melanie Boß hat allerdings erlebt, dass auch Geschichten von positiven Geburtserlebnissen, wie sie in Fachzeitschriften häufig nachzulesen sind, Frauen verunsichern können. „Wenn es bei ihnen dann nicht so gut läuft, bleibt das Gefühl, als Frau und Mutter versagt zu haben." Das sei das Schlimmste, sagt Boß, „von sich selbst enttäuscht zu sein".

Was also tun, damit die Geburt ihres Kindes nicht so oft ein traumatisches Erlebnis für Frauen wird? Der Arzt Wolf Lütje wünscht sich ein Vorsorgesystem, das mehr auf den psychosozialen Hintergrund der werdenden Mütter eingeht, in dem Erwartungen und Verletzungen, Gewalterfahrungen oder Familienprobleme erfasst werden. „Was da bei einer Geburt hochkommt, ist gewaltig. Darauf müssen wir besser eingestellt sein."

Hebamme Melanie Boß hofft, den Frauen, die sie betreut, mehr Vertrauen in die eigene Stärke, in den eigenen Körper vermitteln zu können. Ihnen zu zeigen, dass es den einen Weg zur perfekten Geburt nicht gibt. „Ich sage den Frauen gern nach der Geburt: ‚Wenn Sie irgendwann in Zukunft einmal denken, Sie schaffen etwas nicht, dann erinnern Sie sich an heute.'"

Was die Mütter sagen

„Man fängt das Buch an, und da steht: Achten Sie auf dies, achten Sie auf das. Das macht einen ganz irre. Und dann stellt man fest, dass in jedem Buch was anderes steht. Wir haben dann beschlossen, nicht mehr so viel zu lesen."

„Ich hab mit 16 ein Praktikum auf der Kinderstation gemacht und hab Entbindungen miterlebt. Das waren für mich Horrorerlebnisse. Ich hab mir die Geburten angeguckt und mir gedacht: Ich krieg nie Kinder, und wenn, dann adoptiere ich welche."

„Es lebe das Internet! Hätt ich nie gedacht, dass das so wichtig wird. Da hab ich Verständnis bekommen und auch, ja, ganz viel Zuspruch für meinen Weg, den ich gehen wollte. Und auch Informationen."

„Was man alles zu hören kriegt: ‚Gehst du gar nicht ... Machst du gar nicht ... Wie, du weißt das Geschlecht nicht? Warum willst du ins Geburtshaus, wenn du im Krankenhaus die ganze Technik hast? Du bringst doch dein Kind in Gefahr!'"

Sämtliche Zitate stammen aus dem Buch „Was sagen die Mütter", Hrsg. von Katja Makowsky und Beate Schücking, Beltz Juventa 2013.

Zerstören, um zu schaffen I

Svenja Bauer schwingt in ihrer Freizeit gern die Axt

Aufgezeichnet von Lara Feder

Privat

Svenja Bauer

Die Natur schafft Bäume, Zentimeter für Zentimeter. Und ich zerlege sie – ebenfalls Zentimeter für Zentimeter. Doch während die Natur für eine Pappel mit einem Umfang von 40 Zentimetern gut 60 Jahre braucht, brauche ich mit meiner Säge knapp 14 Sekunden. Das war meine bisherige Bestzeit als Sportholzfällerin. Die Dekonstruktion gehört zu meinem Sport, ist ein unausweichlicher Teil davon. Das Kaputtmachen ist jedoch nicht mein Antrieb. Das ist die Geschwindigkeit. Ich will möglichst schnell mit der Säge oder der Axt durch das Holz dringen. Schneller als andere. Und wirklich kaputt ist das Holz danach ja nicht: Alles findet den Weg in meinen Kamin. Dafür würde ich ohnehin Holz machen. Das erledige ich jetzt eben auf eine etwas andere Art. Als Frau habe ich zwar weniger Kraft als meine männlichen Sportkollegen, dafür umso mehr Körpergefühl und Technik. An Ausdauer fehlt es mir auch nicht. Dadurch können Frauen einiges wettmachen. Weil es bislang wenig Sportholzfällerinnen gibt, versuche ich, Frauen in den Sport zu integrieren. Dass Kettensägen und Äxte als typisch männlich gelten, konnte ich nämlich noch nie verstehen.

Einfach unvergleichlich

Schaffen Frauen typisch weibliche bildende Kunst?

Von Sandra Danicke

Im Vergleich mit ihren männlichen Kollegen sind Künstlerinnen nicht sonderlich gefragt. Unter den 30 erfolgreichsten zeitgenössischen Künstlern befinden sich gerade mal drei Frauen. Die zehn teuersten Gemälde stammen von Männern. Ist Kunst von Frauen also weniger gut? Ist sie überhaupt anders, weiblicher? Und was wäre weiblicher? Sinnlicher vielleicht. Pipilotti Rist fällt einem da ein. Seit 30 Jahren erforscht die Schweizer Filmkünstlerin den weiblichen Körper. Sie lässt ihre Kamera über glitschige und haarige Oberflächen gleiten, filmt im Inneren des Verdauungstraktes oder versucht abzubilden, was sich beim Sex hinter den Augenlidern abspielt. Sinnlich, keine Frage. Aber eben auch nicht sinnlicher als Paul McCarthy. In den abgründigen Filmen und Installationen des Amerikaners geraten grotesk kostümierte Protagonisten – meist unter intensivem Einsatz schmierfähiger Lebensmittel – außer Rand und Band, oft ist es McCarthy selbst, der sich im Namen der Kunst auch schon mal mit Ketchup beschmiert oder sich eine Barbiepuppe in den Po geschoben hat.

Versuchen wir es mit einer anderen „weiblichen" Eigenschaft: dem Sichausliefern, -ausharren, -aushalten. Marina Abramovic hat sich für die Performance „Rhythm 0" sechs Stunden lang einem Galeriepublikum ausgeliefert. Die Beteiligten durften mit ihr tun, was sie wollten. Tatsächlich geriet die Situation außer Kontrolle, wurde sogar lebensbedrohlich. Krass. Aber nicht im Vergleich zu Tehching

Hsieh. Ein Jahr lang wohnte der Taiwanese in einem Käfig. Ein anderes Jahr betätigte er zu jeder vollen Stunde eine Stechuhr und dokumentierte den Vorgang mit Fotos. Versuchen wir es mit Handarbeiten. Rosemarie Trockel wurde mit Strickbildern berühmt, die Textilien stammten aber aus einer Strickmaschine. Mike Kelley strickte selbst. Und er integrierte sogar Plüschtiere in seine Werke. Wieder nichts. Vielleicht funktioniert es ja andersherum. Womöglich haben nur Männer Alleinstellungsmerkmale. Wie wäre es mit Nüchternheit? Ach nein, die nüchternsten Werke stammen von Hanne Darboven, die schier endlose Zahlenkolonnen per Hand verfertigte. Wie wäre es mit Dreistigkeit? Jeff Koons und so? Auch Quatsch, es gibt ja Katharina Grosse, die mit der Spritzpistole gigantische Flächen mit buntem Krickelkrackel besprüht.

Fakt ist: In der bildenden Kunst tun Frauen das, was Männer tun, mal besser mal schlechter. Sie sind radikal bis zur Schmerzgrenze, gehen in Kriegsgebiete, zeigen sich, ihr Privatleben, ihre Albträume. Vielleicht sind sie darin sogar noch stärker, schonungsloser – man denke an Sophie Calle, die sich von einem Detektiv bespitzeln ließ, Nan Goldin, die sich mit blau geschlagenem Auge ablichtete, Tracey Emin, die ihr verwahrlostes Lotterbett ausstellte, oder Andrea Fraser, die ein Video drehte, in dem sie mit einem Sammler schläft, um das Werk anschließend zu verkaufen. Das Einzige, was ihnen möglicherweise fehlt, ist der Größenwahn vieler männlicher Kollegen. Im besten Fall aber ist jede(r) Künstler(in) jemand, der/die ein individuelles Werk schafft, das sich einfach mit gar nichts vergleichen lässt.

Zerstören, um zu schaffen II

Katja Thorwarth löscht mit Vergnügen Hasskommentare

Aufgezeichnet von Stefan Krieger

Ich bin für die Moderation der Online-Kommentare bei der Frankfurter Rundschau zuständig. Wie jede Zeitung hat auch die FR eine bestimmte Haltung, die sich in den Artikeln widerspiegelt. Diese Haltung gilt selbstverständlich auch für die Moderation der Leserkommentare. Wie wir mit Kommentaren umgehen, welche wir freischalten und welche nicht, hat letztendlich also auch etwas mit der Haltung der Zeitung zu tun. Bei jedem Leserkommentar stellt sich, neben dem rechtlichen Aspekt, auch die Frage, ob wir eine Äußerung auf unserer Seite haben wollen oder eben nicht. Gerade zu den sensiblen Sachverhalten wie zum Beispiel rechte Politik, Ausländer- und Flüchtlingsthemen wird die Kommentarspalte regelrecht geflutet. Da habe ich es mir ein wenig zur Aufgabe gemacht, die rechtsextreme, teilweise rechtsradikale Gegenöffentlichkeit solcher User zu zerstören. Damit erhalte ich zunächst einmal einen Codex, den sich die FR selbst setzt. Wenn User ständig mit ihren rechten, oftmals hetzenden Kommentaren versuchen, auf unserer Plattform etwas aufzubauen, dann unterbinde ich durch Löschen – teils natürlich auch durch Diskussion – diesen Versuch. Und baue somit das, wofür die Frankfurter Rundschau steht, wieder auf.

„Sexismus ist keine Party“

Die Wortschöpferin: Rapperin Sookee über die Macht der Begriffe, Frauenhass im deutschen Hip-Hop und warum man Kunst auch mal kaputtmachen muss

„Ich wollte MC sein, doch war mal wieder 'ne Frau“, rappt Sookee und ist dann doch genau das geworden: Queer-Feminist-Rapperin, mitten im männerdominierten und frauenverachtenden Deutschrap.

Promo

Sookee

Was denkst du, wenn du den Begriff „Frauenrap“ hörst?
Damit kann ich wenig anfangen. Der wird weder den Frauen gerecht noch der Musik, die sie machen. Es gibt ja auch kein Genre, das Männerrap heißt.

Wie ist es mit Zeckenrap?
Der geht klar, wenn er Musik beschreiben soll, die antifaschistische Inhalte abbildet und ihnen zuarbeitet. Ich bezeichne mich und meine Leute gerne als Zecken. Nazis haben das mal als Schimpfwort benutzt, dann haben Aktivist*innen den Begriff für sich beansprucht und positiv umgedeutet. Allerdings wird die Bezeichnung heute seltener auf mich angewendet als früher.

Woran liegt das?
Meine Musik wird nicht mehr so szenegebunden wahrgenommen. Gefühlt bin ich früher in jedem autonomen Jugendzentrum der Republik mindestens einmal aufgetreten. Das mache ich heute nur noch vereinzelt.

Jugendzentren dürften mittlerweile zu klein für deine Auftritte sein. Linker Rap liegt im Trend.
Zum Glück! Meine Generation hat dazu beigetragen, dass es wieder möglich ist, Hip-Hop-Konzerte in linken Kontexten zu erleben. Das war lange undenkbar.

Feiert linker Deutschrap sein Debüt oder sein Comeback?
Eher ein Comeback. Anfang der 1990er haben Hip-Hop-Crews wie Advanced Chemistry oder Anarchist Academy auch antirassistische Themen behandelt. Dann kam der kommerzielle Erfolg mit poppigem Rap von weißen Mittelstandskindern wie den Fantastischen Vier. Zur Jahrtausendwende meinten vor allem Berliner Rapper, sie müssten Tabus brechen, die eigentlich keine waren. Rap wurde zutiefst sexistisch. Die deutsche Hip-Hop-Szene ist bis heute davon geprägt. Das ändert sich auch nicht, nur weil Bushido den Integrations-Bambi einheimst. Eigentlich war das passend. Eine sexistische, homophobe Gesellschaft gibt einem sexistischen, homophoben Typen einen Preis, weil er sich gut in diese Gesellschaft integriert hat.

Wobei Deutschrap die Gesellschaft häufig überbietet, wenn es um expliziten Frauenhass geht.
Dort ist man in seinem Machismo expliziter, das stimmt. Dadurch wird die Sache aber auch bagatellisiert. Das Ergebnis ist jemand wie Cro, der radiotaugliche Musik macht und dadurch sehr viele Hörer*innen erreicht. Er verzichtet auf Kraftausdrücke, aber das Frauenbild, das er in einem Song wie „Easy" transportiert, ist keinen Deut besser als das von Bushido.

Du stellst dich diesem Duktus und seinen Vertretern entgegen. Ist das ermüdend?
Nein, ich fände es langweilig, mich nur mit Leuten zu konfrontieren, die auf meiner Wellenlänge liegen. Es geht auch nicht nur um Feminismus, sondern allgemein um Ideologien der Ungleichheit. Wenn es um Rassismuskritik geht, finden männliche Rapper und ich häufig gemeinsame Überzeugungen. Das ist ein Punkt, an den ich anknüpfen kann.

Geht für dich Feminismus und Antirassismus nur zusammen?
Ja. Feminismus macht nur Sinn, wenn er emanzipatorisch ist, also per se links.

Muss Feminismus auch antikapitalistisch sein?
Für mich schon. Es geht um Ungleichheit zwischen den Geschlechtern. Das ist eine Verteilungsfrage, deshalb muss es auch um das System der Verteilung gehen. Wenn die Antwort auf die Fragen des Feminismus die Frauenquote sein soll, ist mir das zu neoliberal. Dass eine Frau einen Job im Vorstand eines Dax-Unternehmens bekommt, ist ja nett für diese eine Frau, das nutzt den anderen aber erst mal gar nichts. Feminismus funktioniert nur, wenn er solidarisch mit allen Frauen ist.

Wie ist das im Rap, in dem Konkurrenz eine große Rolle spielt und der als egoistisch gilt?
Mir bringt es nichts, wenn die Leute meine Sache pumpen, ich aber alleine auf der Bühne verrotte. Ich will nicht, dass Konkurrenzgefühle mich kontrollieren und so der Kapitalismus über mich als Person siegt, ich will eine strukturelle Veränderung. Deshalb freue ich mich über jede Frau, die rappt. Da gibt es eine Menge: Ebow hat gerade ein tolles Album gemacht, Jennifer Gegenläufer macht feministische Mucke mit fetten Punchlines, Haszcara natürlich und viele mehr. Die feiere ich, wir organisieren uns, pushen uns, entwickeln ein starkes Netzwerk. Zudem arbeite ich an einem Buch über Queer Feminist Rap, bei dem ich mit Gazal Sadeghi als Herausgeberin fungiere.

Wie funktioniert feministischer Rap mit sexistischem Vokabular?
Das kommt auf die Sprechsituation an: Wer sagt es zu wem? Ich kann mich eines Begriffes wie „Bitch" ermächtigen und so aus einem Werkzeug der Beleidigung eine Waffe machen. Aber dann muss ich konsequent bleiben und darf den Begriff nicht mehr von oben nach unten oder als Beleidigung verwenden.

Daran halten sich nicht alle, die mit Rap erfolgreich sind.
Ich spreche nicht für alle, nicht mal für alle Frauen, die rappen. Außerdem kritisiere ich Leute nur sehr ungern für das, was sie machen,

um die Miete zu zahlen. Viele Frauen begnügen sich beim Rappen eben damit, dass sie zwar ein frauenverachtendes Bild reproduzieren, es aber so hinstellen, als sei dieses Bild auf sie nicht anwendbar. Das mag ihnen helfen, sich zu emanzipieren, hat mit Feminismus aber nichts zu tun. Und Sexismus bleibt scheiße, auch wenn er von Frauen reproduziert wird. Mir reicht das nicht. Und ich verstehe einfach nicht, warum sich Schöpfer*innen im Kontext von Kultur oder Kunst weigern, Verantwortung zu übernehmen. Mich nervt das Argument, es sei ja Kunst, und die könne man nicht erklären, sonst würde man sie kaputtmachen. Na, dann mache ich sie eben kaputt.

Viele männliche Rapper bringen gerne vor, die Sprache sei ironisch, ein Witz, in dem ja auch Kritik transportiert wird ...
... und der sich auch kapitalisieren lässt, klar. Meine Kritik richtet sich auch gar nicht so sehr an meine Kolleg*innen. Sie ist eher ein Appell an die Fans. Mein Ziel ist es, dass irgendwann keiner mehr solchen schmerzhaften, frauenverachtenden Müll feiert. Sexismus ist keine Party. Das ist meine Agenda.

Interview: Daniel Dillmann

Mein Lehrer Valerie Schnitzer

Als Mann unterrichtete er streng und fordernd. Lara Feder war seine Schülerin. Nun traf sie ihn wieder – in einem völlig neuen Leben

Von Lara Feder

Promo

Valerie Schnitzer

Das ist also Valerie. Valerie Schnitzer. Zehn Jahre, nachdem ich mit dem Abiturzeugnis in der Hand die Schule verlassen habe, sitzen wir uns am Kaffeetisch gegenüber. Valerie ist eine aparte Frau Ende fünfzig, dezent geschminkt, randlose Brille, mildes Lächeln. Während wir uns unterhalten, suche ich nach dem Menschen, der sie war, als wir uns zum letzten Mal gesehen haben, damals, in meiner Heimatstadt nahe Heidelberg. Ich suche nach Herrn Dr. Ralf Schnitzer, dem Musiklehrer, den alle nur „den Schnitzer" nannten.

Hätte ich während des letzten Besuchs bei meinen Eltern nicht zufällig den Zeitungsartikel über ein Schülerkonzert gelesen, wäre meine Erinnerung an den Schnitzer eine beklemmende geblieben. Vorsingen? Jetzt? Vor allen Kindern? Obwohl ich Singen überhaupt nicht mag? „Egal! Vorsingen! Jetzt!" Dr. Schnitzers Staccato zeigte unmissverständlich: Keine Widerworte! Ich drückte also widerwillig Töne hervor, die ich bis heute in schlimmster Erinnerung habe.

Unbeugsam, hart und mit hohen Zielen für das Musikprofil meiner Schule. So erinnere ich mich an meinen ehemaligen Lehrer. Die einen fürchteten den Schnitzer, hatte er doch die Macht, Schüler bloßzustellen. Von den Musikbegeisterten wurde er geliebt, hatte er doch die Gabe, Talente zu entdecken und zu fördern.

Und dann, Anfang des Jahres, dieses Foto in der Zeitung: Darauf ist eine Frau in Rock und Stiefeln zu sehen. Darunter steht: „Dem großen Chor des Dietrich-Bonhoeffer-Gymnasiums gelang es unter der Leitung von Dr. Valerie Schnitzer mit schönen Liedstücken den kurzweilig gestalteten Bürgerempfang musikalisch zu bereichern." Dr. Valerie Schnitzer? Valerie? Weil mich das nicht mehr loslässt und ich dieses Foto von Frau Schnitzer nicht mit meinem Bild von Herrn Schnitzer überein bekomme, schreibe ich ihm einen Brief. Oder besser: ihr?

Nun, ein paar Wochen später, lerne ich einen anderen Menschen kennen. Die harten, kantigen Bewegungen sind einer Weichheit gewichen, die Strenge einer Fröhlichkeit, das Staccato einer blumigen Sprache, die extreme Steifheit einer Offenheit. Jedenfalls hätte ich mich mit Herrn Schnitzer niemals über Brüste, Suizidgedanken und sexuelle Orientierung unterhalten. Mit Valerie geht das.

„Der Herr Schnitzer, das war wohl mein Vorgänger. Ich bin nun in allen Facetten zur Frau geworden", sagt Valerie, die heute 57 Jahre alt ist. „Was schon immer da war, darf nun endlich sein." Was auch schon immer da war, nun aber nicht mehr sein muss: eine tiefe Depression. In Ralf Schnitzers Leben gab es keine Freude, keine Gerüche, keine Farben. Nur Musik. Sie war sein einziger Halt – und erdrückte ihn doch zugleich.

Als im März 2015 eine Germanwings-Maschine in den Alpen zerschellt und Ermittler auf dem privaten Computer des Piloten Hinweise auf suizidale Gedanken finden, denkt Ralf Schnitzer: Würde sein Rechner durchsucht, zeigte sich ein ähnliches Bild. Eine Gedankenwelt, die er tief in sich verborgen hält, von der selbst seine Ehefrau Monika keine Ahnung hat. Diese Schwere und Härte begleiten ihn schon immer. Ebenso die magische Anziehungskraft, die Nylonstrümpfe und Röcke auf ihn ausüben. „Da habe ich mir ehrlich gesagt nichts bei gedacht. Wir Frauen trugen damals ja auch Hosen", sagt Monika heute. Sie ist es, die diese inneren Widersprüche ihres Mannes spürt – und darauf reagiert. Im ersten Urlaub ohne Kinder sitzen sie an einem lauschigen Abend mit Rotwein vor dem Wohnmobil. Die Stimmung ist heiter. Bis Monika sagt: „Zieh doch mal das Kleid an." – „Hier? Nein, das geht doch nicht." – „Klar geht das, zieh es an und setz dich wieder zu mir." Als Ralf im Kleid in die Dunkelheit tritt, spürt sie seine innere Veränderung sofort. Auch er fühlt, dass hier etwas zutiefst Verborgenes nach außen tritt. Und genießt es.

Auf hohen Schuhen wankt Valerie – den Namen wählt Monika aus – über den Campingplatz, geht zum ersten Mal auf die Damentoilette. Und sie schminkt sich. „Ich war sehr unbeholfen am Anfang", erinnert sich Valerie, „es hat jedes Mal Stunden gedauert". Um Monikas Rückhalt wissend, offenbart Valerie ihre „innerlichen Abgründe". Sie fühlte sich, als habe sie an der Klippe gestanden und sei gesprungen. „Doch statt zu fallen, habe ich gemerkt: Ich kann fliegen."

Der Ausspruch „Ich will doch nur leben" – in Anlehnung an die biblische Geschichte des Jakob – wird zum Leitbild während der Verwandlung zur Frau. Dass das Leben für Valerie noch so viel mehr parat hält, weiß er – oder sie? – damals noch nicht. „Ich glaube, es kann sich keiner vorstellen, wie schmerzhaft es ist, zu Weihnachten ein Herrenhemd geschenkt zu bekommen", blickt Valerie zurück. Innerlich tobte Ralf, nach außen blieb er stoisch, hart. Wie immer. Gefangen in all den Widersprüchen in sich selbst. Heute erzählt Valerie, wie wertvoll die Geste der erwachsenen Tochter war, die ihr Glitzerschuhe schenkte. Denn in der Rückschau ist auch die Vaterrolle täglich aufs Neue ein Anlass, der Ralf schmerzlich vor Augen führt, dass er ein Mann ist, Mann zu sein hat. Auch seinen Kindern gegenüber ist er unbeugsam und streng. „Endlich verstehe ich dich", sagt der Sohn, als Monika ihm von der Verwandlung des Vaters erzählt. Valerie hält die Tränen nicht zurück, während sie davon berichtet.

In den ersten Wochen nach dem Flugzeugabsturz geht Dr. Schnitzer noch als Ralf aus dem Haus. Im Haus dagegen verwandelt er sich immer häufiger in Valerie. „Und ist beängstigend gut drauf", erinnert sich Monika. Und trotzdem: Er schämt sich, fürchtet sich. Ist der Nagellack entfernt? Ahnt jemand etwas, weil die Haare länger sind, die Brille mittlerweile femininer ist? Doch der Weg ist eingeschlagen: Ralf möchte zur Frau werden. Mit allem Drum und Dran. Mit Therapie, Hormonen, Lasern der Haare, geschlechtsangleichenden Operationen und einer Menge Papierarbeit bei den Behörden.

Monika ist es, die die Veränderung nicht nur anstößt, sondern auch begleitet. Wenn sie sagt, dass sie den Menschen liebt, ist das keine romantisierende Plattitüde, sondern die Wahrheit. So offen und liebevoll Monika über all diese Veränderungen spricht, kann man nicht anders als ihr zu glauben, dass sie nie gezweifelt hat und dass die Beziehung noch immer trägt. Denn heute leben die beiden nach wie vor als Paar zusammen. „Valerie ist ja auch eine schöne Frau geworden", sagt Monika. Valerie sitzt neben ihr. Und lächelt.

Diese Momente gehören für Monika ebenso zur Ehe wie auch solche, die schwer auszuhalten sind. Bereits ein paar Jahre vor dem Outing besteht Ralf darauf, sich in Frauenkleidern zu zeigen, geht im Kleid und auf hohen Schuhen ums Quadrat – und ist damit einer jener Menschen, die zur Faschingszeit sein können, was sie tief drinnen zu sein wünschen. „Ich habe das damals noch nicht verstanden. Mir war das furchtbar unangenehm, ich habe jeden Schritt gespürt, obwohl ich im Haus geblieben war", sagt Monika. Auch Ralf glaubt, hinter jeder Gardine lauernde, missgönnende Blicke zu spüren.

„Am Anfang habe ich mich einzelnen Kollegen anvertraut. Um den Überblick zu behalten, habe ich Buch darüber geführt, wer Bescheid weiß und wer nicht", erzählt Valerie. Im Sommer 2016 bei der Gesamtlehrerkonferenz ergreift sie spontan das Wort und erklärt den Kollegen, dass sie künftig ihre Weiblichkeit lebe. Ihr Geständnis wird mit Wohlwollen aufgenommen. Auch die Schüler merken, dass der Schnitzer anders ist, fröhlich, und ihnen mit Freude begegnet. Freude wird eines von Valeries Lieblingswörtern. Freude am Bärlauch, der im Wald austreibt, Freude an netten Menschen, Freude an der Musik. Mit dem Abiturjahrgang spricht Valerie zuerst. Die Schüler dürfen Fragen stellen. Doch die bleiben aus. „Ich erinnere mich, wie nach der Stunde die halbe Klasse noch immer mit großen Augen, aber durchaus mit Verständnis um mich rumstand." Dann: die Fünftklässler. Statt Kichern auch hier: Staunen. „Diese Reaktion habe ich eigentlich überall erlebt: Meine Offenheit hat zwar für Verwunderung gesorgt, aber immer für Sympathie." Ein Elternvertreter schreibt Valerie eine lange E-Mail und gratuliert ihr zu diesem mutigen Schritt. Und er lässt Valerie wissen, dass sie sich bei ihm melden solle, wenn ihr irgendwas Negatives widerfahre. Doch so weit wird es niemals kommen.

Während andere nach dem Outing mit Anfeindungen leben müssen, haben bei Valerie die Anfeindungen aufgehört, erzählt sie. Sie wird getragen von ihrer Frau, den Kindern, den Freunden, der Elternschaft und den Schülern. Und für ihre Offenheit bewundert. Denn anders als Ralf hat Valerie keine Geheimnisse. Über die Operationen spricht sie ebenso offen wie darüber, dass ihr Vater, ihre Schwester und deren Mann durchaus Probleme mit Valerie haben.

Über ihre Transidentität zu sprechen, hilft ihr. „Und ich merke, dass es anderen hilft. Mich haben Kollegen von anderen Schulen gebeten, ihnen auf ihrem Weg zu helfen“, erzählt Valerie. Tief in ihr Innerstes lässt sie in ihrem Buch „Geheilte Seele – befreites Ich“ blicken, das 2018 erschienen ist.

Und was ist mit Herrn Dr. Schnitzer, den ich noch kannte? „Ich habe mich mit Ralf ausgesöhnt. Es gibt für alles eine richtige Zeit. Ein Outing wäre zu einem früheren Zeitpunkt nicht möglich gewesen.“ Ralf habe Valerie den Weg geebnet, sagt sie. Die harte Arbeit am musikalischen Profil der Schule und die Familie hätten ihr eine Basis geschaffen. Trotz aller Milde – einmal reißt Herr Dr. Schnitzer dann doch das Gespräch an sich. Und sagt scharf: „Nein, das war 2016. Glaub‘s mir!“

Im Sommer 2016, kurz bevor Valerie alle Kollegen und Schüler einweiht, kommt Gegenwind auf, als eine „berufliche Schlüsselperson“ fragt: „Ist der Prozess noch zu stoppen?“ Und da wird ihr klar: Selbst wenn – sie würde sich nicht davon abhalten lassen zu werden, wer sie ist: Valerie.

Zerstören, um zu schaffen III

Sophia Lorenzoni ist als Jägerin jede Woche im Wald unterwegs

Aufgezeichnet von Boris Halva

Die Jagd hat mich schon als Mädchen fasziniert. Nachdem ich in einem Hotel im Skiurlaub staunend vor einer Wand mit Jagdtrophäen gestanden hatte, bin ich ein paar Mal mit einem Bekannten meiner Eltern zum Jagen gegangen. Vor drei Jahren habe ich meinen Jagdschein gemacht. Und dann saß ich da, den Finger am Abzug, und mir schoss durch den Kopf: Bist du eigentlich bescheuert, ein Leben auszulöschen? Abdrücken konnte ich erst, als ich mir die Bilder von Tieren in Massenhaltung ins Bewusstsein gerufen habe. Selbst zu jagen, ist in meinen Augen die fairste Art, Fleisch zu essen. Überhaupt ist das Gefühl bei der Jagd sehr ursprünglich. Es hat viel mit Schauen, mit Spüren zu tun. Ich werde immer mal gefragt, wie es ist, am toten Tier zu stehen. – Es ist eine Mischung aus Erleichterung, dass alles geklappt hat und das Tier nicht leiden musste, und Mitgefühl. Immerhin habe ich ein Leben ausgelöscht. Meine Mutter war anfangs überhaupt nicht begeistert. Ich habe sie gefragt: Du isst Fleisch und wirfst mir vor, dass ich Tiere töte? Also habe ich sie mitgenommen. Insgeheim hatte sie gehofft, dass mir kein Stück vor den Lauf kommt. Aber als dann der Bock da stand und sie sich die Ohren zuhielt, wusste ich: Ich kann schießen. Außerdem jage ich als Frau anders als die meisten Männer. Ich bin drei, vier Mal pro Woche im Wald, aber oft sitze ich nur da und schaue den Tieren zu.

Man sieht's

Modeschöpfer kommen vom Mars,
Modeschöpferinnen von der Venus

Von Manuel Almeida Vergara

Coco Chanel war eine störrische Frau. „Dior?“, spottete sie einmal über ihren Kollegen. „Er zieht die Frauen nicht an, sondern er tapeziert sie.“

Im Zitat der Pariser Couturière wird lesbar, was viele Jahrhunderte Modehistorie illustrieren: „Männer entwerfen anders, Frauen auch“, könnte ein abgewandelter Buchtitel lauten. Oder: „Modeschöpfer kommen vom Mars, Modeschöpferinnen von der Venus.“ Das zeigt, was dieser Tage in die Luxusläden kommt: Anthony Vaccarellos waghalsige Minikleidchen für Saint Laurent und Marc Jacobs‘ clowneske Entwürfe auf der einen, Phoebe Philos geräumige Trenchcoats für Céline und Miuccia Pradas weite Trägerkleider auf der anderen Seite. Ausnahmen bestätigen freilich die Moderegel.

„Vielleicht kann man so weit gehen zu sagen, dass das weibliche Ideal männlicher Designer eher zum Auratischen und Ikonischen neigt“, sagt Ingeborg Harms. „Der Hauptunterschied, der im Produkt durchaus sichtbar wird, beruht darauf, dass Designerinnen potenziell Trägerinnen der eigenen Entwürfe sind.“ Harms kennt die Branche und ihre Protagonisten gut. Sie lernt als Professorin für Designtheorie an der Universität der Künste Berlin Designer und Designerinnen bereits in ihrer ersten Findungsphase kennen, schreibt selbst kluge Artikel über Kleider für „Die Zeit“ oder „Vogue“.

Modeschöpferinnen seien mit den Bedürfnissen einer Frau bestens vertraut, wüssten nur zu gut, dass es in der Mode auch und gerade um die Optimierung körperlicher Eigenheiten geht. Und das wird nicht nur in ihren realitätsnahen, demokratischen Entwürfen sichtbar.

Auch der Entwurfsprozess und die Entstehung einer Kollektion funktionieren bei Frauen oft anders als bei den männlichen Kollegen. „Es stimmt, dass männliche Designer eher zum Zeichenstift greifen", sagt Ingeborg Harms. „Man denke nur an Yves Saint Laurent, der im Rausch Hunderte von Skizzen anzufertigen pflegte, die seine Atelierleiterinnen dann interpretierten." Karl Lagerfeld arbeitete ähnlich, zeichnete unzählige Entwürfe für Fendi und Chanel, unzählige Ideen einer Frau. Um zu sehen, wie es anders, wie es weiblich geht, muss man gar nicht nach Mailand oder Paris blicken.

„Ich habe kein fertiges Konzept auf dem Papier", sagt Nobieh Talaei über ihr Label Nobi Talai, „sondern ein Bild, eine spezielle Silhouette oder eine bestimmte Ärmellösung im Kopf, und fange dann an zu modellieren." In ihrem Berliner Studio formt und drapiert die im iranischen Teheran geborene Designerin ihre Entwürfe direkt an der Puppe, direkt am weiblichen Körper sozusagen. Diese Dreidimensionalität, das Sehen und Erleben, wie sich der Stoff zum Körper verhält, sei für ihren Arbeitsprozess entscheidend. Genau wie ihr eigenes Geschlecht: „Während meiner Arbeit gehe ich sehr nach meinem Gefühl und schaue, was mir persönlich in der Mode fehlt", sagt sie. „Die Kollektionen entstehen ganz intuitiv."

Kontinuierlich probierten Talaei selbst und ihre Mitarbeiterinnen die Teile an, merkten so, wo es zwickt, wo Raum und wo Halt fehlen. Was Nobieh Talaei dann auf der Pariser Modewoche präsentiert, sind fantastische Kollektionen – starke Mode für starke Frauen. „Nobi Talai ist kein Label der l'art pour l'art", sagt sie, „keine Kunst bloß um der Kunst willen". Die Designerin verwendet zum Beispiel kaum Reißverschlüsse, ihre Entwürfe werden meist gewickelt oder gebunden, was sie auch Frauen mit größeren Größen zugänglich macht. Talaei macht Kleider für echte Frauen und all ihre Facetten. So, wie es vor ihr schon unzählige andere Frauen gemacht haben.

Denn sie waren es meist, die der Mode ihren Status als Parameter der Emanzipation verliehen haben. Die Dresdner Hausfrau Christine

Hardt etwa meldete 1899 das erste deutsche Patent für einen Büstenhalter als praktischen Ersatz zum Korsett an. Anfang des 20. Jahrhunderts präsentierten dann Madeleine Vionnet und Coco Chanel Mode ohne Mieder. Und in den 1960ern befreite Mary Quant mit dem Minirock das Damenbein.

Natürlich widmeten sich all diesen Errungenschaften auch die männlichen Designer, über ihre letztendliche Erfindung wird noch immer gestritten. Reformkleider etwa wurden auch von Henry van de Velde oder Hermann Muthesius für ihre Frauen erdacht. „Doch meistens haben es die Designerinnen vermieden, den weiblichen Körper einer Idee zu opfern", sagt Ingeborg Harms. „Sie haben Wert auf komfortable Sinnlichkeit gelegt, nicht auf cartoonartigen Sexappeal." Das darf auch den Herren gefallen – muss es aber nicht. Mit „Manrepeller" etwa – dem „Männerschreck" – widmet sich sehr erfolgreich ein ganzer Modeblog der Annahme, dass die Kleider, die Frauen gerne tragen, Männern meist nicht gefallen: Bilder von Frauen in lässigen Mänteln, in dicken Pullovern, in formlosen Kleidern, Designs von Phoebe Philo, von Stella McCartney, von Victoria Beckham, Clare Waight Keller und Isabel Marant.

Ingeborg Harms glaubt nicht, dass diese Art der bequemen Damenmode Männern per se nicht gefalle. „Gerade Victoria Beckham gelingt es, ikonische Kurven mit Tragbarkeit zu verbinden. Und Phoebe Philo hat eine sinnliche Frau geschaffen, die Männern auf Augenhöhe begegnet", sagt sie. Ein Bleistiftrock von Miuccia Prada oder Jil Sander wiederum werde definitiv mit einem praktischen Schlitz ausgestattet sein, eine Hose von Phoebe Philo klemme nie im Schritt. „Ich will damit nicht sagen, dass Männer das nicht könnten, aber diese Details sind vielleicht nicht ihr Hauptaugenmerk." Oft macht der männliche Fokus die Trägerin zum Objekt, zum erotischen Männertraum oder zur ausstaffierten Püppchen-Fantasie eines schwulen Designers. Modeschöpferinnen wie Nobieh Talaei halten dagegen. „Ich mache Kleider, die Frauen nicht verkleidet aussehen lassen, sondern ihnen Sicherheit und Selbstbewusstsein geben", sagt sie. „Ich hoffe man sieht, dass in meine Mode viel Seele mit eingenäht ist." Man sieht's.

Göttlich weiblich von A bis Z

Von Alicia Lindhoff

A: Al-Lat war in vorislamischer Zeit eine Göttin der arabischen Welt. In Mekka, das schon vor dem Siegeszug Mohammeds eine wichtige Kultstätte war, galt Al-Lat neben Al-Uzza (die Starke) und Manat (Schicksal) als Hauptgottheit. Die Menschen verehrten sie in Form eines viereckigen weißen Steins. Auch der schwarzen Kaaba-Stein, heute wichtigstes Pilgerziel der Muslime, spielte schon im Al-Lat-Kult eine Rolle. Mohammed sah in den Göttinnen eine Gefahr für den Islam. Nach der Einnahme Mekkas im Jahr 630 zerstörten seine Anhänger ihre Steinmale.

B: Beaivi ist die Sonnengöttin der skandinavischen Samen. Zur Wintersonnenwende opferte man ihr ein weißes Rentier, um sicherzugehen, dass Beaivi nach einem langen, dunklen Winter wieder nach Skandinavien zurückkehren würde.

C: Die Urschlange Chinawezi wurde im Königreich Luba, auf dessen Gebiet heute der Kongo, Angola und Sambia liegen, als Mutter aller Dinge verehrt. Sie teilte sich die Welt mit ihrem Ehemann, dem Blitz Nzashi. Während Chinawezi über die Erde und das Wasser herrschte, beanspruchte Nzashi den Himmel, Sonne, Mond und Sterne für sich. Im Luba-Reich glaubte man, dass Lueji, die mythische erste Königin des Reiches, eine Enkelin Chinawezis war.

D: Doumu ist der weibliche Aspekt des chinesischen Himmelsgottes. Ihr Name bedeutet „Mutter des Großen Wagens".

E: Im haitianischen Voodoo spielen Geisterwesen (Loa) eine zentrale Rolle. Eines davon ist Erzulie, die die romantische Liebe – explizit auch zwischen Homosexuellen – schützt.

F: Die Frau der Spinnen – oder auch Großmutter Spinne – ist in der Erzähltradition verschiedener indigener Stämme in Amerika eine Weltenschöpferin. Nicht nur soll sie die Sterne geschaffen haben, indem sie ein selbst gesponnenes Netz in den Himmel warf. Nach einer Legende hat sie außerdem die beiden ersten Menschen aus Erde und Speichel geformt: Über die Körper legte sie einen Umhang aus weißem Material, das aus Kreativität und Weisheit bestand, und sang ein Schöpfungslied, das beide zum Leben erweckte.

G: Die alten Griechen verehrten Gaia als eine der ersten aus dem Chaos hervorgegangenen Gottheiten. Sie personifizierte die Erde, aus der alles Lebende kommt. Allerdings war Gaia nicht nur sanft und gütig. Als der Himmelsgott Uranus sich gegen ihre gemeinsamen Kinder wandte, stachelte Gaia ihren Sohn, den Titanen Kronos, dazu auf, Uranus den Penis abzuschneiden.

H: Hel gilt in der nordischen Religion als Gebieterin der gleichnamigen Unterwelt. Ihr Name ist mit dem Begriff Hölle verwandt – allerdings war die Hel nicht derart furchteinflößend.

I: Zuständig für Sex und Krieg: Die Göttin Ishtar ist keine holde Jungfrau, und trotzdem verehrten viele Völker Mesopotamiens sie glühend. Auf einer in der Türkei entdeckten Keilschrifttafel wird Ishtar als größte und klügste aller Göttinnen bezeichnet. Eine Herrin der Schlacht, die zugleich den Unterdrückten Gerechtigkeit verschafft. Der Löwe war ihr Symboltier. Der Ishtar-Kult wird mit diversen Sexualriten in Verbindung gebracht, die etwa Transvestiten-Priester und Tempelprostitution einschlossen.

J: Heute ist Baba Jaga im slawischen Raum als unheimliche Waldhexe bekannt, die Menschen frisst und ihren Zaun mit Totenschädeln schmückt. Dieses Bild setzte sich jedoch erst nach der Christianisierung durch, zuvor wurde sie auch als Teil einer dreifaltigen Göttin und als Herrin über Tod und Wiedergeburt gesehen.

K: Kybele hat eine lange, steile Karriere als „Große Göttermutter“ hingelegt. Der Kult um sie, der über 500 Jahre vor Christus in Kleinasien entstand, breitete sich in den folgenden Jahrhunderten im gesamten römischen Reich aus, wo Kybele mit diversen lokalen Muttergöttinnen verschmolz. An der Verbannung der beliebten Göttin bissen sich die christlichen Herrscher zunächst die Zähne aus. Es wird angenommen, dass die Entscheidung eines Konzils, Maria im Jahr 431 zur Mutter Gottes zu erklären, ein Versuch war, den Kybele-Kult mit dem Christentum zu vereinbaren.

L: Lilith ist eine umstrittene Figur. Erscheint sie in der mesopotamischen Mythologie zunächst als Göttin, die aus dem Stamm des Weltenbaums vertrieben wurde, streift sie danach mal als Nachtwind, mal als kindermordende Dämonin durch die Jahrhunderte. Im Alten Testament ist sie nur einmal erwähnt, doch im Judentum entwickelt sie ein neues Eigenleben in rabbinischen Schriften. Für Aufsehen gesorgt hat eine Deutung, nach der Lilith die erste Frau Adams war. Da Gott sie beide aus der Erde erschaffen hatte, fühlte Lilith sich gleichwertig mit ihrem Mann – und verließ ihn, als dieser sie zwingen wollte, sich ihm unterzuordnen. Erst danach habe Gott die ergebene Eva aus der Rippe Adams geschaffen.

M: Malina ist in der Mythologie der Inuit die Göttin der Sonne. Deren Lauf erklärten sich die Menschen damit, dass Malina vor ihrem Bruder, dem Mondgott, flüchtet, mit dem sie ewigen Streit austrägt.

N: Drei Frauen, die am Fuß des Weltenbaumes wohnen und den Faden des Schicksals spinnen; eine verkörpert die Vergangenheit, eine die Gegenwart und eine die Zukunft: Die Nornen aus der nordischen Mythologie stehen in einer langen und weit verbreiteten Tradition einer weiblichen Trinität, die das Schicksal der Menschheit bestimmt.

So gab es im alten Griechenland die Moiren, die Römer glaubten an die Parzen. Und in der keltisch-germanischen Mythologie war der Matronenkult weit verbreitet.

O: Ops ist die römische Göttin für Erntesegen und Reichtum. Sie stand für eine Arbeitsmoral, die Überleben sicherte.

P: Pachamama (Mutter Welt) gilt vielen Andenvölkern als allmächtige Lebensschöpferin. Ihre wichtigste Fähigkeit ist es, für ein Gleichgewicht zwischen den Gegensätzen, die die Welt formen, zu sorgen. Ecuador nahm Pachamama 2008 als ein Grundprinzip in die Verfassung auf.

Q: Die Göttin Qailertetang aus der Inuit-Mythologie lebt zusammen mit ihrer Gefährtin am Boden des Meeres, kontrolliert das Wetter und wacht über Tiere und Jäger. Ihre Priester trugen oft weibliche Kleidung und Masken aus Robbenhaut.

R: Rhiannon ist eine Pferde- und Fruchtbarkeitsgöttin der keltischen Mythologie.

S: Shakti ist keine einzelne Göttin, sondern steht im Hinduismus für die weibliche Urkraft des Universums. Alle Göttinnen und auch die weiblichen Seiten männlicher Gottheiten sind Teil Shaktis, dadurch vereint sie alle erdenklichen Aspekte des Weiblichen – von der sanften Parvati über die weise Sarasvati bis hin zur zerstörerischen Kali. Im Shaktismus – einer der drei Hauptströmungen des Hinduismus – wird die weibliche Energie als stärkste Kraft des Universums gesehen, die das Weltgeschehen bestimmt.

T: Viele Darstellungen zeigen die ägyptische Schutzgöttin Taweret als Nilpferd mit Frauenbrüsten. Der Grund: Das weibliche Nilpferd galt als Symbol für die Verteidigung der eigenen Nachkommen.

U: Umay ist eine Göttin der Turkvölker, die als Beschützerin der Kinder galt.

V: Die Venus vom Hohlefels, ein kleiner, aus Mammut-Elfenbein geschnitzter Frauentorso, ist rund 42.000 Jahre alt und gilt damit als älteste bekannte Darstellung des menschlichen Körpers. Da viele ähnliche Figuren aus der Altsteinzeit mit Betonung von Brüsten, Po und Schamlippen gefunden wurden, geht man von einer Verehrung des weiblichen Körpers als Fruchtbarkeitssymbol aus.

W – In der Mythologie der australischen Aborigines hält die Göttin Wuriupranili in ihrer Hand eine Kerze aus Eukalyptusholz, die die Menschen auf der Erde als lebensspendende Sonne ansehen und deren Lauf am Himmel von Wuriupranilis Tagwerk bestimmt ist.

X: Xiwangmu, die Königinmutter des Westens, ist eine chinesische Gottheit, deren Spuren ins 15. Jahrhundert vor Christus reichen. Als Vermittlerin zwischen Himmel und Erde residiert sie in einem Garten auf dem Berg Kunlun und wacht über die Pfirsiche der Unsterblichkeit.

Y: Yemaja ist eine Wassergöttin, die von den westafrikanischen Yoruba in die kubanische Santeria-Religion übergegangen ist. Sie wird oft als Meerjungfrau dargestellt und gilt als Beschützerin der Frauen.

Z: In der slawischen Mythologie kommen kaum weibliche Gottheiten vor. Mat Zemlja (Feuchte Mutter Erde), die später in die Göttin Mokosch überging, gilt als älteste Gottheit der slawischen Stämme, der Macht über Wind, Wetter und Feuer zugesprochen wird. Verehrt wurde sie, indem man die Erde berührte oder Sünden in Bodenspalten hinein beichtete. Mit der Christianisierung des Kiewer Reichs wurde der Mokoschkult teils verboten.

Ex tre mis tin nen

Bodybuilding ist eine Männerdomäne, die erst seit den 1970er Jahren von Frauen erobert wird. Im Gegensatz zu ihren männlichen Kollegen werden Frauen wie Maite Gallardo aus El Salvador häufig angefeindet, weil ihr muskulöser Körper nicht dem gängigen weiblichen Schönheitsideal entspricht.

Foto: LUIS GALDAMEZ/RTR

Extrem nett

Radikal sein ist anstrengend, vor allem für Frauen

Von Ella Carina Werner

Alle Menschen wollen gern in irgendwas extrem sein. Ich zum Beispiel wollte als Heranwachsende extrem schnell rennen können, am besten mit Zauberstiefeln, extrem gut Spagat können (oder überhaupt Spagat), eine extrem viel kleinere Nase haben und extrem viele Verehrer.

Extremistisch sein, also wirklich gegen die gesellschaftliche Ordnung aufbegehren, wollen hingegen nur wenige – und wie es scheint, nur sehr wenige Frauen. Extremistinnen im engeren Sinne sind in Deutschland selten. Ulrike Meinhof, Beate Zschäpe, vielleicht Rosa Luxemburg und noch ein paar andere. Extremistinnen kann man kaum googeln. Die gefeierte „Extremistin aus der ersten Reihe“ ist ein Motorrad, die KTM 790 Duke. In extremistischen Szenen wie den ReichsbürgerInnen oder Ultra-Fußballfans sind Frauen stark unterrepräsentiert (weil sie zu schwach sind, ein Megafon zu halten?). Lediglich in der RAF tummelten sich zahlreiche Frauen, die jedoch in ihrer politischen Radikalität nicht immer ernstgenommen, lieber auf psychologische Auffälligkeiten oder fehlende Vaterliebe hin analysiert wurden.

Meist dient das Wort „Extremistin“ als harmloses Label, angewandt auf nette Randgebiete jenseits des Politischen. Eine begabte Ozeanseglerin wird als „Extremistin der Weltmeere“ bejubelt, Mutter Teresa als „Extremistin der Nächstenliebe“ und Lady Gaga als „Extremistin der Mitte“, es hätte aber genauso gut Angela Merkel gemeint sein können.

Warum es so wenige Extremistinnen gibt? „Frauen machen sowas eigentlich nicht, sie sind ja viel liebevoller und sozialer“, schreibt eine namenlose Frau in einem Online-Forum. Namhafte Psychologen sagen dasselbe: Bei Männern sei die Varianz viel größer, zwischen sehr dumm und sehr intelligent bestehe eine riesige Bandbreite, Männer seien „das extreme Geschlecht“, Frauen hingegen eher ausgleichend, kompromissbereit, um nicht zu sagen, „extrem kompromissbereit“. Dasselbe sagt man übrigens auch von Meerschweinchen.

Wenn doch einmal eine Ulrike Meinhof oder Beate Zschäpe auftaucht, sind alle bass erstaunt. Hä? Frauen sind doch lieb und sanft! Potztausend, das Luder muss psychisch gestört sein, hässlich, vaterlos, untervögelt oder alles zugleich.

Ich kann gut verstehen, warum es kaum Extremistinnen gibt. Ich hätte auch keine Lust dazu. Weil man sich als Extremistin nicht nur mit der Staatsgewalt herumschlagen muss, sondern auch mit nervtötenden Kommentaren. Wird eine Frau gewalttätig, ist sie ein „Flintenweib“ (RAF) oder „der Engel mit den Eisaugen“ (Amanda Knox). „Sie hatte doch alles“ (Ulrike Meinhof), „dabei sah sie so gut aus!“ (Gudrun Ensslin), seufzen die Zeitungen und machen einen zur „Terrorbraut“, obwohl man vielleicht geschieden ist oder mit drei männlichen Extremisten in wilder Ehe lebt. Und wenn man es als Extremistin nicht mehr so bringt, sinkt man vom Star zum „fallen angel“ herab. Als Britney Spears der radikalen Szene enden? Besser nicht.

Dann lieber doch nur in irgendwas ein bisschen extrem sein. Das mit den vielen Verehrern hebe ich mir fürs Rentenalter auf, aber am Spagat könnte ich mal wieder feilen. Oder was ganz anderes? Ich frage meine Mutter: „Bin ich eigentlich in irgendwas extrem?“ Meine Mutter legt mir eine Hand auf die Schulter: „Ich finde, du bist extrem nett.“ Na danke.

Wir waren Mädchen in extremen Zeiten

Als die Mauer fiel, wurden aus Freundinnen Nazis — fast schon über Nacht

Von Manja Präkels

Ey, Gruftiealarm!" Das Mädchen mit dem merkwürdigen Haarschnitt lehnte aufreizend lässig an einer Bockwurstbude auf dem Bahnsteig. Sie war Teil einer Gruppe, die sonst nur aus kahlköpfigen Jungen bestand. Ich war mit Freundinnen unterwegs zur Ostberliner „Insel der Jugend". Einige trugen schwarz und dicken Kajal um die Augen. Unsere Eltern waren Lehrer, Putzfrauen, Ingenieure und Trinker. DDR eben. Wir näherten uns zögerlich.

Es hatte mehr als nur ein neues Jahrzehnt begonnen. In den letzten Wochen und Monaten war alles passiert, was passieren konnte. Mauerfall, freie Wahlen – demnächst noch Westgeld. Als wären Schule und Pubertät nicht anstrengend genug, mussten wir noch viel mehr lernen. Etwa, dass Skinheads nicht automatisch Nazis sind, wie mich ein Nachbarjunge belehrte. Ich war davon ausgegangen, weil aus Leipzig Gerüchte von Baseballkeulen schwingenden Glatzkopfbanden kursierten. Freunde hatten mit Todesangst davon berichtet. Woher sollten wir nun, an diesem Sonnabend auf dem Bahnhof Oranienburg, der schon seit den späten 1980igern als Nazitreffpunkt berüchtigt war, erkennen, welcher Art von Skinheads wir hier gegenüberstanden? Die männlichen Glatzen schienen uns ignorieren zu wollen, aber das Mädchen ließ mich ebenso wenig aus den Augen, wie ich sie. Angriffslust.

„Starr die nicht so an", raunzte mich Manu, die größte und älteste von uns, an. Ich begriff, zog den Kopf ein und fragte: „Was ist mit ihren Haaren?" Ich hatte das noch nie gesehen: Oben Platte, unten Fransen. „Das heißt Federschnitt", erklärte Manu. Ob die Bande uns Ärger machen würde, hinge von dem Skingirl ab. „Die machen, was sie sagt." „Warum?" „Weil sie die Extremste ist."

Wenige Wochen später wischte sich Manu den Kajal aus dem Gesicht und ließ sich ebenfalls eine Vogelfrisur schneiden. Wenn ich sie nun um die Ecke biegen sah, rannte ich wie ein Hase. Sie war die erste „Extremste" in unserer kleinen Stadt, nordöstlich von Berlin.

Damals verliebte sich André, der Sohn eines LPG-Vorsitzenden, in mich. Er wurde in Henningsdorf zum Stahlwerker ausgebildet, schrieb mir lange Briefe und konnte toll küssen. Doch es funkte nicht. Nachdem ich Schluss gemacht hatte, schor er sich die Haare und schloss sich der wachsenden Gruppe der Hitler-Verehrer an, die marodierend Straßen und Plätze unsicher machten. Auch der leise Junge mit den weichen Lippen verwandelte sich quasi über Nacht in einen skrupellosen Schläger. Hatte ich das etwa angerichtet?

Die örtliche Diskothek war für uns tabu, nachdem Manu mit ihren neuen Freunden die Türpolitik bestimmte. Inoffiziell. Die Glatzen dominierten auch den einzigen Jugendklub. Das unter der damaligen Bundesjugendministerin Angela Merkel ausgerufene Prinzip der akzeptierenden Jugendarbeit manifestierte das Kräfteverhältnis: Die dominierende Jugendkultur war rechts. André und seine Kameraden wurden zu den Popstars der Schulhöfe und Werkhallen. Reihenweise verknallten sich die Mädels in Scheitelträger und Glatzköpfe, bewunderten ihre Muskeln, ihre Härte. Die sich häufenden Übergriffe auf nicht-weiße Vertragsarbeiter und Asylbewerber taten dem keinen Abbruch. Der völkische Wahn von Vorrechten „echter Deutscher" gegenüber „Ausländern" wirkte wie ein neuer Glaubenssatz. Kaum jemand widersprach. Und wenn, dann knallte es. Gewalttaten wurden beklatscht, als gelte das Leben der Anderen nichts.

Ich suchte Trost und Nähe, verliebte mich in einen lockenköpfigen Jungen und musste bald erfahren, dass auch er dazu gehörte. Er rühmte sich sogar, dabei gewesen zu sein, als das Asylbewerberheim brannte. Nachdem auch meine beste Freundin von einer Verabredung unter der Reichskriegsflagge schwärmte, brach meine

Welt zusammen. Statt nachzubohren, suchte ich mir eine neue beste Freundin. Wir trafen uns in einer Dorfdisko, im Ekel vor den neuen Sexsymbolen, im dringenden Wunsch, auszubrechen. Im Stoßgebet: „Könnten wir nicht einfach lesbisch sein?“ Nein, konnten wir nicht. Zwei Jahrzehnte später sollte ich einer Frau aus Angermünde begegnen, die offen zugab: „Wenn ick nich lesbisch wäre, wär' ick da ooch mitjerannt ...“

Die neuerliche Uniformierung schritt im Schatten der Privatisierung voran. Die DDR, Ort unserer Kindheit, gab es nicht mehr, dafür Streiks, Bauernproteste, Mahnwachen gegen Massenentlassungen. Als erstes traf es die Frauen. Während ich eine weiterführende Schule besuchen durfte, trafen sich die ehemaligen Mitschülerinnen auf den Fluren der Arbeitsämter. Ihre Bewerbungsschreiben für Handwerksberufe wurden abgelehnt: „Wir stellen derzeit nur männliche Auszubildende ein.“ Die Zahl der Beschäftigten sank von 9,7 Millionen im Jahr 1989 innerhalb von drei Jahren auf 6,7 Millionen. Hatten sich unsere Mütter und älteren Schwestern noch selbstverständlich in sogenannten Männerberufen – etwa als Traktoristin – beworben, hörten wir zum ersten Mal in unserem Leben vom Lehrberuf Hauswirtschaft. Kinder kriegen, kochen, putzen: Sähe so die Zukunft aus?

320 Kilometer entfernt, in Jena, bewarb sich Beate Zschäpe erfolglos um eine Lehrstelle als Kindergärtnerin. Auch sie hatte sich im Jugendklub in einen der Jungs mit den Springerstiefeln verknallt. Schon 1991 waren sie und Uwe Mundlos gemeinsam mit Kameraden über einen Betrunkenen hergefallen, hatten ihm das Nasenbein gebrochen. Auch ihre Mitschülerinnen lehrte sie das Fürchten: „Die hat mir alles abgenommen: Rucksack, Walkman, Schuhe ...“, berichtete mir Jahre später eine von ihnen im Anschluss an eine Lesung. „Ich hab mich nicht getraut, mich zu wehren. Die war so extrem.“ Ich verstand sofort. Als mich seinerzeit Manu vor der Eisdiele abzog, erzählte ich nicht mal meinen Eltern davon.

Mitte der 90er drohte die Schließung zahlreicher Kindergärten aufgrund des extremen Geburtenrückgangs die Frauenarbeitslosigkeit dauerhaft zu zementieren. Männliche Jugendliche wurden in Arbeitsbeschaffungsmaßnahmen auf ehemaligen Truppenübungsplätzen der Roten Armee eingesetzt. Zur Kampfmittelberäumung. Es lag heiße Wut in der Luft, die entlud sich an Dingen und Menschen.

Wegen der nächtlichen Randale schafften sich die Bewohner der Innenstadt sichere Rollläden an. Manu und ihre Kameraden verteilten NPD-Aufkleber, schlugen vermeintlich Linke und Unangepasste zusammen und organisierten Wehrlager in der Nähe stillgelegter Werke.

Vor dem Rathaus unserer Stadt versuchte eine Lehrerin, Schilder in die Luft haltend, die Leute mit ihrem Kommunistenhass zu agitieren. Alles Stasi. Terror-Regime. Nicht, dass wir Agitation nicht gewohnt waren. Und ja, vieles war Lüge, Unrecht, Ideologie gewesen. Doch der heilige Zorn, der aus ihren Auftritten sprach, verblüffte. Beim Wort „Terror" ploppten bei mir die hassverzerrten Gesichter meiner Ex-Freundinnen und -Freunde auf. Und bei „Stasi" das freundliche Lächeln des Verfassungsschutzbeamten, der mich auf dem Schulweg wie zufällig nach meinen Freunden ausgefragt hatte. Durch unser aller Köpfe schien ein Riss zu laufen. Feindschaft wurde etwas sehr Konkretes. Kameradschaft auch. Vor der versammelten Bürgerschaft verkündete die Lehrerin später: Ich vermache mein Hab und Gut der NPD.

Doch selbst wenn Manus Kameraden nichts davon erbten, sich schließlich zerstritten, blieb viel von dem, was damals geschah, in Köpfen und Körpern hängen. Äußerlich ist die Gesinnung meist nicht mehr zu erkennen. Einige der Mädchen von damals engagieren sich heute bei Pegida-Ablegern und für die AfD, fordern „Todesstrafe für Kinderschänder", nennen sich „Lebensschützer", leben in Eigenheimen am Waldrand oder in Armut, protestieren wieder gegen Geflüchtete. Viele gingen für immer fort. Andere haben Familien gegründet, sind neue Wege gegangen und wollen nicht erinnert werden. Können sich nicht erinnern. Behaupten, das alles habe es nie gegeben. Zu schmerzhaft. Zu schamvoll. Zu schuldbehaftet. Zschäpe wird der Prozess gemacht. Wir alle kannten Mädchen wie sie. Die keine Mädchen mehr sind. Und eine neue Generation von Mädchen erziehen.

Manja Präkels, geboren 1974 im brandenburgischen Zehdenick, hat mit ihrem Debütroman „Als ich mit Hitler Schnapskirschen aß" (Verbrecher Verlag) den Anna-Seghers-Preis gewonnen.

Extrem sportlich I

Brigid Wefelnberg, 54, durchläuft Wüsten und Gebirge

Aufgezeichnet von Frank Hellmann

Privat

Brigid Wefelnberg

Mich treibt an, dass ich große läuferische Herausforderungen in den entlegensten, menschenfeindlichsten Gebieten der Erde angehen und meistern kann. Ich bin im Oman und am Polarkreis, im Himalaya-Gebirge und am Kilimandscharo, im Grand Canyon und im australischen Outback gelaufen. Mich fasziniert es, weit außerhalb der Komfortzone und unter extremen klimatischen Bedingungen, Hunderte von Kilometern laufen zu können, alles zu geben – vor allem in der Wüste, wo ich besondere Grenzerfahrungen erlebt habe. Da drehen sich die Gedanken hauptsächlich um Wasser, und man denkt nur an grundsätzliche Dinge. Je länger der Lauf, desto mehr Kräfte habe ich. Ich habe immens große Ziele vor Augen. Da bekomme ich jetzt schon Glücksgefühle, wenn ich daran denke. Die Belohnung für die Anstrengungen und Entbehrungen bei meinen Extremläufen sind einzigartige Erlebnisse, Begegnungen und Tausende Bilder. Der Extremlauf eröffnet mir eine Tür in eine ganz andere, sehr intensive Dimension des Lebens. Wenn ich mir vorstelle, von der Zukunft aus auf mein Leben, auf die großartigen Dinge zurückzublicken, die ich beim Extremlauf erlebe, machen sie einen Großteil meiner Lebensgeschichte aus und dürfen nicht fehlen!

Vom verdammten Himmel hoch

Wer an der Borderline-Störung leidet, lebt in einer Welt der extremen Gefühle. Eine junge Frau gewährt Einblick

Von Sonja Thomaser

Wenn Mathilda* Angst hat, ist es nicht einfach nur Angst, sondern fühlt sich an wie eine existenzielle Bedrohung und ist fast nicht auszuhalten. Ihre Wut ist nicht einfach Wut, sondern ein explosives Gefühl, das sich entladen muss und alles mit sich reißt, was im Weg steht. Und wenn sie Trauer empfindet, dann geht dieses Gefühl viel tiefer. Mathildas Trauer gleicht eher absoluter Hoffnungslosigkeit.

„Alles ist hundert Mal schlimmer als bei gesunden Menschen", sagt Mathilda. Die 30-Jährige leidet seit ihrer Kindheit an Borderline. Bei Menschen, bei denen diese Persönlichkeitsstörung diagnostiziert worden ist, führen Probleme mit der Emotionsregulation dazu, dass sich alles viel intensiver anfühlt. „Borderliner empfinden keine Nuancen bei Emotionen. Grautöne gibt es nicht, nur schwarz und weiß", berichtet Mathilda. „Sie lieben intensiv, hassen dafür aber auch intensiv."

Neben den extremen und intensiven Gefühlen sind auch sogenannte Dissoziationen – also ein gestörtes Körper-Psyche-Verhältnis – und ein Gefühl von Leere typisch für Borderline. Die enormen Stimmungs- und Gefühlsschwankungen führen zu einer extremen inneren Anspannung, die mitunter als unerträglich erlebt wird. Insbesondere Stress kann bei Mathilda zu heftigen Borderline-Schüben, den sogenannten Hochspannungsphasen, führen: „Am liebsten würde ich mir dann das Gesicht in Streifen runterreißen und Konfetti draus machen."

In diesen Hochspannungsphasen durchlebt sie Weinkrämpfe und Wutschübe, oft begleitet vom Drang nach Schmerz. Viele Borderliner verletzen sich dann selbst. Im Verlauf ihrer Therapie hat Mathilda im Emotionsregulationstraining sogenannte Skills gelernt. So kann sie dem Drang nach Schmerz nachgeben, ohne sich aber ernsthaft zu verletzen: „Diese Hochspannungsphasen sind unerträglich, wenn ich nichts tue. Aber wenn ich mich auf den Schmerz konzentriere, überdeckt das dann das andere. Ich benutze zum Beispiel Wäscheklammern, die ich mir an den Arm klemme. Man kann aber auch auf getrockneten Chilis kauen – oder ein Gummiband gegen den Arm schnalzen lassen." An einem echten Tiefpunkt hat sie einmal aus Wut ein komplettes Zimmer zerstört, Schränke umgeworfen, das Bett zerlegt. Der Auslöser: ein Streit mit ihrem Partner.

Die Symptome und die Ausprägung der Borderline-Persönlichkeitsstörung sind so individuell wie der menschliche Charakter. Was aber auf viele Borderline-Patienten zutrifft, ist das Gefühl der Einsamkeit. Viele Betroffene leiden oftmals unter Schwierigkeiten im sozialen Umgang. Sie beschreiben das Gefühl, nirgendwo dazuzugehören und empfinden sich als zu viel – oder zu wenig. „Borderline macht einsam", sagt Mathilda. „Ich weiß, dass ich anstrengend bin und habe daher Angst, keine richtigen Partnerschaften oder Freundschaften haben zu können. Warum sollte sich das jemand antun?"

**Name von der Redaktion geändert*

„Frauen vergiften lieber, als dass sie erschießen“

Der Essener Psychotherapeut Christian Lüdke über Extremismus und Geschlecht

Privat

Christian Lüdke

Herr Lüdke, spielt der Begriff Extremismus in der Psychologie und Verhaltensforschung eine Rolle?
Dort ist eher weniger davon die Rede. Wir sprechen mehr von Störungsbildern, von Erkrankungen oder von Persönlichkeitsprofilen. Grundlage dafür ist die internationale Klassifikation psychischer Störungen. Das heißt, wenn sich Psychologen, Therapeuten und Mediziner über bestimmte Persönlichkeitstypen, Charaktere, Auffälligkeiten oder Erkrankungen unterhalten, orientieren sie sich an diesen diagnostischen Standards. Und da taucht der Extremismus-Begriff nicht auf.

Gleichwohl haben Sie es aber doch mit Menschen zu tun, die zu extremen Verhaltensweisen oder Handlungen neigen.
Menschen, die zu mir kommen, zeigen Symptome. Sie sind Symptomträger, sie fühlen sich nicht wohl; sie merken, dass Dinge in ihrem

Leben geschehen sind, die ihre Lebensqualität massiv beeinträchtigen, dass sie ihre Ziele nicht erreichen. Aber das sind in den meisten Fällen immer normale Reaktionen auf außergewöhnliche Erlebnisse.

Dann gibt es psychologisch gesehen gar keine Extremistinnen und Extremisten?
Man spricht von unterschiedlichen Persönlichkeitsstörungen, die man mit sehr extremen Verhaltensweisen in Verbindung bringen kann. Die sind entweder nach außen gerichtet, gegen andere Menschen. Oder es handelt sich um ein extremes Verhalten, das selbstverletzend ist, beispielsweise gegen den eigenen Körper.

Lassen sich da Unterschiede zwischen Frauen und Männern feststellen?
Die Verhaltensforschung zeigt seit vielen Jahren, dass es unterschiedliche Aggressionen gibt bei Männern und Frauen. Bei Männern sind die Aggressionen eher offen, während aggressives Verhalten von Frauen eher nach innen geht. Da gibt es eine ganze Reihe von biologischen, genetischen Anlagen, die einfach anders sind. Männer haben schon von Natur aus ein erhöhtes, aggressives Potenzial, das ihnen zum Schutz ihrer Familie und Partner dient. Wenn da in der Entwicklung bestimmte Störungen auftreten, zum Beispiel wenn Männer keine starke emotionale Bindung in der Ursprungsfamilie haben und sich nie als Person wahrgenommen fühlen, geraten sie häufig in eine erlernte Hilflosigkeit. Das führt dann zu Ängsten, und Ängste sind immer mit Aggressionen verbunden.

Und bei Frauen?
Bei Frauen ist das anders. Da geht die Aggression tendenziell eher nach innen und verläuft still und stumm, sodass sie auch nicht zu so offenen Gewalttaten neigen, wie Männer das tun. Frauen vergiften lieber, als dass sie brutal erschießen oder töten würden. Wenn Frauen das doch tun, dann kann es in vielen Fällen ein Anzeichen sein für eine sehr frühe Persönlichkeitsstörung, dass sie regelrecht umprogrammiert wurden, schwer traumatisiert teilweise. Und Frauen, die dann so offen aggressiv sind, sind dann teilweise tatsächlich gefährlicher und brutaler, als Männer das sind.

Haben Sie dabei aktuelle Fälle im Kopf?
Wir erkennen ja zum Beispiel gewisse Tendenzen junger Mädchen, wenn man sich die Zahlen von Gewalttaten unter Jugendlichen ansieht. Die Fälle sind zwar allgemein rückläufig. Aber man sieht zum Beispiel bei Gruppentaten, dass vermehrt junge Mädchen brutal sind. In der letzten Zeit sind ja öfters Messerangriffe von jungen Mädchen durch die Medien gegangen. Das hat allerdings auch viel mit dem Gruppenverhalten zu tun. Auch spielen Ängste vor der Zukunft eine Rolle, Perspektivlosigkeit. Und wenn ich nicht geliebt werde, will ich wenigstens gehasst werden. Und das mit derselben Intensität. Und wenn ich dann zu einem Messer greife und brutal aggressiv werde, muss man mich ernstnehmen. Dann kann man nicht an mir vorbeischauen. Aber es ist halt eigentlich nicht typisch für junge Mädchen und Frauen.

Weil Frauen sozusagen „von Natur aus“ die ruhigeren, ausgeglicheneren Menschen sind?
Sie reagieren zumindest von Natur aus weniger impulsiv, wobei es dann eben die Umwelt ist, die den Menschen formt und prägt. Ganz so, wie auch die Gender-Theoretiker zwischen Biologie und sozialer Prägung unterscheiden. Die genetische Disposition macht vielleicht die Hälfte aus. Für mich als Verhaltenstherapeut gibt es eine ganz entscheidende Frage, über die sich ermitteln lässt, ob ein Mensch zu extremen Handlungen neigt. Und zwar in jeder Hinsicht, also ob ein Risiko zu Herzinfarkt besteht oder wie hoch die Wahrscheinlichkeit einer kriminellen Laufbahn liegt: Fühlen Sie sich geliebt? Und Menschen, die sich geliebt fühlen, haben – platt gesagt – alles im Griff und von außen eine Kontrolle, dass sie weniger zu extremen Handlungen neigen. Und das gilt für beide Geschlechter.

Wer sich nicht geliebt fühlt, wird Extremist oder Extremistin?
Das ist auf jeden Fall eine ganz wichtige Grundlage. Nur die Ausprägungsformen sind anders. Frauen, die sich nicht geliebt fühlen, verhalten sich anders als Männer, die sich nicht geliebt fühlen. Bei Frauen verläuft das eher still, bei Männern eher offen. Liegen dabei psychische Belastungen vor, können das Angst und Depression sein. Das sind Zwillingsgeschwister. Zuerst kommt die Angst, dann die De-

pression. Menschen, die Angst haben, richten ihren Blick innerlich in die Zukunft. Menschen, die depressiv sind, richten ihren Blick eher in die Vergangenheit. Und auch da richten Frauen die depressiven Verhaltensweisen eher nach innen, werden leise, ziehen sich zurück. Und Männer werden eher laut und tatsächlich dann extrem, indem sie ihre Depression durch extreme Aktivitäten – auch Sport – nach außen versuchen zu kompensieren. Und allein darin zeigen sich dann schon zwei unterschiedliche Reaktionsweisen, wie Männer und Frauen zum Beispiel mit extremem Stress umgehen oder mit dem Gefühl: Werde ich geliebt, oder werde ich nicht geliebt?

Dann wäre diese Frage der geschlechterübergreifende Zugang, um krankhaft extreme Verhaltensweisen zu therapieren?
Genau. Weil jeder Mensch von Natur aus das Grundbedürfnis hat, geliebt und als Person wahrgenommen zu werden. Schon als kleine Kinder lassen wir den Löffel fallen, wenn wir das Gefühl haben, wir werden nicht wahrgenommen. Später kann sich das kompensieren. Und im schlimmsten Fall greift man zu sehr abweichenden, auffälligen Verhaltensweisen, nach dem Motto: Wenn ich nicht wahrgenommen und geliebt werde, dann wenigstens gehasst. Das kann stufenweise erfolgen. Extrem kann erstmal bedeuten, ich versuche mich zu individualisieren, zu definieren über Tattoos, über die Leute, mit denen ich mich umgebe. Und steigere das in Gewalt und Aggression, immer in dem Wunsch: Wenn ich das mache, dann kann man nicht mehr an mir vorbeisehen.

Interview: Simon Berninger

Extrem sportlich II

Anna von Boetticher, 48, taucht ohne Sauerstoff in tiefste Tiefen

Aufgezeichnet von Elena Müller

Die Auseinandersetzung mit der Tiefe zieht mich sehr an. Ich finde es faszinierend, durch das Apnoe-Tauchen Welten zu entdecken, die Menschen sonst nicht sehen. Ich kann das alles mit meinem Körper schaffen, alles aus eigener Kraft. Ich kann mich, meinen Körper und meinen Geist so stark anpassen, dass ich mit einem einzigen Atemzug 125 Meter in die Tiefe tauchen kann. Immer wieder bin ich davon begeistert, was dem Menschen alles möglich ist. Aber mir ist auch immer bewusst, wie stark ich mich konzentrieren muss und in welche Gefahr ich mich begebe. Das Apnoe-Tauchen auf diesem Level ist sehr anstrengend. Ich lege vorher fest, wie tief ich maximal gehen will. Der intensivste Moment eines solchen Tauchgangs ist für mich immer diese eine Sekunde, wenn ich unten angekommen bin. Dann öffne ich die Augen und nehme die Unterwasserwelt ganz besonders stark und klar wahr. Wenn man ohne Geräte taucht, ist man dem Leben um sich herum viel näher. Das habe ich ganz besonders intensiv erlebt, als ich bei einem Tauchgang in Norwegen Orcas und Buckelwalen mit ihren Jungen begegnet bin. Sie sind mir so irrsinnig nah gekommen, dass ich das kaum glauben konnte. Ich habe gespürt, wie die Orcas mich mit ihrem Echolot „angepingt" haben, ich habe die Vibration in meinem Brustkorb gespürt. Diesen Moment werde ich nie vergessen.

Leerstelle im System

Während hierzulande Informatikerinnen noch extrem selten sind, wollen sich Frauen in Peru und Tansania ihren Platz in der Männerdomäne rechtzeitig sichern

Von Felix Lill, Javier Sauras und Michele Bertelli

Eva Göttert kennt die Klischees. Sie begegnet ihnen immer wieder. Zuletzt vor ein paar Wochen, in der Kaffeepause einer Konferenz über die Programmiersprache Java. „Und was machst du?", wurde sie von zwei jungen Männern gefragt: „Marketing?" Die 30-Jährige hat für solche Situationen schon eine Standardreaktion bereit. In ihren Schreibtischstuhl gelehnt, mit zwei großen Bildschirmen vor sich, stellt Eva Göttert sie noch einmal nach, dreht den Kopf zur Seite, lächelt ein wenig abschätzig: „Nein. Ich bin Entwicklerin." Und dann passiere oft dasselbe: Der bis dahin locker vor sich hin plätschernde Smalltalk weicht einer peinlichen Stille. „Dauert wohl noch", flüstert Eva Göttert in ihrem Büro, in dem der Geräuschpegel vor allem aus Mausklicks und Tastaturtippen besteht, „bis sich das ändert."

Ein Blick über die Bildschirme vor ihren Augen scheint das zu bestätigen. Hier, in der Zentrale des Preisvergleichsportals Idealo in Berlin-Kreuzberg, werden die zum Erfolg des Unternehmens unabdingbaren Programmieraufgaben fast ausschließlich von Männern erledigt. In Eva Götterts Abteilung ist nur eine weitere Frau als Entwicklerin angestellt, und damit liegt ihr Arbeitgeber voll im Trend.

Nicht einmal jede vierte IT-Arbeitskraft in Deutschland, ähnlich wie in anderen Industriestaaten, ist eine Frau. Bei vermeintlich fortschrittlichen Weltkonzernen wie Google und Apple sind gar nur ein

Fünftel der Mitarbeiter weiblich. Und das Bedenklichste daran: Während die Geschlechterungleichheit in den meisten Wirtschaftsbranchen in den vergangenen Jahren auch international reduziert werden konnte, hat sie im IT-Sektor zugenommen. So fragen sich nicht nur die wenigen Frauen im Geschäft: Was muss geschehen, damit eine der größten Wachstumsbranchen endlich modern wird?

Lauter werdende Forderungen nach Wandel hallen aus mehreren Ecken. „Ein Land kann sein Potenzial nur voll entfalten, wenn Frauen ihr Potenzial voll entfalten“, sagt Sheryl Sandberg, die Geschäftsführerin von Facebook. Elke Holst, Gender-Ökonomin am Deutschen Institut für Wirtschaftsforschung, urteilt: „Gerade in der IT-Branche haben sich Strukturen und Klischees festgesetzt. Da muss sich eine Menge tun.“ Der „Global Fund for Women“ warnt: Wenn es vor allem Männer sind, die die Tools der Zukunft entwickeln, dann werden Frauen zu passiven Konsumenten degradiert – und womöglich noch als solche ignoriert.

In Deutschland etwa hilft die Frauenquote seit 2013, den Anteil weiblicher Führungskräfte zu erhöhen. Allerdings greift die Regel bisher nur für rund 100 börsennotierte Unternehmen. Und sie bezieht sich auch auf keine bestimmten Branchen, in denen Frauen besonders benachteiligt sind. Eva Götterts Chef, Idealo-Gründer Albrecht von Sonntag, sagt: „Wir würden gern mehr Frauen einstellen. Aber es finden sich kaum Bewerberinnen. An Quoten wäre gar nicht zu denken.“ Ein paar Stockwerke weiter unten ist auch Eva Göttert skeptisch. Mit Blick auf ihre Kommandozeilen zögert sie: „Wäre es nicht klüger, Quoten bei den Ausbildungs- und Studienplätzen einzuführen? Ansonsten begleitet einen später das Stigma, dass man einen Job nur hat, weil man eine Frau ist.“

Und wie würden sich die Kaffeepausengespräche auf Konferenzen dann entwickeln? „Was machst du? Marketing? Oder Programmieren, weil dein Betrieb noch eine Quotenfrau brauchte?“ So eine Ausbildungsquote hingegen hätte der jungen Frau mit blondem Haar und dickem Schal um den Hals schon geholfen. „Ich hab‘ schon als Schülerin Websites programmiert, das hat mir immer gefallen. Aber als meine Freundinnen aufs Wirtschaftsgymnasium gingen, wollte ich nicht als einziges Mädchen auf die technische Schule.“ So studierte Eva Göttert Kommunikationswissenschaft, begann bei Idealo auch zunächst im Produktmanagement. Programmiererin wurde sie durch eine Umschulung.

Dabei war es nicht immer so, dass Programmieren als männlich gilt. In den 1980er Jahren, als Informatik an den Unis noch ein junges Fach war und der Personal Computer noch nicht die privaten Haushalte erobert hatte, waren etwa in den USA fast die Hälfte der Studenten Frauen. Als sich aber die Computerindustrie mit ihren Werbekampagnen an Jungen statt an Mädchen richtete, fielen die Frauen fortan auch als Studentinnen zurück. Es wurde ein internationaler Trend daraus. Während Eva Göttert und ein Kollege eine Fehlerkette auf der Website analysieren, erinnert der sich an seine Uni-Zeit vor 15 Jahren in Dresden: „Wir hatten nicht eine einzige Frau im Studiengang."

So ein Problem festgefahrener Strukturen belastet vor allem reiche Länder, in denen der IT-Sektor schon ausgereift ist. Die 18-jährige Hyasinta Joseph Luhanga arbeitet daran, dass in ihrer Heimat Tansania das Programmieren gar nicht erst zur Männersache erklärt wird. Vor ein paar Monaten hat sich die großgewachsene, kurzhaarige Schülerin freiwillig zu einem Programmierkurs angemeldet. „Mir öffnet sich eine ganz neue Welt", schwärmt Hyasinta, als sie am Nachmittag durch den kargen Gang ihrer Schule spaziert, um den nächsten Unterricht anzusteuern. „Nach ein paar Wochen konnte ich schon einen Code schreiben." Und der soll, ist er einmal ausgefeilt, dann ermöglichen, dass „eine Smartphone-App über den Wasserstand unserer Brunnen informiert".

In Hyasintas Heimat, der tansanischen Hauptstadt Daressalam, gehört Wassermangel zu den Alltagsproblemen. Und in einer Gesellschaft, in der ein Viertel der Erwachsenen nicht lesen und schreiben kann, machen solche raren IT-Kenntnisse den entscheidenden Unterschied. Nicht nur für die ganze Gesellschaft, sondern auch für die ansonsten häufig marginalisierten Frauen.

Hyasintas Lehrerin Carolyne Ekyarisiima stellt sich das so vor: „Die IT-Skills werden der Schlüssel zu ökonomischer Unabhängigkeit. Der Alltag ist schon heute stark digitalisiert, viele Familien haben auch ein Smartphone. Aber nur wenige verstehen die Vorgänge dahinter."

Das Ziel der Arbeit von Ekyarisiimas Verein „Apps & Girls": Mithilfe der Schulungen soll in ganz Afrika eine erste Generation weiblicher IT-Rollenmodelle heranreifen. Deshalb lernen Hyasinta und die anderen 30 jungen Frauen in ihrer Schule nicht nur das Handwerk des Programmierens, sondern auch das kleine Einmaleins der Geschäftsgründung. „Es gibt hier fast noch keinen Arbeitsmarkt für Programmierer“, sagt Hyasinta nach dem Unterricht, während sie ein Plakat mit aufgemalten Brunnen, Handys und Hierarchiebäumen für die Programmierung zusammenrollt. Auf ihrem Notizblock lächelt die Popsängerin Hanna Montana, aber die hat Hyasinta per Kugelschreiber mit einer Nerdbrille verziert. „Also müssen wir Unternehmerinnen werden.“

Aber – ist das realistisch? Dass es im Tansania der Zukunft vor allem Frauen sein werden, die programmieren? „Apps & Girls“ gibt sich jedenfalls alle Mühe. Im Klassenraum, in dem auch nach dem Unterricht noch die Schülerinnen sitzen und lesen, sagt Carolyne Ekyarisiima: „Bis 2025 wollen wir in ganz Afrika eine Million Mädchen trainiert haben.“

In Peru nimmt gerade eine ähnliche Entwicklung ihren Anfang. Der IT-Sektor ist noch überschaubar – und nur jede zehnte Arbeitskraft ist eine Frau. Aber bei der Nichtregierungsorganisation Laboratoria, die in mehreren Ländern Lateinamerikas aktiv ist, überwiegt die Überzeugung, dass es noch nicht zu spät ist, am Boom teilzuhaben.

An einem Morgen um 9 Uhr ist das Großraumbüro von Laboratoria, das im Obergeschoss eines Hochhauses im Zentrum von Lima untergebracht ist, brechend voll. Auf den Tischen stehen Computer, dahinter diskutieren hohe Stimmen über „Search engine optimisation“ und „UX Design“. Kein einziger Mann sitzt hier am Rechner, denn Laboratoria bildet ausschließlich Frauen aus. Ein Plakat mit der Aufschrift „All you need is code“ hängt an der Wand, daneben der Tagesplan. Das Motto: Frauen mit nachgefragten Fähigkeiten ausstatten, und zwar kostenlos, um endlich Schluss zu machen mit Machismo und Frauendiskriminierung.

Angie Condor Macuri hat sich deshalb für den Kurs angemeldet. Die junge Frau mit breiter Brille und Lederjacke über ihrer Stuhllehne hat schon viele Aushilfsjobs gemacht, um ihrem kleinen Sohn ein sorgenfreies Leben zu ermöglichen. „Selbst wenn meine Chefs Frauen waren, hatten die wenig Verständnis für die Situation von Müttern. Die denken oft, Frauen sollten entweder keine Kinder haben oder nicht arbeiten. Aber ich bin nun mal Single." Mit dem Kurs, den sie morgens vor ihrem Job als Grafikdesignerin besucht, hofft Angie Condor Macuri ihre Lage verbessern zu können: „Bald kann ich Dinge, die sonst kaum jemand beherrscht. Dann bin ich für Arbeitgeber unentbehrlich."

Derzeit verdienen Frauen in Peru durchschnittlich rund 30 Prozent weniger als Männer, allerdings vor allem deshalb, weil sie häufiger im sogenannten informellen Sektor arbeiten. Ökonomen haben errechnet, dass Perus Wirtschaftsleistung um bis zu zwei Prozentpunkte im Jahr gesteigert werden könnte, wenn das Land die Kompetenzen von Frauen besser in den Arbeitsmarkt integrierte.

Am späten Abend sitzt Angie Condor Macuri noch immer an einem der Tische im Großraumbüro, den Oberkörper weit über den Computer gebeugt, damit sie den kleinen Datenoutput auf dem Bildschirm besser erkennen kann. „Wo ist der Fehler ...", murmelt sie. Sie steht unter Druck, morgen muss sie ihr Abschlussprojekt präsentieren. Ihren Sohn hat sie bei ihren Eltern einquartiert, die Nacht wird sie durchmachen. Das ist einer jener Momente, die Eva Göttert aus ihrer Fortbildung gut kennt und Hyasinta Joseph Luhanga auf ihrem Weg zur Jung-Unternehmerin noch vor sich hat. „Bei manchen Dingen müssen wir als Frauen eben doppelt so viel leisten", stöhnt Angie Condor Macuri. Aber: „Das ist es wert."

Einen Tag später sind in Angie Condor Macuris Gesicht keine Sorgen mehr zu erkennen. Auf ihrer Abschlussfeier bei Laboratoria hat sie eine gelbe Schärpe aus Seide um den Hals gelegt, sie strahlt: „Eben habe ich mit einem Vertreter einer großen Bank gesprochen, er war ganz interessiert an meinen Kenntnissen. Wir haben einen Termin in seinem Büro verabredet." Drei Viertel der bisher 600 Absolventinnen von Laboratoria haben kurz nach ihrem Abschluss einen festen Job gefunden, die Gehaltsverhandlungen übernimmt der Verein. Und hat so schon in einigen Köpfen alte Rollenbilder auf den Kopf gestellt.

Die Recherche zu diesem Text wurde vom „Innovation in Development Reporting" des European Journalism Centre unterstützt und von der Bill and Melinda Gates Foundation finanziert. Die Förderer haben keinen Einfluss auf den Inhalt genommen.

Extrem sportlich III

Sonja Tajsich, 42, hat sich lange als Iron-Lady gequält

Aufgezeichnet von Frank Hellmann

Vor allem genieße ich den Lebensstil und die Freiheit, mir meinen Tag als Profi-Triathletin selbst einzuteilen und mein Hobby zum Beruf gemacht zu haben. Was für ein Privileg! Die Leidenschaft zu dieser trainingsintensiven Ausdauersportart hat aber bestimmt mehrere Hintergründe. Zum einen esse ich wahnsinnig gerne, zum anderen besitze ich extrem viel Energie. Stillsitzen fällt mir schwer, ich liebe Bewegung, draußen zu sein und mich anzustrengen. Am schönsten ist das Gefühl danach: ausgepowert, glücklich und zufrieden zu sein. Wenn es mir mal zu schwer fällt, den inneren Schweinehund zu überwinden, denke ich einfach daran, wie es sich anfühlt, wenn ich die Einheit gemacht habe – und wie unleidig, wenn ich sie nicht machen würde. Das hilft zur Motivation immer. Und zu guter Letzt freue ich mich natürlich auch über eine gute Leistung im Wettkampf. Aber am 29. Juli 2018 war mit dem Ironman Hamburg mit dem Leistungssport Schluss. Irgendwann sollte man ein Ende finden. Ich hatte ein ganz tolles Jahr 2017 mit dem sechsten Platz beim Ironman Frankfurt und meiner Hawaii-Teilnahme. Ich merke, dass bei mir mit 42 Jahren die Zeit gekommen ist. Meine große Tochter kommt ins Gymnasium, meine kleine Tochter wird zwei Jahre alt. Ich fühle, dass ich mehr für die Familie da sein möchte.

Alltag 4.0

Wenn schon perfekt, dann richtig: Vier Tipps, wie wir in unserem Leben endlich alles extrem gut machen können

Von Elena Müller

Es gibt kein Entrinnen, keine Möglichkeit, ihm zu entkommen, er ist überall, unaufhaltsam drängt er sich in unser Leben, zwängt sich durch jeden digitalen Spalt in alle Bereiche unseres Seins: der Drang zur Perfektion. Alles ist möglich, jeder kann heute überall und zu jeder Zeit alles sein und alles noch besser machen – so wird es uns zumindest suggeriert. Wenn man mal nicht mehr weiter weiß in seinem Selbstoptimierungsflow, keine Sorge, es gibt immer einen findigen Buchautor, Frauenmagazinredakteur, eine Youtube-Influencerin, Bloggerin oder App-Entwicklerin, die Rat wissen und uns auf die Sprünge helfen. Im Prinzip muss man ja fast nichts mehr selbst machen, man muss sich ihr einfach nur hingeben, der Veränderung, den Anleitungen folgen, sein Paypal-Konto freischalten und los geht's in Richtung besserer Mensch. Nie war es so leicht, endlich in sich selbst zu ruhen, sich perfekt zu organisieren, das eigene Glück zu finden, einen Urlaub zu machen, der die Freunde vor Neid erblassen lässt. Jeder kann es schaffen, extrem perfekt zu sein, es braucht dazu lediglich das richtige Programm.

1. DIE PERFEKTE MORGENROUTINE

Wer stolz darauf ist, morgens ordentlich gekleidet, mit gesundem Frühstück im Magen pünktlich aus dem Haus zu kommen, der braucht sich von jetzt an nichts mehr darauf einzubilden. Denn offensichtlich kann man dem Morgen noch mehr Zeit abtrotzen – und diese dann zur Selbstoptimierung nutzen.

Also: Wecker auf fünf Uhr stellen, im ersten Anlauf und mit positiven Gedanken aus dem Bett hüpfen, 30 Minuten Yoga, 15 Minuten Meditation, danach ein Glas lauwarmes Wasser (für die Verdauung), eine Kanne grünen Tee (der ist immer gut), eine vegane, glutenfreie „Bowl" (Müslischüssel klingt so ökig) voll mit Superfood (Chia-Samen, Goji-Beeren und Macadamia-Nüsse, nehmen Sie einfach alles, was exotisch klingt und einen möglichst weiten Transportweg hatte), duschen mit Algenshampoo und Granatapfel-Duschgel, 15 Minuten am Mindset (also an der Einstellung, aber das klingt so sozialpädagogisch) arbeiten und die Tasks des Tages notieren – all das ist nötig, sonst beginnt man den Tag gleich mit dem falschen „Flow". Und das kann niemand wollen.

2. DIE PERFEKTE ORDNUNG

Weil wir natürlich alle perfekte Organisationstalente sein wollen, ist die Zeit der mit zehn Korkenziehern, alten Gefriertüten und zerknitterten Imbiss-Speisekarten vollgestopften Küchenschubladen endlich vorbei. Laut Orga-Guru Mari Kondo läuft das Aufräumen so gut, dass es schon fast magisch ist („Magic Cleaning").

Mit den sogenannten Life-Hacks auf Pinterest und Youtube lernt man, wie man aus den kleinen Verschlüssen von Dosen Profi-Kleiderbügel bastelt (für maximale Aufhäng-Effizienz im Kleiderschrank), die (jetzt leeren) Schubladen als Ladestationen für die vielen intelligenten Elektronikgeräte umfunktioniert (gegen maximalen Kabelsalat) und mit einer Walnuss Stuhlbeine poliert (für maximalen Glanz). Hat man seinen Haushalt erstmal bis ins kleinste Teil alltagstauglich optimiert, ist die Glückseligkeit nur noch einige Stunden Bastelarbeit entfernt. Nichts fliegt mehr herum, man ist die auf jeden ungebetenen Besuch perfekt vorbereitete Hausherrin, es gibt kein genervtes Suchen mehr nach dem richtigen Stecker und alles kann so schön abgestaubt werden – ein Traum ...

3. DIE PERFEKTE TO-DO-LISTE

Nichts ist perfekt, wenn es dabei nicht auch noch gut aussieht – noch nicht mal die berühmt To-do-Liste. Das Post-it, von der US-Zeitschrift „Fortune" mal zu einer der wichtigsten Erfindungen des 20. Jahrhunderts erklärt (neben Kühlschrank, Boeing 707 und CD), hat wohl ausgedient. Vorbei ist es mit dem wilden Kleben von kleinen Gedächtnisstützen in auffallenden Neonfarben, die Wohnung, Taschenkalender und was sonst noch verschandeln.

Mit dem Bullet Journaling hat für überzeugte Listenschreiber eine neue Zeitrechnung begonnen. Ganz clean, schwarz auf weiß in einem einfachen, aber natürlich edlen Kalender, eignet man sich ein System an, mit dem man seine anstehenden Aufgaben aufschreibt und nach deren Erledigung den Aufzählungspunkt mit zwei winzigen Strichen in ein „X" verwandelt. Vorbei das anstrengende Durchstreichen des Geschafften, das kräfteraubende Zerknüllen des quietschgelben Klebezettels – jetzt sieht sogar die Liste mit den Samstagserledigungen aus wie der Aktenordner eines deutschen Finanzbeamten – was will man mehr?

4. DER PERFEKTE URLAUB

Die Aussicht auf ein paar Wochen in der Sonne, ein Feuerwerk an frischen Eindrücken, neue Lieblingsgerichte und ungehemmtes Ausschlafen versprechen eigentlich an sich schon einen perfekten Urlaub. Aber es geht immer noch besser – und das kleine, nervige Perfektionsmonster steigt mit uns in den Kombi, aufs Schiff, ins Flugzeug. In Zeiten des Fotobuchs, das nach dem Urlaub schnellstmöglich hergestellt und dem nächsten Besuch ungefragt in die Hand gedrückt werden muss, heißt es jetzt: Urlaubsfotos sind keine Schnappschüsse mehr, sondern aufwendig inszenierte Zurschaustellungen unserer perfektionierten Freizeit.

Und da wir dank der sozialen Netzwerke jeden quasi live an unserem Urlaub teilhaben lassen können, gehören Sätze wie: „Ich schlüpfe mal in mein Lieblingsschlabberkleid, um an den Strand zu gehen", aus dem Wortschatz gestrichen und in den ewigen Pauschalurlaub verbannt. Heute heißt es: Bauch einziehen, Outfit abstimmen und Auslöser drücken: Denn der Urlaub ist nur perfekt, wenn es seine Dokumentation auch ist, oder?

Das war spitze!

Ein Alphabet der besonderen Rekorde

Von Nadja Erb

Autoscooter: Am Ende wurden ihr die Augen schwer, aber versorgt mit Kaffee hielt Manuela Benus durch. 28 Stunden am Stück lenkte die Hamburger RTL-Moderatorin mit ihrem Kollegen Jan Spekker einen Autoscooter auf dem Hamburger Sommerdom. Danach waren die Beine lahm, doch den im Guinness-Buch verzeichnete Rekord hält sie seit 2016.

Bizeps: Linsey Lindberg, Spitzname „Mama Lou", tritt in die Fußstapfen der Trümmerfrauen, zumindest was das Spiel mit den Oberarmmuskeln angeht. Die US-Amerikanerin kann in einer Minute zehn Äpfel mit ihrem Bizeps zerquetschen – mehr als jede andere Frau.

Cosplay: 1.084 Frauen und Mädchen trafen sich am 15. August 2015 im World War II Home Front National Historical Park in Kalifornien. Das Besondere: Sie trugen alle das Outfit der ikonischen Arbeiterin Rosie the Riveter – bis heute die größte Versammlung gepunkteter Kopftücher.

Doctor Who: Die Britin Lily Connors hatte am 20. Juni 2016 eine Sammlung von 6.641 Fanartikeln der Science-Fiction-Fernsehserie „Doctor Who" – das gab einen Eintrag ins Guinness-Buch der Rekorde für den walisischen Teenager. Ihr nächstes Ziel: ein Gastauftritt als Statistin in der Serie.

Eierlauf: Sally Pearsons hält den Weltrekord im Sprint mit Löffel und Ei. 16,59 Sekunden brauchte sie 2013 für 100 Meter. Die Strecke ist der Australierin vertraut: Ein Jahr vor dem Eierlauf in Sydney gewann sie in London olympisches Gold über 100 Meter Hürden.

Fangen: Ihr Spitzname lautet „The Bouquet Slayer", denn die US-Amerikanerin Jamie Jackson hat mehr Brautsträuße gefangen als jede andere Frau. Mehr als 50 sind es bereits, auf rund 100 Hochzeiten war sie dafür in den vergangenen gut 20 Jahren. Den Weltrekord-Experten von Guinness verriet sie, dass nur vier der Bräute, deren Gebinde sie fing, bis dato geschieden sind.

Gebühr: Das Buch, das die US-Amerikanerin Emily Canellos-Simms ein kleines Vermögen kostete, war der Band „Days and Deeds". Im April 1955 hatte ihre Mutter die Sammlung mit Kindergedichten in der Bücherei von Kewanee (Illinois) ausgeliehen. 47 Jahre später gab die Tochter das Buch zurück – und musste die Rekordsumme von 325,81 Euro Mahngebühr zahlen.

Hula-Hoop: Die Australierin Marawa Ibrahim ist die Meisterin der bunten Reifen. Am 25. November 2015 ließ sie 200 Hula-Hoops gleichzeitig um ihren Körper kreisen – und verbesserte damit zum vierten Mal ihren eigenen Rekord. Ibrahim hält im Übrigen auch den Rekord für die längste Zeit in hochhackigen Rollschuhen mit drei Hula-Hoop-Reifen.

Instagram: Die US-Sängerin und Schauspielerin Selena Gomez beherrscht die visuelle Vermarktung wie niemand sonst. Egal, ob sich die 25-Jährige als glamouröser Vamp in Szene setzt oder als Mädchen von nebenan – die Fans scheinen es zu lieben. Zumindest folgen ihrem Instagram-Account mehr als 135 Millionen Menschen. Da kann Immer-mal-wieder-Freund Justin Bieber mit knapp 100 Millionen Followern sich noch etwas abschauen.

Jenga: April Choi weiß, wie man mit einer Peitsche umgeht. Sie kann damit sogar Jengasteine passgenau aus dem Turm aufgestapelter Holzklötzchen schlagen – bis zu vier Stück pro Minute. Und das, ohne den Turm umzuwerfen, versteht sich.

Konzert: Katie Melua gelang mit „Nine million bicycles" ein Welthit, doch im Guinness-Buch der Rekorde steht die britisch-georgische Sängerin nicht wegen ihrer verkauften Platten, sondern weil sie 2006 ein Konzert im Sockel der Bohrinsel Sea Troll vor Bergen gab. So weit unten – 303 Meter unter dem Meeresspiegel – war noch nie eine Künstlerin aufgetreten.

Lippenstift: Die Südafrikanerin Bertha Le Roux-Wahl schaffte es 2012, ihren Lippenstift ganze 535 Mal in einer Stunde aufzutragen. Das Akkordschminken geschah für einen guten Zweck – die Kosmetikfirma Revlon, deren Produkte strapaziert wurden, spendete für die Aktion an ein Kinderkrankenhaus in Kapstadt.

Marathon: Als wäre das Bewältigen der gut 42 Kilometer an sich nicht schon anstrengend genug, beschloss die US-Amerikanerin Camille Herron, den Dauerlauf im Spider-Man-Kostüm zurückzulegen. 2:48:51 brauchte sie dafür – das reichte für den Weltrekord. Als Superwoman wäre es aber vielleicht noch schneller gegangen.

Nymphensittich: Vicky Aranda aus Albuquerque (New Mexiko) ist die wahrscheinlich beste Vogelmama der Welt. Zumindest lebte bei ihr der weltweit älteste Nymphensittich. Sunshine hatte es 2016 auf 32 Jahre gebracht – mit einer Vorliebe für Käse und Spaghetti.

Ostereier: Was hat Osterholz-Scharmbeck Rekordverdächtiges zu bieten? Die Antwort auf diese Frage gab 2013 die damalige stellvertretende Bürgermeisterin des niedersächsischen Städtchens, Martina de Wolff. Sie rief alle Bewohner zum Ostereier-Bemalen auf. Heraus kam die längste Ostereierkette der Welt.

Perücke: Der US-Schauspielerin Drew Barrymore gelang am 27. Januar 2017 in der Late-Night-Show von Jimmy Fallon ein ganz besonderer Auftritt: Sie trug ein gigantisches Haarteil von 2,23 Meter Breite. Und schaffte es trotzdem noch, einen Cancan zu tanzen.

Queen: Elisabeth II. sitzt seit mehr als 66 Jahren auf dem englischen Thron – das schaffte keine Monarchin vor ihr. Den Rekord von Queen Victoria übertraf sie bereits 2015.

Rund-um-die-Welt: Die Italienerin Paola Gianotti radelte in 144 Tagen einmal um den Erdball. Ihre Reise begann am Weltfrauentag 2014 in Turin und endete 29.595 Kilometer später genau dort.

Schneekugeln: Da hat das Durchzählen gedauert – die Chinesin Wendy Suen nannte im November 2016 insgesamt 4.059 Schneekugeln ihr Eigen. Sie brach damit zum zweiten Mal ihren eigenen Rekord. Die erste Kugel mit einer Maus darin war ein Geschenk ihres Mannes.

Tieftauchen: Die Niederländerin Jeanine Grasmeijer erreichte bei einem Tauchgang 2016 in Kralendijk auf den Antillen eine Tiefe von 92 Metern. Als Free-Immersion-Taucherin benutzte sie dabei keine Auftriebshilfen.

Ur-Ur-Ur-Urgroßmutter: Augusta Bunge erfuhr am 21. Januar 1989, dass ihre Ur-Ur-Urenkelin ihren Sohn Christopher zur Welt gebracht hatte. Das machte die 109-jährige US-Amerikanerin zur jüngsten Ur-Ur-Ur-Uroma aller Zeiten.

Vollbart: Vivian Wheeler gehört der längste Damenbart der Welt – 25,5 Zentimeter wurden am 8. April 2011 gemessen. Der Weltrekord habe ihr das Gefühl gegeben, stolz auf sich und ihre körperliche Eigenheit sein zu können, sagte sie den Machern von Guinness.

Werfen: Das Hobby der Polin Aneta Florczyk darf man mit Fug und Recht ungewöhnlich nennen – sie hebt und wirft Menschen. Mit zwölf geworfenen Männern in zwei Minuten hat sie den Rekord inne. Ach ja, Bratpfannen zusammenrollen kann die Dame auch.

X-Games: Die Brasilianerin Pamela Rosa fand neben der Schule noch genug Zeit zum Skateboarden. Mit 16 Jahren holte sie 2016 in Oslo Gold bei den X-Games – und war damit die jüngste Gewinnerin aller Zeiten in der Kategorie Skateboard Street.

Youtube: Sie spielt am liebsten Minecraft und nennt sich selbst Computerfreak – die US-Amerikanerin Tiffany Herrera hat die meisten Youtube-Abonnenten im Bereich Videogames, mehr als 6,3 Millionen.

Zlata: Die Deutsche Julia Günthel ist besser bekannt unter dem Namen Schlangenfrau Zlata. Ihre Verbiegungskünste kann sie vielfältig einsetzen: zum Beispiel, indem sie im Ellbogenstand mit den Füßen Bierflaschen öffnet. Acht Stück schafft Zlata auf diese Weise pro Minute.

Schwestern

Kampfbegriff und Kosewort:
Wie steht es um die Schwesterlichkeit im Hier und Jetzt?

Ich hol' gleich meine ...!

Von wirklichen und unwirklichen Schwestern

Von Ella Carina Werner

Schwestern zu sein, im biologischen Sinne, ist erstmal recht profan. Die jüngere erbt die verblichenen Sommerkleider und das trübe Badewannenwasser der älteren. So war es bei mir, so war es bei Schneeweißchen und Rosenrot, Hanni und Nanni, Victoria und Madeleine von Schweden sowie allen zwölf Schwestern aus dem Märchen „Die zertanzten Schuhe". Deren jüngste Schwester möchte ich lieber nicht sein.

In Sagen und Märchen, vor allem den Grimm-Märchen, gibt es sehr viele Schwestern (immer „eine schöner als die andere"). Mehr als Brüder. Vermutlich hatten das die Grimm-Brüder als netten Ausgleich zur wirklichen Welt gedacht, in der es vor Bonaparte-, Kaczynski- und Aldi-Brüdern nur so wimmelt.

Zahlreicher als real existierende berühmte Schwesternpaare sind die Schwestern berühmter Männer, die jedoch meist im Schatten ihrer Brüder verblieben und dort regelrecht verkümmerten, wie Goethes Schwester Cornelia. Mehr aus dem Schatten ihres älteren Bruders Kim Jong Un heraus trat da schon Kim Yo Jong, die mit ihrem Besuch bei den Olympischen Winterspielen in Südkorea jüngst für Aufsehen sorgte.

Schwestern sind nicht Brüder, und Schwestern- und Bruderbegriff nicht einfach austauschbar. Auch sprachlich. Warum sagt man Schwesternstadt, aber Bruderstaat? Heißt es doch mal Schwesternstaat, sind meist kleine, unbedeutende Stäätchen gemeint wie der Bundesstaat South Carolina.

Es gilt: Schwestern sind zart und schutzbedürftig. Unter Brüdern werden hingegen Konflikte offen ausgetragen, Brudermorde und Bruderkriege sind legendär. Schwesterkriege versanden hingegen meist im „Bikini-Battle“ (die Kardashians), waren selten so monumental, so archaisch wie der zwischen Abel und Kain. Noch häufiger aber verweist der Bruderbegriff auf das Gegenteil von Zwist: auf Freundschaft. Es gibt Brüderschaft trinken, Blutsbrüderschaft oder „Bromances“ wie die zwischen Macron und Trump. Auf die „Sislationship“ zwischen Merkel und May müssen wir noch warten.

Generell gilt: Der Bruderbegriff wird bedeutsamer, staatstragender gebraucht als sein weibliches Pendant. Der Schwesternkuss ist der flüchtige Auftakt eines Kaffeepläuschchens, der Bruderkuss aufgeblasen zum diplomatischen Ritual zwischen Staatsmännern. Das hat auch sein Gutes. Was heroisch, bedeutungsvoll ist, hat auch mehr Fallhöhe, wird umso eher scheitern. Von Bruderküssen zwischen Volksvertretern kommunistischer Bruderparteien ist nicht mehr viel die Rede, während eher pragmatische Schwesternparteien wie CSU und CDU seit Jahrzehnten stoisch zusammen in derselben Badewannenbrühe hocken.

Der Bruderbegriff ist dermaßen heroisch, dass er auch als Drohung herhält: „Schnauze, sonst hol ich meine Brüder!“, erschallt es noch immer. Dass irgendwer seine Schwester als Geheimwaffe zu holen gedenke – schwer vorstellbar. Haben Rosenrot oder Madeleine von Schweden das je über den Schulhof gerufen? Meine eigene Schwester jedenfalls nicht. Vermutlich hat das noch nie jemand gebrüllt, außer, das kann ich mir ziemlich gut vorstellen, der kleine Kim Jong Un. Hoffentlich hat er seiner Schwester dafür als Dank auch mal das frische Badewannenwasser überlassen.

Schlecht vernetzt

Wenn Frauen überhaupt Seilschaften bilden, sind sie wenig zielstrebig – und wenig loyal

Von Sabine Hamacher

Als Merle Röther* vor drei Jahren dringend einen neuen Job brauchte, fiel ihr diese nette Frau ein. Andrea, so hieß sie, war die Freundin einer Kollegin, mit der Röther abends manchmal ein Bier trank. Einmal war auch Andrea dabei gewesen. Sie arbeitete bei einer Agentur, die, wie sie erzählte, ständig neue Mitarbeiter suchte. Merle Röther rief Andrea an, die vermittelte ihr ein Vorstellungsgespräch. Es lief gut; jetzt sind die beiden Kolleginnen.

Merle Röthers schneller Weg zum neuen Job zeigt beispielhaft, wie viele Frauen ihre Karriere angehen: Sie lassen Zufall und Sympathie entscheiden. Ein vorausschauend geknüpftes Netz aus belastbaren Beziehungen, an dem es sich höher und höher klettern und Halt finden lässt, ist nicht die Regel.

Eine Blitzumfrage unter Freundinnen bestätigt diesen Schluss. Die eine nennt sich selbst „eine grottige Netzwerkerin". Natürlich verabrede sie sich hin und wieder mit mehr oder weniger wichtigen Kollegen zum Mittagessen, „aber die sortiere ich eher nach dem Sympathie-Aspekt als nach dem Nutzen-Kriterium", sagt sie. Eine andere findet gar, netzwerkende Frauen handelten im Vergleich zu Männern „unkoordinierter, im schlimmsten Fall auch illoyaler – oder auf Weisung von einem männlichen Alphatier".

Hart ins Gericht mit ihren Geschlechtsgenossinnen geht auch Coachin Monika Scheddin. Oft fehlten die Ziele, urteilt die Autorin des

Buches „Erfolgsstrategie Networking". „Viele Frauen lassen gern andere Menschen oder die Umstände für sich bestimmen." Scheddin hat die Erfahrung gemacht, dass „Frauen erst netzwerken, wenn die Schmerzgrenze erreicht ist. Wenn der Job weg ist oder sie keine Kunden mehr haben". Und das sei natürlich nicht der Moment, in dem sie „brillieren" könnten. Dabei hält Scheddin Frauen für die besseren Netzwerker – weil sie ein großes Interesse an Menschen hätten und reflektierter seien.

Klischees? Stereotype? Mit Sicherheit. Aber offenbar auch Teil der Wahrheit. Sagt zumindest Petra Polk, auch sie eine Frau aus der Praxis. „Netzwerken darf zwar keine Erwartungshaltung haben, aber es sollte zielgerichtet und strategisch sein, und da haben Frauen noch großen Nachholbedarf", findet Polk, die als Beraterin, Rednerin und Autorin („Like") arbeitet. Frauen trauten sich nicht, zu fordern, auszusprechen: ich möchte in diese und diese Position. „Sie nehmen sich gern zurück, machen sich klein." Beziehungen knüpften Frauen zu oft noch in eingeschränkten Kreisen, ihrer Region, ihrer Branche. Sie sollten offener sein, wünscht sich Polk – und von Männern lernen. „Männer fördern Männer, aber Frauen fördern Frauen sehr selten, ziehen sehr selten andere Frauen mit hoch", hat sie beobachtet. Aus Neid, glaubt Polk, und wegen der Angst, benachteiligt zu werden. Männer seien in dieser Hinsicht loyaler.

Warum Männer eher als „Seilschaften" kooperieren, erklärt die Wissenschaftlerin Beate Kortendiek. „Männer beziehen sich auf Männer, weil sie sich ähnlich sind – Geschlecht ist hier das zentrale Kriterium", sagt die Mitherausgeberin der Studie „Netzwerke – im Schnittfeld von Organisation, Wissen und Geschlecht". Ähnliche Prozesse gebe es zwar auch bei Frauen. „Der wesentliche Unterschied besteht aber darin, dass Frauen bisher in Politik, Wirtschaft und Wissenschaft marginalisiert sind und weniger Macht und Einfluss haben." Unstrittig ist in der Forschung, dass Frauenbünden meist eine relevante Anzahl an Alpha-Mitgliedern fehlt – Frauen in Machtpositionen also, die andere mit nach oben ziehen oder messbare Vorteile für die übrigen Frauen im Netzwerk erreichen können.

Dieses Problem haben Männer nicht. „Männerclubs sind zwar rhetorisch manchmal offen gegenüber Frauen, aber in der Praxis tun sie natürlich eher etwas für ihr eigenes Geschlecht", bestätigt Anne

Schlüter, Professorin für Weiterbildung und Frauenbildung an der Universität Duisburg/Essen. Frauen müssten begreifen, was Konkurrenz bedeutet, sagt die langjährige Sprecherin des Netzwerks Frauen- und Geschlechterforschung Nordrhein-Westfalen, Netzwerke seien ja eine Reaktion darauf, dass es Konkurrenz gebe. „Man sagt, wenn wir uns zusammenschließen, sind wir auch konkurrenzfähig genug gegenüber anderen."

Weil das nicht neu ist, haben Frauennetzwerke eine lange Geschichte. Schon früh schlossen sich etwa Lehrerinnen oder Anwältinnen zusammen. Der „Verband der studierenden Frauen Deutschlands", 1906 in Weimar gegründet, gilt als Vorläufer des Deutschen Akademikerinnenbundes. Heute gibt es unzählige Gruppen – vom Deutschen Landfrauenverband bis zum Juristinnenbund. Diese Bündnisse waren und sind immer auch Schutzraum, der die Unterschiede zwischen den Geschlechtern abfängt. So hat etwa Beraterin Scheddin, seit gut 25 Jahren im Geschäft, festgestellt: „Frauen neigen eher zum Tiefstapeln, lassen sich gern an Kompetenzen festmachen, Männer lassen sich eher zur Übertreibung hinreißen." Aus ihren Coachings berichtet sie, Frauen wollten als sympathisch, zuverlässig und kompetent in Erinnerung bleiben. „Die Männer dagegen benutzen nur ein Wort: ‚erfolgreich'." Und „erfolgreich" in Erinnerung zu bleiben, ist um Klassen wirksamer als „kompetent", davon ist Scheddin überzeugt.

Bleibt die Frage, wohin die Entwicklung geht. Für Gender-Forscherin Kortendiek braucht es nach Jahren, in denen Coaching- und Mentoring-Programme im Vordergrund standen, einen grundsätzlichen Richtungswechsel. Wichtiger als die individuelle Karriereförderung sei, „dass die Strukturen, die noch immer ungleiche Karrierechancen schaffen, in den Blick genommen und verändert werden".

Beraterin Scheddin wünscht sich mehr Frauen in Führungspositionen, „mehr tolle Vorbilder: Frauen, die etwas bewirken können, die Macht haben, aber trotzdem noch ein Leben führen".

Solche wie Andrea Nahles vielleicht? Frauen „fehlt oft das Lobekartell, das sie nach vorn schiebt", hat die SPD-Chefin kürzlich im FR-Interview gesagt und hinzugefügt: „Die Jungs bekommen das offenbar schon in die Wiege gelegt". Offenbar auch noch im Jahr 2019.

**Name von der Redaktion geändert*

„Wir sind stutenbissig, wenn wir nur unter Frauen sind"

Accenture-Managerin Miriam Klein über den Umgang mit Chefinnen

Was verbinden Sie mit dem Begriff Schwester?
Schwester nenne ich eine Frau, die sich um mich kümmert, der ich wichtig bin, an der ich mich aber auch reiben und ausprobieren kann. In dem Sinne, dass Fehler erlaubt und zugelassen werden und ich offenes Feedback bekomme – egal, ob es angenehm ist oder nicht.

Schöne Beschreibung. Das klingt nach persönlicher Erfahrung.
Ich habe tatsächlich zwei ältere Schwestern, einen großen Bruder habe ich mir nie gewünscht. Vielleicht, weil unsere Eltern uns so erzogen haben, dass wir als Mädchen genau so wertvoll sind wie Jungs und unsere eigenen Stärken haben. Bei uns zu Hause gab es auch nicht die klassische Rollenaufteilung. Meine Mutter war berufstätig und sagte immer: Kinder, macht Euch nie von einem Mann abhängig.

Zu Beginn der 2. Frauenbewegung hieß es: Wir sind alle Schwestern im Widerstand gegen das Patriarchat. Können Sie mit diesem Kampfbegriff etwas anfangen?
Nein, gar nicht. Ich glaube, wir sollten auf das Old-Boys-Network nicht mit Schwesternschaft antworten. Ich muss wissen wie die Männerwelt tickt, welche Klaviatur sie anschlägt, aber dann meine eigene Klaviatur der Fraulichkeit ausspielen. Von diesem kämpferischen

Schwesterntum halte ich persönlich nichts. Und auf den Beruf übertragen, ist es auch ein falsches Zeichen.

Aber ist weibliche Solidarität nicht gerade in unserer männlich geprägten Arbeitswelt notwendig?
Natürlich ist es gut, dass es weibliche Netzwerke gibt, es ist gut, dass Frauen sich gegenseitig unterstützen und coachen. Aber das darf man bitte nicht nur auf ein Geschlecht beziehen. Man kann sich manches Gute auch bei einem Mann abgucken.

Braucht es dennoch die Unterstützung von Frauen durch Frauen im Berufsleben?
Absolut. Es braucht Förderprogramme. Aber es muss messbar sein.

Was für Erfahrungen machen weibliche Führungskräfte in den Unternehmen, die Sie beraten?
Ich bin überzeugt, dass sich viel im Unterbewusstsein abspielt, wenn es um das Verhältnis von Frauen zu ihren Chefinnen geht. Da gibt es die eine Frau, die den Chefposten hat – lässt die andere Frauen neben sich überhaupt zu?

Warum sollte sie nicht?
Ich glaube, wir Frauen sind stutenbissig, wenn wir nur unter Frauen sind. Und dann denkt man schnell: Warum soll die Chefin sein und ich nicht?

Stutenbissigkeit? Ist das nicht ein typisch männliches Ressentiment?
Auch Frauen messen sich ja untereinander. Doch der Wettstreit läuft unter Frauen nicht offen und transparent ab. Ich zum Beispiel will ja nicht einen Job haben, weil ich eine Frau bin, ich will einen Job und eine Position, weil ich die Richtige bin. Damit ich die Möglichkeit habe, Frau zu sein und meine Stärken ausspielen zu können. Das will ich offen zeigen, gegenüber Frauen und Männern.

Wenn es denn Stutenbissigkeit gibt, hängt sie damit zusammen, dass auch Frauen Macht immer mit Männlichkeit verbinden? Und viel kritischer reagieren, wenn eine von ihnen Macht bekommt?
Dieses Klischee müssen wir durchbrechen.

Richtig, aber das ist ja nicht meine Frage ...
Unterbewusst gibt es diese Vorurteile. Es hat mit Konkurrenz zu tun. Frauen checken andere Frauen stärker ab als Männer. Wie tritt die andere auf? Wie ist die jetzt gekleidet? Wenn es nach diesem Konkurrenz-Muster läuft, entsteht wahrscheinlich ein Problem mit einer Frau als Chefin.

Bei einer Befragung von Frauen im mittleren Management war der größte Teil von ihnen für eine Quote an der Unternehmensspitze. Aber nur sehr wenige dieser Frauen wünschten sich eine Chefin ...
Ich glaube, weil Frauen immer die Beste sein wollen: die beste Tochter, die beste Ehefrau und Mutter, die auch beruflich erfolgreich sein will. Und weil es noch immer wenige Frauen nach oben schaffen, sehen sie in der anderen Frau vielleicht das größere Hindernis für den eigenen Aufstieg.

Schauen wir uns die andere Seite an – Frauen als Chefinnen. Gibt es da so etwas wie den Schwestergedanken? Fördern weibliche Führungskräfte andere Frauen?
Sehr unterschiedlich. Da gibt es die eine Gruppe, die Frauen aus verschiedenen Gründen ganz bewusst fördert. Vielleicht, weil diese Chefinnen so geprägt sind wie ich und denken, das ist richtig und wichtig und wir haben da noch ein gutes Stück zu gehen. Die zweite Gruppe sagt: Im Prinzip ist es mir völlig egal und eigentlich mag ich es nicht, aber in meiner Zielvereinbarung steht, dass ich Frauen fördern soll, also mache ich das. Und die dritte Gruppe ist diejenige, die, bewusst oder unbewusst, Frauen nicht fördert, weil sie Angst hat vor Konkurrenz.

Machen Sie doch mal den Versuch, die Gruppen zu quantifizieren ...
Mir blutet das Herz, aber ich muss zugeben, dass nach meiner Erfahrung nur ein kleiner Teil zur ersten Gruppe gehört – zu der, die Frauen aus voller Überzeugung unterstützt.

Keine guten Zukunftsaussichten ...
Ich schätze, die Hälfte der Frauen fördert andere Frauen tatsächlich nicht. Ein Viertel macht es wegen ihrer Zielvereinbarung und das letzte Viertel aus Überzeugung.

Welchen Rat geben Sie Chefinnen und ihren Mitarbeiterinnen?
Es ist so wichtig, sich als Mitarbeiterin und auch als Chefin immer wieder klarzumachen: Da gibt es einen Film voller Klischees und der läuft unterbewusst ab. Macht Euch das klar!

Interview: Bascha Mika

Zur Person: Miriam Klein ist Managing Director ASGR und Mitglied der Geschäftsführung von Accenture in Deutschland. Sie leitet den Bereich Human Resources in Deutschland, Österreich, Schweiz und Russland und ist mit ihrem Team für die mehr als 10.000 Mitarbeiter von Accenture ASGR verantwortlich. Accenture hat eine 50-Prozent-Frauenquote als Steuerungsgröße für die Unternehmensleitung. Um diese zu erreichen, gibt es ein Drei-Säulen-Programm mit vielen Trainings und speziellen Förderinitiativen.

Abla, Soeur, Sister – was die Wörter sonst noch sagen

★ABLA (TÜRKISCH) — *Von Boris Halva*

Das türkische Wort Abla ist die Anrede für die ältere Schwester – und zugleich die wörtliche Übersetzung. Darüber hinaus ist Abla die respektvolle Bezeichnung für eine ältere Frau. Wobei das Wörtchen „älter" hier durchaus immer mit dem Alter jener Person korrespondiert, die sich an die Abla wendet: So darf ein Mittzwanziger eine von ihm geschätzte Frau in den Vierzigern Abla nennen – ohne die Sorge haben zu müssen, die Dame zu düpieren.

LA SOEUR (FRANZÖSISCH) — *Von Axel Veiel*

Was den Deutschen der Bruder im Geiste, das ist den Franzosen die âme soeur: die Schwester in der Seele. Der Schluss, dass sie mit soeur jenseits des geschwisterlichen Verwandtschaftsgrades oder der Zugehörigkeit zu einem kirchlichen Orden vor allem Tiefgründiges im Sinn hätten, ist allerdings voreilig. Häufiger noch als die Schwester in der Seele begegnet einem links des Rheins nämlich das spöttische „Et ta soeur?" Wobei die Frage „Und deine Schwester?" nicht etwa von aufrichtigem Interesse am Wohlergehen derselben zeugt. Die Entgegnung „Et ta soeur?" signalisiert dem Gesprächspartner vielmehr, dass er Blödsinn verzapft hat und man vielleicht besser das

Thema wechseln sollte. Deutsche lassen in diesem Fall die Familie außen vor – und fragen: „Aber sonst geht‘s gut?“

PI UND NONG (THAI) — *Von Willi Germund*

In Thailand sind Schwestern auch Brüder – beziehungsweise umgekehrt. Denn es gibt kein jeweils eigenes, nach Geschlecht getrenntes Wort in Thai. Viel wichtiger als das Geschlecht ist der Respekt vor dem Alter. Pi nennen Thailänder die ältere Schwester oder den älteren Bruder. Diese Bezeichnung wird zudem bei entfernten Verwandten benutzt, sofern sie älter sind. Im Alltag hört man Pi in der Hauptstadt Bangkok freilich am häufigsten im Verkehrsmittel Skytrain oder in der U-Bahn. Wenn Thais ältere Freundinnen adressieren, sagen sie auch am Mobiltelefon Pi. Umgekehrt sprechen Frauen auch den engen älteren Freund respektvoll als Pi an. Für jüngere Geschwister gibt es mit Nong übrigens auch nur ein einziges Wort – ganz gleich ob Bruder oder Schwester. Doch niemand nutzt das Wort außerhalb der Familie. Denn in einer Gesellschaft, in der Respekt gegenüber Älteren hochgehalten wird, beinhaltet Nong gewollt oder ungewollt auch eine gewisse Herabsetzung. Sie auszudrücken, wäre ein gewagter Akt in einem Land, in dem die Leute darauf achten, dass sie „ihr Gesicht nicht verlieren“.

SISTER (AFRICAN ENGLISH) — *Von Johannes Dieterich*

Kaum ein Wort hat im englischsprachigen Afrika eine reichhaltigere Bedeutung als sister. Weit über die herkömmliche europäische Bedeutung hinaus werden unter Afrikanern praktisch alle weiblichen Verwandten derselben Generation als Schwestern bezeichnet, auch wenn es sich um Cousinen ersten oder zweiten Grades handelt. Die Abkürzung sis wird zudem als Vorsilbe des Respekts benutzt: gegenüber allen Frauen, die wie „sis Mpho“ älter als man selber sind. Fortschrittlich gesinnte südafrikanische Weiße, die ihre Sympathie mit der historisch gebeutelten Mehrheit der Bevölkerung ausdrücken wollen, nennen jede dunkelhäutige weibliche Person sister. Vorsicht ist aber mit der Verniedlichungsform sissie geboten: Unter Südafrikanern ist damit auch ein Feigling oder ein Sensibelchen gemeint.

XIAO JIE (CHINESISCH) — *Von Finn Mayer-Kuckuk*

In ganz Ostasien lassen sich Bezeichnungen für Familienmitglieder auch außerhalb der Familie verwenden. Die Wörter für die verschiedenen Geschwister sind hier besonders strapaziert. Vor allem Kinder können in Japan und China jedes Mädchen „ältere Schwester" nennen. Voraussetzung: Die Person ist älter als man selbst und gefühlt jünger als eine „Tante". Eine etwas komplizierte Wendung hat dieser Begriff in China genommen.

Früher einmal war es üblich, eine Kellnerin und andere Dienstleisterinnen Xiao Jie zu rufen – kleine ältere Schwester. In Taiwan kommt ein Restaurantgast damit immer noch durch, doch in der wesentlichen größeren Volksrepublik China hat sich der Wortgebrauch völlig verändert. Eine Kellnerin ist jetzt eine „Servicekraft", alles andere gilt als unhöflich. Und Xiao Jie oder Xiao Jie Jie kann zwar weiterhin ein nettes Wort für jedes Mädchen im passenden Altersbereich sein – doch je nach Kontext auch für eine Prostituierte. Bei der praktischen Verwendung ist also heute Vorsicht geboten.

Der lange Weg zum Blond

Aus der Lehmhütte in den Nobelsalon: Die Zwillinge Ayse Auth und Hatice Nizam sind heute Star-Friseurinnen. Doch die Deutsch-Türkinnen hatten keinen leichten Start

Von Kathrin Rosendorff

Wenn Zwillingsschwestern zusammen arbeiten, ist das eine sehr besondere Situation. „Es ist eine Dauerkonkurrenz und trotzdem etwas fürs Leben", sagt Ayse Auth. Sie muss es wissen. Die 51-Jährige sitzt mit ihrer sechs Minuten älteren Schwester Hatice Nizam auf der Couch im gemeinsamen Friseursalon „Haarwerk" im noblen Frankfurter Westend. Elektrobeats und Föhngeräusche mischen sich im Salon, die Kundinnen haben fast alle Folie im Haar. Denn die beiden Deutsch-Türkinnen hellen sich nicht nur selbst seit Jahren ihre dunklen Haare auf, sondern sind auch Expertinnen für Blond. Im Frühjahr feierten sie mit Promi-Kundinnen wie der früheren „Bunte"-Chefredakteurin Patricia Riekel oder Ex-Schwimmstar Franziska van Almsick im edlen Frankfurter Hotel Villa Kennedy ihr 25-jähriges Firmenjubiläum. Sie betreiben einen zweiten Salon in der Frankfurter Innenstadt, einen in München und seit kurzem einen in Berlin. „Wir sind mit unserem Beruf verheiratet", sagt Nizam.

Die schönen Schwestern lieben die Kamera, sie posieren für Fotografen, als ob sie schon als Kleinkinder über den roten Teppich gelaufen wären. Doch das Gegenteil ist der Fall. 1967 werden die Zwillinge in Darmstadt als fünftes und sechstes Kind einer türkischen Gastarbeiterfamilie geboren. Als die beiden gerade mal sechs Monate alt sind, erreicht ein Befehl der autoritären Großmutter die Familie: Ihr Sohn soll eines der Zwillingsmädchen zu ihr ins türkische Dorf, zwei Autostunden von Istanbul entfernt, schicken. Die Kleine solle ihr Gesellschaft leisten. Ayses und Hatices Vater fügt sich, aber nur unter der Bedingung, die Zwillinge nicht zu trennen. Und so werden beide Babys zur Großmutter gebracht. Die Mutter hat kein Mitspracherecht. Aus Sicht Ayse Auths ein prägender Moment. „Bis heute habe ich diesen Drang: Keiner bestimmt mehr über mich", sagt sie. „Ich bestimme."

Statt in Deutschland bei ihrer Familie wachsen die beiden Mädchen in der Türkei in einer Lehmhütte auf – „das Erdhaus" nennt es Auth. Die Großmutter ist Analphabetin und gleichzeitig für ihre spirituellen Fähigkeiten im Dorf sehr anerkannt. Tische gibt es nicht, sie essen auf dem Boden. „Wir haben alle aus einem Teller gegessen", erzählt Auth fast 50 Jahre danach in Frankfurt. Sie habe sehr unter der Trennung von den Eltern gelitten. „Das war ganz schlimm. Vor allem habe ich meinen Vater sehr vermisst. Hati stand unserer Großmutter näher als ich. Sie war ihr Augenstern." Ihre Schwester widerspricht: „Ich habe das nicht so empfunden. Ich habe einen Weg gesucht: ‚Wie kann ich mich mit dieser Situation arrangieren?' Ayse war immer der Rebell." Und die Jüngere ergänzt: „Ich fühlte mich von meinen Eltern abserviert. Ich habe meine Großmutter nicht akzeptiert, weil sie nicht meine Mutter war."

Einmal im Jahr in den Sommerferien kamen die Eltern, die vier älteren und die zwei jüngeren Geschwister zu Besuch. „Das war hart, wenn sie wieder gingen", sagt Hatice Nizam leise. Ihre Schwester fügt hinzu: „Jedes Jahr hofften wir, sie würden uns mit nach Deutschland nehmen. Aber wir waren da nicht allein, viele Gastarbeiterkinder hatten dieses Schicksal." Als Ayse Auth 16 Jahre alt ist, begehrt sie so lange auf, bis ihre Eltern sie nach Deutschland zurückholen. Erst ein Jahr später folgt ihre Schwester – sie möchte die Großmutter zunächst nicht allein zurücklassen. „Wir kamen beide nach Deutschland, ohne ein Wort Deutsch zu können", erinnert sich Auth. Ihre Schwester erzählt, wie sie versuchte, schnell die Sprache zu lernen, mit Hilfe von „Tom&Jerry"-Comics. „Wenn du in ein fremdes Land kommst und die Sprache nicht kannst, wirst du immer als Mensch zweiter Klasse gesehen. Außerdem wollten wir uns so schnell wie möglich mitteilen." Auth dagegen ging heimlich nachts aus – und lernte so die Sprache. Nizam erzählt: „Mich hat das Ausgehen nicht so gereizt. Aber ich habe mich auch sehr angepasst. Heute lasse ich mir nichts mehr sagen."

Ayse Auth hat große Zukunftspläne, sie will Journalistin werden. „Aber unsere Eltern haben gesagt: ‚Ihr könnt nicht studieren, ihr seid Mädchen.'" Am ersten Abend in der Lehre sei sie nach Hause gekommen und habe gesagt: „Niemals werde ich Friseurin: Meine Füße tun weh, ich will alten Frauen nicht die Haare waschen." Da gab es eine Ohrfeige. „Und ich dachte: Wenn ich schon diesen Beruf lernen muss, will ich die Beste sein."

Schwester Nizam beginnt eine Schneiderlehre, weil sie bis heute gerne Kleider näht: „Aber Ayse hat mich aufhören lassen. Sie wollte unbedingt, dass ich wie sie eine Friseurlehre mache." Doch es dauert, bis der berufliche Erfolg kommt. Ihr Privatleben verläuft schwierig: Auth, die schon heimlich Männer trifft, wird fast in der Türkei zwangsverheiratet. Sie rettet sich, indem sie einen Freund heiratet. Sie lebt mit ihm in Hannover, bekommt selbst Zwillinge. Einer der beiden Söhne stirbt als Baby, sie übersteht eine Krebserkrankung. Die Ehe hält nicht. Auch ihre Zwillingsschwester muss einen Mann heiraten, von dem sie sich nach drei Jahren wieder scheiden lässt. Ein Kapitel, über das Nizam am liebsten gar nicht mehr spricht.

Trotz der persönlichen Rückschläge entschließen sich die Schwestern – da sind sie Mitte 20 – beruflich durchzustarten. Sie machen ihren eigenen Salon in Frankfurt auf. Nizams damaliger Freund, ein Pilot, bürgt für den Kredit. „Klar hatten wir Angst, schaffen wir das?", erinnert sich Nizam heute. Doch sie beißen sich durch, nehmen 1997 am Wettbewerb um den in der Branche begehrten Friseur-Preis „L'Oréal Colour Trophy" teil. Und wieder ist Auth diejenige, die ihre Schwester mitreißt. „Ich habe gesagt: ‚Ab morgen sind wir keine einfachen Leute mehr, ab morgen sind wir bekannt.'" Sie gewinnen den Pokal. Von da an geht es aufwärts: neue Läden, prominente Kunden, Medienpräsenz. Nizam erklärt sich den Erfolg heute so: „Wir sind authentisch, lieben, was wir tun, sind unterhaltsam und wir haben immer sehr viel gearbeitet." Sie besuchen Kurse weltweit und entwickeln eigene Blond-Rezepturen.

Ihr türkischer Hintergrund spielt auch hier eine Rolle. „Ich wollte immer blond sein", erzählt Nizam. Ihre Schwester widerspricht: „Wir wollten beide immer blond sein. Blond sein, das ist: Sonne, europäisch, strahlend." Als sie in der Türkei aufwuchsen, hätten Blondinen als edel gegolten: „Wer sich blondieren lassen konnte, hatte Geld", sagt Nizam.

Der Erfolg hat aus Sicht der Schwestern auch Kehrseiten. „Für viele machen wir zu viel", sagt Nizam. „Wenn wir jetzt Männer wären, würden uns alle auf die Schulter klopfen und sagen: ‚Ach wie toll'." Auth ergänzt: „Durch unseren Beruf bekommen wir die Anerkennung, die wir von unseren Eltern damals nicht bekommen haben." Am Ende seien die beiden aber doch stolz gewesen. Der Vater starb vor einigen Jahren, die Mutter ist auf der Feier in der Villa Kennedy dabei.

„Wir haben beide unsere Kinder alleine großgezogen", erzählt Nizam mit Blick auf die nächste Familiengeneration. „Ich habe ihren Sohn Cenk ausgebildet und sie soll später meinen Sohn ausbilden." Auth hat große Pläne für den 30-Jährigen, der bereits in der Berliner Filiale arbeitet. Sie träume davon, dass er „nach London oder New York expandiert". Ihre Schwester lächelt dazu. „Ayse ist diejenige, die Networking macht, die redet, nach vorne geht. Ich mache eher die Sachen im Background." Auth formuliert es so: „Sie ist die Innenministerin, ich die Außenministerin. Es ist gut, dass wir so unterschiedlich sind, sonst wären wir beide nicht da, wo wir jetzt sind. Auch wenn ich sie natürlich manchmal etwas in den Wahnsinn treibe." Und dann lachen sie beide.

Huhu Mädels!

Oder heißt das heute „Hey, ihr Bitches“?

Von Boris Halva

Ihr Lieben, wie nennen sich eigentlich Mädchen und junge Frauen heutzutage untereinander?“

Meine Töchter blicken mich fragend an. So haben sie mich das letzte Mal angesehen, als ich wissen wollte, was sie denn vom frisch gekürten Jugendwort des Jahres halten. Die ältere Tochter (19) sagte damals, sie habe dieses Wort noch nie gehört. Und die Jüngere, 16, entgegnete: „Wer benutzt denn so ein bescheuertes Wort?“

Und nun stehe ich also wieder im Türrahmen, in der Hoffnung, etwas aus der Welt der jungen Menschen (zu denen ich mich eigentlich auch noch zähle, aber das ist ein anderes Thema) zu erfahren und im besten Falle mit Gewinn für die Leserinnen und Leser weiterzuerzählen.

Hm, nach kurzem Nachdenken bekomme ich von der älteren ein paar Häppchen: Also, Mädels geht immer. Ihr Süßen auch. Ladies kommt eher in aufgekratzten Runden zum Einsatz. Chicas, Chicks, Girls? Ja, sagen manche. Mir, dem Vater, gefällt ja Peepz gut, eine Kurzform von people, geht auch in gemischten Runden. Tussi ist nicht wirklich von Sympathie getragen, Pussy schon gar nicht, Sissie dagegen eine locker-liebevolle Anrede. Alte angeblich auch. Kommt eher bei jüngeren Mädels zum Einsatz, die es gerne rauer mögen und sich auch Sätze wie „Hey, Du Bitch, komm ma her“ zurufen. Dort, wo sich Mädchen mit einem Lächeln Schlampe rufen, kursiert angeblich auch das irgendwie unfertig wirkende Meine.

Apropos meine: Als ich die jüngere Tochter nach ein paar Tagen per SMS frage, ob sie noch dran denkt, mir ein paar Mädels-Anreden zu schicken, kommt eine Stunde später die Antwort: „Was meinst Du damit?“ Sie und ihre Freundinnen nennen sich einfach beim Namen. Geht ja auch.

Schwestern, wo seid ihr?

Hunderttausende demonstrierten bei den „Women's Marches" in den USA gegen Präsident Trump und für einen modernen Feminismus. Doch vor allem schwarze Frauen fühlen sich nicht wirklich vertreten

Von Sebastian Moll

S.T. Holloway war Feuer und Flamme, als im Januar 2017 Millionen von Frauen auf die Straße gingen, um gegen die Wahl eines Mannes zum US-Präsidenten zu demonstrieren, der sich schamlos frauenverachtend und rassistisch gerierte. Als aber 2018 die Aufrufe durchs Internet rauschten, zum ersten Jahrestag der Trump-Präsidentschaft erneut nach Washington zu marschieren, verspürte Holloway eine gewisse Lustlosigkeit.

Zur Apathie der schwarzen Rechtsanwältin, die in Los Angeles ein Netzwerk für afro-amerikanische Mütter organisiert, hatten gleich mehrere Erfahrungen im Jahr eins der Trump-Ära geführt. Allen voran, der erste Marsch selbst. Damals hatte Holloway ein Schild getragen, auf dem sie sich als „Nasty Woman" outete. Darunter stand der Zusatz „and member of the African Americans" – ein Zitat der abschätzigen Bezeichnung Trumps für die schwarze Minderheit des Landes. Für ihre „Nasty Woman"-Bemerkung bekam Holloway allerlei Komplimente – zum „African American"-Zusatz sagte niemand ein Wort. Da fiel Holloway ein, wie sie in Los Angeles mit einer „Black Lives Matter"-Gruppe gegen den Tod von Ezell Ford durch Polizeigewalt demonstriert hatte. Damals war keine einzige weiße Frau mit auf die Straße gegangen, um ihre Empörung über den Tod schwarzer Söhne, Brüder und Männer auszudrücken. Zusammengenommen erzeugten die beiden Erlebnisse bei Holloway eine gewisse Skepsis gegenüber der vermeintlich neuen Solidarität aller amerikanischer Frauen. „Millionen gehen auf die Straße, wenn die Krankenversicherung für weiße Frauen gefährdet ist. Aber über die Tatsache, dass sich die Müttersterblichkeit schwarzer Frauen auf demselben Level bewegt wie in Usbekistan, regt sich niemand auf."

Die Initiatorinnen der „Women's Marches" in den USA hatten sich alle Mühe gegeben, intersektional aufzutreten. Die anfängliche Kritik, die Organisation bestehe nur aus weißen Frauen, wurde gehört – und ein Dream-Team aus Frauen verschiedenster ethnischer Hintergründe geformt. Und doch ging es vielen Frauen wie Holloway – sie mochten der großen Koalition einfach nicht trauen. „Für mich ist das Gefühl der Verbundenheit und Solidarität und eines gemeinsamen Kampfes einfach nicht da", sagt die Feministin und Kulturkritikerin Jamilah Lemieux.

Die Skepsis der schwarzen Frauen ist verständlich, werden sie mit ihrer speziellen Unterdrückungserfahrung doch schon immer sowohl von der feministischen Bewegung als auch von der Bürgerrechtsbewegung ausgeklammert. Die Rede der in die Sklaverei geborenen Sojourner Truth aus dem Jahr 1851 mit dem Titel „Ain't I a Woman" steht nicht umsonst bis heute ganz oben auf der Leseliste für schwarze Feministinnen. „Mir hat noch nie jemand über eine Pfütze oder in eine Pferdekutsche geholfen", sagte Truth damals.

Der Text gewann während des sogenannten Feminismus der zweiten Welle in den 60er und 70er Jahren neue Brisanz, als die Kluft zwischen schwarzen und weißen Frauen klarer denn je zutage trat. Dass weiße Frauen aus der Mittelschicht nicht mehr nur Hausfrau und Mutter sein, sondern einen Beruf ausüben wollten, war für viele schwarze Frauen bedeutungslos. „Schwarze Frauen haben schon immer gearbeitet", sagt Sarah Jackson, Soziologin an der Northeastern University. „Sie hatten meist gar keine andere Wahl, als die Familie zu ernähren, während sie gleichzeitig den schlimmsten Formen sexueller und rassistischer Gewalt ausgesetzt waren." Und sie wurden zu dieser Zeit auch innerhalb der Bürgerrechtsbewegung marginalisiert. Die Anführer waren Männer, selbst in der radikalen Black Panther Partei hatten Frauen meist nur unterstützende Rollen. Das führte unter den Bürgerrechtlerinnen zu den ersten Forderungen nach einem intersektionalen Feminismus – Klassiker sind etwa „Women, Race and Class“ von Angela Davis sowie das Manifest des „Combahee River Collective“, das heute, 40 Jahre später, als Urtext der Intersektionalität gilt. „Wenn schwarze Frauen frei wären, dann wären wir alle frei“, heißt es da, „denn unsere Befreiung bedarf der Zerstörung aller anderen Systeme der Unterdrückung.“

Der Ruf nach Befreiung und Zerschlagung der Unterdrückungs-Systeme bleibt bis heute ungehört. Schwarze Frauen fühlen sich nicht nur im feministischen Widerstand gegen Trump unterrepräsentiert. Auch die „Black Lives Matter“-Bewegung dreht sich in erster Linie um die Gewalt gegen schwarze Männer und deren massenhafte Inhaftierung. Jeder kennt die Namen ermordeter schwarzer Männer wie Trayvon Martin oder Michael Brown. Über die 19 Jahre alte Renisha McBride, die erschossen wurde, als sie nach einer Autopanne in einem weißen Vorort an einer Haustüre klingelte, wird kaum gesprochen. Ebenso vergessen sind Rekia Boyd, Michelle Cusseaux, Tanisha Anderson, Shelly Frey, Yvette Smith und Eleanor Bumpurs – alle von Polizisten getötet.

Schwarze Frauen haben heute so viele Gründe zum Aufbegehren wie nie zuvor. Ihre Beschäftigungsrate ist höher als die schwarzer Männer, weil sie weniger als Bedrohung angesehen werden. Doch sie sind im Vergleich zu weißen Frauen drastisch unterbezahlt und in Führungspositionen unterrepräsentiert. Sie sind in schockierendem Ausmaß Opfer sexueller Gewalt – einige Studien behaupten, dass 60 Prozent schwarzer Frauen vor dem 18. Lebensjahr sexuelle Gewalt erfahren.

Dem Zynismus ergeben wollen sich schwarze Feministinnen trotz aller Skepsis nicht. Immerhin sind die Ziele der Women‘s Marches explizit intersektional: Da ist vom Kampf gegen Polizeigewalt die Rede und vom Abbau der Gender-Ungleichheit im Strafrechtssystem. Und noch besteht die Hoffnung, die Märsche könnten zu einem neuen, wirklich intersektionalen Feminismus führen. „Das werden wir in 20 Jahren wissen“, sagt Aviva Dove-Viebahn, Professorin für Gender Studies an der Arizona State University. Bis dahin bleibt sie: verhalten optimistisch.

Die unbarmherzigen Verwandten

Warum Schwesternrivalität im Kino so fasziniert

Von Daniel Kothenschulte

Man könnte eine Filmgeschichte über die Rivalitäten von Geschwistern schreiben. Sie sind ein unerschöpfliches Filmthema, wobei sich Schwestern- und Brüderfehden gleicher Beliebtheit erfreuen. Etwas seltener begegnet man gemischten Geschwisterpaaren auf der Leinwand, aber auch hier kommen einem rasch einige ausgesprochene Kultfilme in den Sinn, insbesondere im Teenie-Genre: „Eiskalte Engel" oder „Ferris macht blau". Hollywood steht im Ruf, seine dramatischsten Heldenrollen den Männern vorzubehalten – und doch erreichen Bruderfehden dort selten die psychologische Tiefe ihrer weiblichen Gegenstücke. Selbst der Zwist von Fredo und Michael Corleone in „Der Pate" oder die auf Shakespeare'sche Dimensionen überhöhte Eifersucht der Raubkatze Scar auf Bruder Mufasa, den „König der Löwen", erblassen gegen einen Schwestern-Klassiker wie „Was geschah wirklich mit Baby Jane?".

Bette Davis spielt in Robert Aldrichs Drama den ehemaligen Kinderstar Jane, der sich im Alter mit der behinderten Schwester Blanche, die von Joan Crawford verkörpert wird, eine Hollywoodvilla teilt. Jane, deren Karriere mit der Kindheit endete, beneidet ihre Schwester, die bis zu ihrem Unfall ein umworbener Hollywoodstar war, noch immer. Nun serviert sie ihr den geliebten Kanarienvogel und später eine Ratte zum Frühstück. Dass mehr als ein makabrer

Thriller daraus wurde, verdankt der Film seinen beiden Stars, die selbst eine Rechnung mit der Traumfabrik zu begleichen hatten: Ihr einstiger Arbeitgeber, Studioboss Jack Warner, hielt sie für „abgetakelte alte Schachteln". Das intensive Kammerspiel schaffte es in den Wettbewerb von Cannes und öffnete weiteren Altstars die Türen zu unverhofften Charakterrollen. Sogar ein deutsches TV-Remake gab es 2002 mit Hannelore Elsner und Iris Berben, leider vom wenig geschmackssicheren Oskar Roehler inszeniert als „Fahr zur Hölle, Schwester!".

Was die Schwesternrivalität für das Kino offensichtlich interessanter macht als die von Brüdern, ist ein spezieller Aspekt der Eifersucht auf sexuelle Attraktivität – auch wenn nirgendwo steht, dass dies bei Männern nicht vorkommt. In Ingmar Bergmans Psychodrama „Das Schweigen" fühlt sich die von Gunnel Lindblom gespielte Anna von ihrer kränklichen Schwester Esther (Ingrid Thulin) gehasst und versucht sie zu schockieren, indem sie mit einem sexuellen Abenteuer prahlt. Bergman erarbeitete seine Drehbücher autobiografisch oder sammelte Erlebnisse seiner Darstellerinnen und Darsteller, die er dann oft Filmfiguren anderen Geschlechts zuordnete. Dies mag einer der Gründe sein, warum Geschlechterrollen in seinen Filmen auch nach Jahrzehnten noch so modern wirken.

Im heutigen Mainstream-Kino ist das Motiv der Schwesternrivalität allerdings auch in märchenhafter Archaik überlebensfähig – denken wir nur an die regelmäßigen Neuverfilmungen des „Cinderella"-Motivs. Man muss die Titelfigur schon so frisch auffassen, wie es Vaclav Vorlicek im tschechoslowakischen Kultfilm „Drei Nüsse für Aschenbrödel" gelang, um nicht in die Fallen naiver Wohlstandsversprechen zu tappen, die das Einheiraten in den Adelsstand mit sich bringt. Hier lassen sich Gier und Missgunst der leiblichen Schwestern gegenüber der bescheiden auftretenden Titelfigur durchaus als Kapitalismuskritik verstehen.

Auch das Drama „In den Schuhen meiner Schwester" ist in diesem Sinne durchaus wertkonservativ. Einmal mehr geht es um die klassische Dualität ungleicher Schwestern zwischen der chaotischen Maggie (Cameron Diaz) und der disziplinierten Rose (Toni Collette). Doch in der Erweiterung des Fokus auf weitere Frauen in der Familie wird es differenzierter: Unter den Fittichen der patenten, von Shirley

MacLaine gespielten Oma, begreift Maggie, wie sehr sie und ihre Schwester unter einer manisch-depressiven Mutter gelitten haben. Die psychologische Aufarbeitung rettet auch die Geschwisterliebe.

Die deutsche Autorenfilmerin Margarethe von Trotta erfuhr erst mit 40 Jahren, nach dem Tod der Mutter, dass sie eine Schwester hatte. Nach einer Fernsehdokumentation meldete sich bei ihr eine 15 Jahre ältere Frau; später wurde aus diesem Erlebnis der Trotta-Film „Die abhandene Welt". Kurz vor der Begegnung hatte sie ihren bedeutenden Film „Schwestern oder die Balance des Glücks" (1979) beendet. Jutta Lampe spielt darin eine erfolgreiche Chefsekretärin, die ihre sensible jüngere Schwester (Gudrun Gabriel) unterstützt, ohne sie wirklich zu verstehen. Nach deren Suizid ersetzt sie ihren Platz durch eine fremde Frau. Erst spät lässt sie Trauerarbeit zu.

Trotta hatte sich von Ingmar Bergmans Filmsprache inspirieren lassen, der wiederum ihre nächste Filmarbeit zu seinen Lieblingsfilmen zählen sollte. „Die bleierne Zeit" (1981) verarbeitet die Biografien der Schwestern Christiane und Gudrun Ensslin zu einem individuellen Diskurs über Identitätsfindung in der Politisierung und gesellschaftliche Veränderungen. Mit dem Gewinn des Goldenen Löwen in Venedig fand von Trotta mit ihrem Schwesterndrama größere Anerkennung als jede Regisseurin zuvor. Auch in der Geschichte der Schwestern-Dramen sind ihre Filme große Ausnahmen, denn die für Hollywood so typische, auf materialistische oder körperliche Aspekte abzielende Eifersucht spielt in ihnen keine Rolle.

Kakophonie ist schön!

Eine Polemik über den Schwesternbegriff

Von Bascha Mika

Die eine ist blond, die andere ist laut und die Dritte kann ich sowieso nicht leiden. Frauen sind Solitäre, jede ein eigener weiblicher Kosmos. Warum also sollten wir Schwestern sein? Schließlich verbindet uns erstmal nichts – außer ein paar biologischen Merkmalen.

Dennoch höre ich bei Frauenversammlungen immer wieder das Lamento: Die Schwesternschaft ist vor die Hunde gekommen. Frauen begreifen sich zu wenig als Schicksalsgemeinschaft, um vereint gegen die männerdominierte Welt anzustinken.

Es steckt so viel Sehnsucht in dieser Klage. So ein starkes Verlangen nach Verbundenheit. Schließlich ist es kalt da draußen in der Männerwelt, warum sollten wir es uns da nicht unter Freundinnen kuschelig machen? Um dann gemeinsam anzutreten: Eine für alle, alle für eine!

Ich verstehe dieses Bedürfnis, gut sogar. Zumal, wenn wir unsere Geschichte betrachten. Als sich Frauen in den 1960er Jahren erneut aufmachten, die Welt zu erobern, kamen sie aus der Isolation. Jeder hatte man eingebläut, dass es verrückt sei, mit ihrem Schicksal als gesellschaftliches Defizitmodell zu hadern. Mit der Bestimmung als Reproduktionsmaschine und Stützstrumpf für den Mann. Mit der Rolle als Sexobjekt ohne befriedigende eigene Sexualität.

Plötzlich schallte es auf den Straßen: „Wir alle sind Schwestern!“. Schwestern, die das gleiche Los teilen und Seit an Seit in den Kampf gegen das Patriarchat ziehen. Gemeinschaft entstand, wo vorher Vereinzelung war. Das macht stark und ein bisschen unverwundbar. Jede Freiheitsbewegung braucht das. Schwesternschaft war ein strategischer Kampfbegriff, zeitgeschichtlich richtig und wichtig.

Doch hey – auch Kampfbegriffe überleben sich. Wir sind nun mal nicht alle Schwestern. Dieser Anspruch ist eine Zumutung, vereinnahmend, übergriffig und paternalistisch. Warum soll ich mich jeder Tusse, Schrulle, Zicke zugehörig fühlen? Nur weil sie eine Klitoris hat?

So schwer ist es nicht, Differenz auszuhalten. Kakophonie ist schön! Wir sind nicht unbedingt Freundinnen und lieben werden wir uns alle schon gar nicht – aber verdammt, das brauchen wir auch nicht. Wir können dennoch solidarisch sein, strategische Bündnisse schließen, gemeinsam Ziele erreichen. So machen es die Jungs schließlich auch: Erst dreschen sie aufeinander ein, dann raufen sie sich aus taktischen Gründen zusammen, um sich nach der Zielgeraden wieder die Köpfe einzuschlagen. Der Stil muss nicht sein, aber die Idee ist nicht schlecht. Und erfolgreich. Sich von zu viel Gemeinschaftsanspruch zu lösen, macht frei.

Deshalb Ladies, entspannt euch! Kommt an mein Schwesterherz – und dann geht auch wieder. Das halte ich aus.

Kleine Pinguin-Kolonie

„Um Himmels Willen“ fabuliert rund ums Nonnenleben

Von Judith von Sternburg

Die Schwestern von Kloster Kaltenthal in der ARD-Serie „Um Himmels Willen“, seit 2002 vom MDR hergestellt und 2019 die 18. Staffel erreichend, müssen einige Klischees über sich ergehen lassen. Aber nicht alle. Sie sehen aus wie niedliche Pinguine, und die Regie sorgt auch dafür, dass sie ständig wie solche adrett, mit fernsehtauglichem Teint und neugierig-weltfremd um die Ecken schauen. Selbst wenn keine Ecken da sind. Aber sie leben zugleich auf eine nüchterne, friedvolle Weise zusammen, die bis heute eine utopische Seite hat.

Als Gruppe sind sie selten, praktisch nie mit sich befasst, die (wenig authentisch dargestellten) Riten des Klosterlebens absolvieren sie beiläufig, aber mit einer Restwürde, die sie auch benötigen. Das Kloster ist auf den Hund gekommen und nur noch von vier bis sieben Nonnen bewohnt.

Die Arbeitsteilung wirkt selbstorganisiert und funktioniert. Männer fehlen nicht oder nur, wenn es einmal gilt, etwas Schweres zu tragen. Es wird gelegentlich über das Essen gemault, über Ehepaare gelacht, übereinander die Augen gerollt – eine ist mystisch veranlagt, eine trinkt Likör, eine soll eine „Emanze“ sein, weil sie während eines Personalengpasses eine Predigt gehalten hat –, aber es bleibt klar, dass diese Fragen nicht besonders wichtig sind. Auch über den Herrgott muss man nicht ständig reden. Wichtig ist eher, nicht ständig über all das zu sprechen.

Die Hierarchie ist flach (wenngleich die ferne Ordenschefin das ganz anders beurteilt), zum Mitmachen braucht es Argumente. Keine langen Diskussionen, nur die Argumente.

Die jeweilige Klosterleiterin, Schwester Lotte und später Schwester Hanna, tut am laufenden Band edle Dinge und kämpft zugleich einen heroischen Abwehrkampf gegen den korrupten, satirisch angelegten Bürgermeister. Er hegt unfromme Pläne mit Gelände und Gebäuden. Die anderen Schwestern hüpfen zuweilen wie aufgeregte Hühner um die üblichen Serienereignisse herum – abgelegte Neugeborene, unglücklich Verliebte, arme Sünder.

Aber lächerlich werden sie erst im Auge eines spottlustigen Betrachters. Für sich genommen sind sie ein Club alleinstehender Frauen mit eigenen Geschichten. Sie nennen sich nach alter Art Schwestern und machen erfrischend wenig Gedöns darum.

Hel din nen

Ob mit Umhang oder ohne, klein oder groß:
Jede kann eine Heldin sein.

Kein großes Bohei

Heldinnen gibt es jede Menge – sie halten sich eben gern bedeckt

Von Ella Carina Werner

Ein Held ist eine Person, die eine besondere, außeralltägliche Leistung vollbringt. Von 50 „bekannten Helden" nennt Wikipedia ganze vier weibliche. „Frauen haben eben nicht die nötige Erfahrung", höre ich es da schon raunen, „Frauen wollen den Ärger und den Druck doch gar nicht", würden alte, weise Helden wie Odysseus, Beowulf oder Batman jetzt achselzuckend argumentieren.

Das ist natürlich Quatsch. Ich glaube, dass in all den Jahrtausenden auch Frauen ab und an siegreich gegen Untiere fochten, neunköpfige Hydras bezwangen oder Feinden den Schädel spalteten, mit den bloßen Händen. Aber kurz darauf begannen vermutlich ihre Kinder zu nölen und der Suppenkessel drohte überzukochen, sie eilten zurück in ihre Hütte, vergaßen, dem Dorfchronisten das Heldinnen-Epos in die Feder zu diktieren und machten aus der ganzen Sache kein so großes Bohei.

Deshalb kennen wir heute namentlich kaum Heldinnen, ob als Heldinnen der Arbeit, Kriegs- oder Antiheldinnen. Oder als Nationalheldinnen: Die Franzosen haben Jeanne d'Arc, wir haben Veleda, eine germanische Seherin vom Stamme der Brukterer, die gern als Nationalheldin der Deutschen angeführt wird, die aber vermutlich nicht einmal der deutsche Heimatminister kennt. Sei's drum. Interessanter als staatstragende Volksheldinnen sind sowieso Superheldinnen: Frauen mit übersinnlichen Kräften, die sich den Gesetzen der Realität widersetzen.

Wie „Wonder Woman“ mit ihren blitzschnellen Beinen, einem magischen Lasso und jeder Menge „weiblichem Charme“, wobei man letzteren auch weglassen könnte, was das sein soll, habe ich sowieso nie kapiert. Als Kind wollte ich gern sein wie „Wonder Woman“, und wenn ich im Schulsport etwas vorturnen sollte, wäre ich am liebsten „Invisible Girl“ gewesen.

Kürzlich verriet der Chefproduzent der Marvel Studios für künftige SuperheldInnen-Verfilmungen: „Mehr als die Hälfte aller Marvel-Helden werden Frauen sein.“ Na bitte, geht doch. Ich freu mich schon drauf. Die drangeklebten Flügel oder Laserschwerter könnte man dabei getrost auch weglassen und stattdessen real existierende weibliche Körperkräfte optimal einsetzen. Gefallen würde mir „Breast Milk Woman“, deren Muttermilchmengen sämtlichen Feinden wie Wasserwerfer in die Augen schießen und diese erblinden lassen. Oder die neapolitanische „Donna Mestruazione“, die ihr Monatsblut auf Knopfdruck verspritzt, so dass ihre Verfolger jämmerlich darauf ausrutschen. Gut auch: „Borst Vrouw“, die freche Flämin mit dem Monsterdekolleté, die in ebendieses die Köpfe ihrer Gegenspieler klemmt und dann zudrückt, worauf die Schädel, KNACK, wie Kokosnüsse zerplatzen.

Eine waschechte Superheldin war übrigens auch meine Mutter: Sie konnte die Alltagserlebnisse ihrer vier Kinder gleichzeitig anhören, alle dreißig Sekunden „oh toll!“ ausrufen und dabei noch die Wäsche zusammenlegen. Und gegen Untiere fechten und anderen Leuten den Schädel spalten, konnte sie vermutlich auch, aber das hätte sie gar nicht groß erzählt, wie so viele andere Frauen in 100.000 Jahren Menschheitsgeschichte auch.

„Egoismus ist nicht heldenhaft“

Ex-Nationaltorhüterin Nadine Angerer über falsche Vorbilder und herausragende Fußballmomente

Frau Angerer, wann haben Sie sich zuletzt als Heldin gefühlt?
Puh, das ist mal ein harter Einstieg. Eine schwierige Frage.

Wieso das?
Heldin, das hat immer so etwas Martialisches. Ich tue mich schwer mit dem Begriff.

Dabei wird er gerade bei Spitzensportlerinnen geradezu inflationär gebraucht.
Kann sein. Ich glaube, bei mir hat dieses Gefühl gar nichts mit meiner Sportkarriere zu tun. Zwei Sachen fallen mir dazu ein. Das eine ist mein Job. Ich trainiere ja Torhüterinnen – wenn ich sehe, wie die sich weiterentwickeln, dann fühle ich mich vielleicht nicht als Heldin, aber dann fühle ich mich bestätigt und das macht mir Spaß. Wenn meine Arbeit fruchtet und ich das Resultat im Spiel sehe. Das ist ein gutes Gefühl. Das andere sind Momente in der Mannschaft, wenn es Konflikte gab und ich vermitteln konnte. So etwas finde ich heldenhaft.

Und ich hätte gedacht, Ihnen fallen eher Momente ein wie der im WM-Finale 2007, als Sie den Elfmeter der brasilianischen Weltfußballerin Marta hielten und Ihrer Mannschaft den Sieg sicherten.
Überhaupt nicht. In solchen Momenten fühle ich mich kein bisschen als Heldin. Habe ich nie. Es wird immer gesagt: Ronaldo ist der Held von Portugal, Messi der von Argentinien. Quatsch. Für mich ist ein

Held der, der das Team in den Vordergrund stellt, der eine Empathie für die Mannschaft hat – egal, ob er Stammspieler ist oder auf der Bank sitzt. Der in der Lage ist, seinen Egoismus für den Erfolg des Teams hintenanzustellen, die Schwächeren mit ins Boot zu holen – das ist für mich heldenhaft.

Ihre Definition hat wenig zu tun mit dem klassischen Superhelden, der quasi im Alleingang die Welt rettet.
Genau. Aber eine Superwoman, die allein vorneweg fliegt und sich einen Dreck um die anderen schert, ist für mich eben keine Heldin. Ein Spieler, der herausragt durch sein Können, ist für mich kein Held, sondern einfach nur ein sehr, sehr guter Fußballer.

Dass Sie viele Jahre eine sehr, sehr gute Fußballerin waren, macht Sie für viele junge Menschen wenn nicht zur Heldin, so doch zum Vorbild. Eine schwierige Rolle?
Ach nein, gar nicht. Es ist doch ein schönes Gefühl, wenn junge Mädchen zur dir aufschauen, Fragen stellen, so werden wollen wie du. Ich finde es total wichtig, Vorbilder zu haben. Mir ist es wichtig, diesen entzückenden Kindern zu vermitteln, dass Leistungssport Spaß macht, dass er eine soziale Komponente hat.

Wie meinen Sie das?
Es geht um harte Arbeit, um Druck, um Leistung. Aber auch darum, ein guter Mensch zu sein, sich um einander zu kümmern. Das ist mir wichtig. Wenn ich das vermitteln kann, fühle ich mich schon fast als Heldin (lacht).

Das sind Werte, die bei vielen Heldinnen junger Mädchen heute weniger im Vordergrund stehen. Egal, ob bei Musical-Stars, Models oder Beauty-Youtuberinnen stehen doch oft Äußerlichkeiten im Vordergrund. Verstehen Sie sich da als eine Art notwendiges Gegenmodell?
Klar ist es wichtig, den Mädchen zu zeigen, dass es nicht nur darauf ankommt, wie sie aussehen oder wie sie sich darstellen. Dass sie als Frauen in allen möglichen Bereichen erfolgreich sein können. Das müssen auch die Eltern vermitteln. Ich finde es aber nicht verwerf-

lich, wenn eine 17-Jährige meint, sie müsse super ausschauen und sich entsprechende Idole sucht. Sie braucht dann nur jemanden, der ihr sagt: Mach‘ dich ruhig schick, stehe meinetwegen stundenlang vorm Spiegel, aber das ist nicht alles im Leben. Es braucht eine gesunde Balance, ein Gegengewicht. Die Jugendlichen sollen sich ruhig inspirieren lassen – besser, als gar keine Orientierung zu haben.

Hatten Sie selbst denn Vorbilder?
Immer, die haben auch gewechselt. Das ist auch gut so, man ist ja selbst auch in verschiedenen Lebensphasen. Ich brauchte immer jemanden, der mir andere Ansichten vermittelt, mich weitergebracht hat. Mal im Sport, eine andere Torhüterin zum Beispiel, und mal in anderen Bereichen. Genau das versuche ich jetzt auch mit Jüngeren: Ich will Ihnen nicht meine Sichtweise aufzwingen, aber eine neue Idee, einen anderen Gedanken einbringen.

Interview: Nadja Erb

„Es war einmal ein Mädchen..."

Geschichten für kleine Heldinnen

Von Nadja Erb, Viktor Funk und Elena Müller

KIRSTEN BOIE: „SEERÄUBER-MOSES"

Wie kann das Leben schon sein, wenn man ein Mädchen ist, aber Moses heißt; wenn die beste Freundin eine Ziege namens Euter-Klaas ist und man das Seeräuberschiff „Wüste Walli" sein Zuhause nennt? Wunderbar kann es sein! Und dass nicht nur, weil sich ein kleines Piratenfindelkind nur einmal im Monat gründlich waschen muss. Kirsten Boies Geschichte hat Wind, Salz und Sand zwischen den Seiten. Da wird schanghait und gekapert, da werden Erzrivalen wie der gruselige Olle Holzbein bekämpft und Freunde fürs Leben gewonnen wie der Schiffsjunge Dohlenhannes. Wer wollte da noch von Prinzessinnen lesen!

SEBASTIAN MESCHENMOSER: „ROTKÄPPCHEN HAT KEINE LUST"

Jahrhunderte lang glaubten Kinder, die das Märchen vom Rotkäppchen hörten, es sei ein schutzloses Mädchen, das Hilfe von einem Mann braucht, einem Jäger. Sebastian Meschenmoser erzählt eine andere Version. In „Rotkäppchen hat keine Lust" ist das Kind weder wehrlos noch in Gefahr. Es treibt gar den Wolf in den Wahnsinn. Denn es hat keine Lust, den Sonntag bei Oma zu verbringen, es will den

Wald erobern. In Meschenmosers Bildern lassen sich immer wieder neue Details entdecken; in seinem Text ist kein Wort zu viel. Er zeigt: Wenn Mädchen rebellieren, wird daraus auch eine gute Geschichte.

ELENA FAVILLI & FRANCESCA CAVALLO: „GOOD NIGHT STORIES FOR REBEL GIRLS – 100 AUSSERGEWÖHNLICHE FRAUEN“

Es war einmal ein Mädchen ... Was klingt wie der Beginn eines klassischen Märchens, sind im wunderbaren „Good Night Stories for Rebel Girls“ die Anfänge bewegender Minigeschichten über große und kleine Frauen, die die Welt verändert haben. Der aktuelle Aufschwung der Empowerment-Bewegung bringt zwar derzeit einige solcher Bücher auf den Markt, aber es gibt zwei Dinge, die dieses besonders machen. Erstens – die Auswahl der Frauen: Klar, die Frauenrechtsvorreiterinnen und die Vorbilder aller Feministinnen dürfen nicht fehlen, so reihen sich Amelia Earhart, Jane Goodall, Sophie Scholl und Rosa Parks in die Reihe der 100 Porträtierten ein. Aber auch Heldinnen der Jetztzeit finden ihren Platz, wie die Primaballerina Misty Copeland (*1982), die Dirigentin Xian Zhang (*1973), die Profi-Surferin Maya Gabeira (*1987) oder das Transgender-Vorbild Coy Mathis (*2007).

Neben den kurzen Geschichten, die sich wunderbar eignen, um sie vor dem Schlafengehen der kleinen Tochter, Enkelin, Schwester oder Nichte vorzulesen – und ihren Brüdern! –, sind es zweitens die Illustrationen, die das Buch zu einem Schatz im Bücherregal einer jeden kleinen und großen Heldin machen: 60 Illustratorinnen geben den Frauen ein Gesicht und zwar so gekonnt und abwechslungsreich, dass man als Leserin – und als Leser! – mit Freude eine Reise in die weite Welt der Diversität machen kann. Und wem 100 Vorbilder nicht reichen: Inzwischen ist der zweite Band auf Deutsch erschienen.

Voll aus dem Leben

Wie Marlène Schiappa Frankreichs Politik aufwirbelt

Von Carolin Küter

Granier

Marlène Schiappa

Es gibt kaum eine Debatte zu sexueller Gewalt und Feminismus, auf die Marlène Schiappa in den vergangenen Monaten nicht reagiert hat: Als vier Femen-Aktivistinnen 2017 für das Zeigen ihrer nackten Oberkörper zu Geldstrafen verurteilt wurden, unterstützte Schiappa, seit einem Jahr „Staatssekretärin für die Gleichberechtigung zwischen Männern und Frauen", die Organisation mit einem offenen Brief. Als die Republik im Januar erfuhr, dass eine einen Monat zuvor tot aufgefundene Joggerin von ihrem Mann ermordet worden war, kritisierte sie, der Anwalt des Geständigen betreibe „Opferbashing". Der Jurist hatte die Tat unter anderem mit der „erdrückenden Persönlichkeit" der Toten erklärt.

So viel Einmischung gefällt nicht jedem: Parteikollegen erinnerten die Staatssekretärin daran, die Regierung habe sich nicht zu konkreten juristischen Verfahren zu äußern. Schiappa sei „taub gegenüber Kritik" und sprinte nach vorne, ohne sich umzuschauen, heißt es in der französischen Presse über sie. Ihr Mann nenne sie „Bulldozer". Ihr politischer Mentor, der Bürgermeister der Stadt Le Mans, bescheinigt ihr „viel Temperament". Wird sie damit konfrontiert, reagiert sie mit einem verbalen Achselzucken. „Ja, ja, hmm", sagt sie. Es klingt nach: Genau, das bin ich.

Ob man als Feministin solch einen Charakter brauche? „Ich habe noch nie gesehen, dass historische Fortschritte für Frauenrechte von jemandem erreicht wurden, der sich die ganze Zeit sagt: Oh Gott, vielleicht mache ich das nicht richtig, vielleicht haben die anderen recht, vielleicht verlange ich zu viel." Bei ihrem politischen Projekt fühlt sich Schiappa vom Präsidenten persönlich unterstützt, den sie bisher gegen jede Kritik feministischer Gruppen verteidigte.

Ihr bisher wichtigstes Vorhaben ist das „Gesetz gegen sexuelle und sexistische Gewalt", das 2018 in Kraft trat. Damit wurde erstmals ein Schutzalter für Sex mit Minderjährigen eingeführt. Außerdem sieht es vor, sexuelle Belästigung im öffentlichen Raum zu verbieten. Bisher werde diese Art von Belästigung als unausweichlich angesehen, so Schiappa. Dabei habe die Frage, inwiefern Frauen sich frei bewegen können, Einfluss auf andere Lebensbereiche. „Frauen können im Berufsleben keine Gleichberechtigung erreichen, wenn sie auf der Arbeit oder auf dem Weg dorthin sexuell belästigt werden."

Schiappa widmet sich als Staatssekretärin ganz praktischen Problemen. Dabei kam sie bereits früh mit feministischen Theoretikerinnen in Berührung. Ihre Eltern lernten sich in einer kommunistischen Partei kennen, der Vater ist ein bekannter linker Historiker, die Mutter Lehrerin. Bewusst zur Feministin sei sie jedoch erst geworden als sie am eigenen Leib erfahren habe, wie unterschiedlich Männer und Frauen in der Öffentlichkeit behandelt würden. Während sich ihre männlichen Mitschüler ungehindert bewegen konnten, glichen ihre Wege oft einem Spießrutenlauf, erinnert sie sich: „Wenn ich irgendwohin wollte, musste ich Kerlen ausweichen, die versucht haben, mir zu folgen, mich anzusprechen, mich zu beleidigen." Marlène Schiappa ist Mutter von zwei Mädchen, sechs und elf Jahre alt. Für ihre älteste Tochter sei Belästigung durch Männer auf der Straße bereits ein Thema. Höchste Zeit, dass sich eine Regierung endlich darum kümmere, sagt sie und zitiert, wie so oft, eine Statistik, die Nachfragen vorweggreift: Acht von zehn Französinnen hätten Angst, wenn sie abends alleine unterwegs seien.

Mit Anfang 20 sei sie einem weiteren ganz konkreten Problem begegnet, das sie zur überzeugten Feministin gemacht habe: der schwierigen Vereinbarkeit von Familie und Beruf. Nach ihrem Studium in den Fächern Geografie, Kommunikation und Medien arbeitete Schiappa mit 24 Jahren in einer Werbeagentur und stellte fest: „Es schien so, als wäre Kinder zu haben für Frauen ein Problem und für Männer kein Thema."

Irgendwann kündigte Schiappa ihren Job bei der Werbeagentur, um sich besser um ihre Tochter kümmern zu können und machte sich selbstständig – die Probleme blieben. In ihrem Bekanntenkreis sei sie die Erste gewesen, die Kinder bekommen habe. Deshalb hatte sie für viele Fragen keinen Ansprechpartner. Beispielsweise, wie man einen Krippenplatz finde oder sich darauf vorbereite, nach dem Mutterschutz wieder zu arbeiten. Ihr 2008 gegründeter Blog „Maman travaille", zu Deutsch „Mama arbeitet", kam schnell auf mehrere Tausend Besucher pro Tag. Schiappa veröffentlichte mehrere Ratgeber und etablierte sich als Expertin. Aus dem Blog wurde eine Organisation, die Konferenzen zum Thema organisiert und die Regierung in Gleichstellungsfragen berät. Schließlich ebnete „Maman travaille" Schiappa auch den Weg in die Politik.

Aber sie legt Wert darauf, dass sie sich aus eigener Kraft hochgearbeitet hat. Und auch wenn sie jetzt erst einmal nicht weiter nach oben möchte: „Mein Antrieb ist, die Welt um mich herum zu verändern." Konkret heißt das, dafür zu sorgen, dass jede Frau genauso viele Freiheiten hat und genauso behandelt wird wie ein Mann.

„Ur-Oma ist meine Heldin“

Wir haben Mädchen gefragt, wen sie bewundern – und sie haben uns nicht nur berühmte Frauen genannt

Maja, 8 Jahre: „Ich finde die Stella von der Serie ‚Die Pfefferkörner' toll. Sie jagt Verbrecher, das ist mutig. Und sie rastet nie aus, auch wenn es stressig oder gefährlich wird. Mir gefällt auch, dass sie nett ist und sich immer um ihre Freunde kümmert.“

Sara und Maya, 11 Jahre: „Martina Stoessel finden wir bewundernswert. Das ist eine argentinische Schauspielerin und Sängerin. Sie ist 21 Jahre, hat mit 16 angefangen zu schauspielern. Dass sie vor vielen Menschen selbstbewusst auftritt und keine Angst dabei hat, das würden wir auch gern können.“

Luisa, 7 Jahre: „Ich finde Pippi Langstrumpf toll, weil sie so stark ist. Und Hexe Lilli, weil sie hexen kann. Alle beide erleben tolle Abenteuer und sie lassen sich von niemandem was sagen. Manchmal krieg' ich aber auch Ärger mit der Mama, wenn ich mir nix sagen lassen will.“

Paula, 11 Jahre: „Meine Heldin ist Bibi von Bibis Beauty Palace, weil sie total coole Videos auf Youtube dreht und mich an ihrem Leben teilhaben lässt. Sie bringt mich auch zum Lachen, wenn ich traurig bin. Allerdings weiß man bei Bibi und anderen Youtubern nicht, wie sie im echten Leben sind.“

Amali, 4 Jahre: „Am liebsten mag ich Pippi Langstrumpf, weil sie das stärkste Mädchen der Welt ist. Sie kann machen, was sie will, sogar fliegen. Ich habe zwar keine roten Haare, aber ich trage gern zwei Zöpfe. Ich bin auch manchmal frech, hab' mir sogar mal einen Spaghettibart gemacht."

Greta, 9, und Pauline, 12 Jahre: „Unsere Heldinnen sind die Frauen und Mädchen in den Kriegsgebieten. Sie machen trotz ihrer schweren Situation immer weiter und versuchen, mit ihren Familien ein normales Leben zu führen. Wir bewundern ihre Kraft und Hoffnung."

Cosima, 8 Jahre: „Ich finde meine Freundin Sienna toll, denn sie ist selbstbewusst und immer nett. Ich bin froh, sie an meiner Seite zu haben, weil sie immer zu mir hält und mich verteidigt. Außerdem ist sie sehr mutig – und das finde ich wirklich super."

Julia, 13 Jahre: „Eine echte, also menschliche Heldin, habe ich keine. Meine Heldin ist Hinata, sie ist ein Ninja und die Frau von Naruto Usumakie. Sie hat ein Bia-kugan, mit dem sie sehr weit und auch ins Innere der Erde schauen kann. Ich finde cool, wie sie sich gegen Feinde verteidigt."

Lina, 11 Jahre: „Meine Ur-Oma ist meine Heldin, weil sie mit mir näht und ich später auch so gut nähen können möchte. Und sie unternimmt viel mit mir: Wir gehen zusammen in den Garten, sie zeigt mir, wie man ein Beet richtig pflegt. Das alles kann sie, obwohl sie schon 93 Jahre alt ist."

Von Wonder Woman bis Ms. Marvel

Eine Chronik der Superheldinnen

Von Daniel Dillmann und Sonja Thomaser

Wonder Woman (1941): Alles beginnt mit Wonder Woman. Die mächtige Amazonenprinzessin steht am Anfang eines jeden Ritts durch die Geschichte der amerikanischen Comic-Superheldinnen. Sie besitzt magische Waffen, einen unerschütterlichen Glauben an das Gute und ist unterwegs mit klarer Mission. Denn das Ehepaar Elizabeth und William Marston, beide überzeugte Feministen, schleuste seine Heldin in den massentauglichen Zirkus der Comics, in dem Frauen sonst nur als sexy Opfer in Erscheinung traten, um allen Leserinnen eine starke, selbstbestimmte Frau zu zeigen. Die Geschichten wurden zum Hit, als die Männer im Krieg starben und die Frauen deren Rolle in den Fabriken übernahmen. Der Krieg endet, die Männer kehren zurück und schicken die Frauen wieder an den Herd. Aus Wonder Womans Abenteuern werden Romanzen, erst die Gegenkultur der 68er bringt die selbstbewusste Amazone zurück. Bis heute gehört Wonder Woman zu den wichtigsten Charakteren des DC-Verlags.

Batwoman (1956): In der reaktionären Hysterie der McCarthy-Ära gerieten auch Comics ins Visier der Hexenjäger. Sie würden die Jugend verderben und dem Kommunismus Vorschub leisten. Die Helden wurden gestürzt, allen voran Batman. Sein Hang zur Verkleidung und seine Wohnsituation (gemeinsam mit Butler und Jüngling Robin) führten zu einer Debatte über seine Sexualität. DC stellte ihrem Helden also eine Frau zur Seite, um Batmans Heteronormalität zu beweisen. Kathy Kane nahm die Geheimidentität von Batwoman an. Devot und verliebt, ausgerüstet mit Handtasche und Spezialpuder. Ihr eindimensionaler Charakter wird 50 Jahre später überarbeitet: Aus Kathy wird Kate und aus dem verschreckten Frauchen die erste lesbische Superheldin.

Storm (1975): Rosa Parks, Martin Luther King, Malcom X. Der Marvel-Verlag reagiert auf die schwarze Bürgerrechtsbewegung und ergänzt 1975 die X-Men um die erste schwarze Superheldin des Mainstream-Comics. Ororo Munroe, genannt Storm. Ihren Namen trägt sie zu Recht. Die Superheldin, die erstmals auch kein Girl oder Woman in ihrem Namen trägt, kann das Wetter beherrschen. Ihr gehorchen Blitze genauso wie der Wind. Geboren in New York, wächst sie als Tochter eines Amerikaners und einer Kenianerin in Kairo auf. Als Ororo sechs Jahre alt ist, sterben ihre Eltern. Gemeinsam mit anderen Waisenkindern lebt sie fortan in den Slums von Kairo. Bei den X-Men wird Storm schnell zu einer Anführerin. Sie kämpft für die Unterdrückten der Welt und wird bei den Fans zu einem der beliebtesten Charaktere im Marvel-Universum.

Tank Girl (1988): Fonzie Rebecca Buckler lebt in einem Panzer, den sie durch die Wüste eines dystopischen Australiens im Jahr 2033 lenkt. Sie trägt einen Irokesenschnitt und lebt in einer Beziehung mit einem genetisch veränderten, sprechenden Känguru. Tank Girl kämpft mit einem allmächtigen Konzern namens „Water and Power" um Treibstoff, Wasser und Gerechtigkeit. Der Comic wirkt in Ästhetik und Thematik wie der geistige Vorläufer der „Riot-Grrrl-Bewegung", in der Frauen zu Beginn der 90er einen aktiven Platz in der Kultur des Punks einforderten. Denn auch Tank Girl schert sich einen Dreck um Konventionen oder Erwartungen.

Harley Quinn (1994): Viele kennen Harley nur als die irre Freundin des Jokers, Batmans Erzfeind. Aber Dr. Harleen Quinzel, so ihr richtiger Name, hat sich längst zu einer feministischen Heldin entwickelt, die so ganz und gar nicht mehr nach Jokers Pfeife tanzt. Paul Dini und Bruce Timm erfanden Harley eigentlich für die Batman Animated Series, aber 1994 fand sie ihren Weg ins DC-Comic-Universum. Ihre Geschichte beginnt als Psychiaterin im Arkham Asylum, wo sie den Joker kennen- und lieben lernt, anschließend legt sie an seiner Seite eine beachtliche kriminelle Karriere hin. Sie mordet für ihren Geliebten und macht Batman das Leben schwer. Bis sie sich schließlich aus der emotionalen und körperlichen Misshandlung ihres „Puddin" (so ihr Kosename für den Joker) befreien kann. Sie wird zu einer Antiheldin und kämpft unter anderem als „Gotham City Siren" gemeinsam mit Catwoman und Poison Ivy gegen das Böse.

Ms. Marvel (Kamala Khan) (2013): Ms. Marvel ist eine klassische Figur des Comic-Pantheons aus dem Hause Marvel. Ihre Neuauflage aus dem Jahr 2013 sorgte für Aufsehen. Denn seitdem trägt Kamala Khan den Namen und ist damit erstmals eine muslimische Superheldin. Khan ist nach dem elften September in New Jersey geboren, ihre Eltern stammen aus Pakistan. Als Teenager in den USA kämpft sie genauso mit den streng konservativen Vorstellungen ihres Bruders wie mit Super-Bösewichten. Ihre Biografie teilt sie mit ihrer Schöpferin, Sana Amanat, Direktorin bei Marvel. Ihre Ms. Marvel wird als eine der aufregendsten und vielversprechendsten Neuvorstellungen der vergangenen Jahrzehnte gefeiert.

Ver füh re. rin ne n

Sie bezirzten schon die alten Griechen: Die fabelhaften Sirenen.

Schnaps klappt immer

Frauen dürfen meist nur zur Liebe verführen – schade eigentlich

Von Ella Carina Werner

Es gibt verschiedene Mittel und Wege, einen Mann zu verführen. Meine Mutter favorisiert seit jeher eine Melange aus blassrosa Lippenstift und 4711, meine Tante schwört auf Popowackeln und über die Bundesliga mitfachsimpeln, während meine Großmutter zeitlebens auf eine üppige Turmfrisur setzte, auf einen gellenden Pfiff mit zwei Fingern und darauf, ihr Gegenüber einfach anzuquatschen: „He, Sie da, Sie gefallen mir! Gehen wir tanzen?" Siebzehn Männer hat sie gehabt, nach dem frühen Tod meines Großvaters. Sorgsam gerahmt, hingen viele von ihnen in ihrem Wohnzimmer. Es sah aus wie eine Ahnengalerie.

Frauen sollen Männer mittels Methoden verführen, die „zurückhaltend" sind, legt die Zeitschrift „Glamour" ihren Leserinnen nahe. Frauen sollen den Kopf leicht schräg legen und über die Witze der Männer lachen, empfiehlt die „Bravo" den Backfischen noch im 21. Jahrhundert.

„Alles Hühnerkacke", brummte meine Großmutter, als ich sie mit diesen Tipps konfrontierte: „Wenn ich lediglich den Kopp geneigt hätte, wäre ich heute noch Jungfrau!" Einmal, zwei Jahre vor ihrem Tod, wurde sie richtig vertraulich: „Weißt du, wie ich sie alle gekriegt hab? Wie ich sie alle willenlos gemacht hab?", nahm sie mich kurz vor ihrem 90. Geburtstag zur Seite, ihre immer noch bordeauxrot bemalten Lippen dicht an meinem Ohr. „Nein, Großmutter, sag!" „Mit Schnaps", antwortete sie ruhig. „Klappt immer." Ihre selbst gebrannten Birnenschnäpse waren wohl so was wie K.-o.-Tropfen und meine Großmutter die erste weibliche Pick-up-Artistin der Bundesrepublik.

Frauenzeitschriften empfehlen, das begehrte Objekt „wie zufällig zu berühren". Meine Großmutter legte ihnen eine Hand auf den Oberschenkel, als Teil ihres weiblichen Dominanzverhaltens („Männer brauchen das").

Aktiv vs. passiv: Verführende und verführte Frauen halten sich in etwa die Waage. Hier Paradies-Eva, die ich mir immer wie eines dieser bösen Bond-Girls vorstelle, dort Fausts Gretchen. Doch erstens sind die Verführerinnen auffällig oft Fantasiewesen, ob Hexen, Nixen oder Odysseus' Sirenen. Zweitens sind sie sehr oft finstere Gestalten mit Rache- oder Blutgelüsten, anders als beispielsweise der nonchalante Frauenklarmacher Casanova, der einfach nur Bock drauf hatte. Und drittens geschieht die Verführung durch Frauen überwiegend im erotischen Sinne, was zum traditionellen männlichen Selbstbild wunderbar passt. Männer verstehen sich im Allgemeinen ja eher nicht als willensschwach – außer beim Sex. So dürfen Frauen seit Urzeiten vornehmlich zur Liebe verführen, alternativ aber auch zum Essen („Mirácoli ist fertig!").

Schöner wäre, wenn Frauen häufiger auch zu anderen Dingen verführten, zum Weltfrieden oder zum globalen Kommunismus. Aber Verführerinnen waren selten auch gesellschaftlich anerkannte Führerinnen, und so verführten sie meist im Kleinen. Meine Großmutter ihre zahlreichen „Betthäschen" (Zitat Großmutter) über all die Jahre immerhin auch zur ordentlichen Mülltrennung und zur Sozialdemokratie. Irgendwann sind die Männer dann übrigens immer gestorben. Soweit ich weiß, hatte sie ihre Finger da aber nicht im Spiel, auch wenn Frauen Männer ja, der Legende nach, gern ins Verderben führen.

„In die Kiste, Beine hoch, Amerika!“

Für Sexshop-Betreiberin Kathi Leiber ist Verführung der steinige Weg zwischen „Tagesschau“ und Schlafzimmer. Ein Gespräch über erste Signale, festgefahrene Rollen und die Wertschätzung, die in einer Aufforderung zum Geschlechtsverkehr liegen kann

Kathi Leiber

Boeckheler

Frau Leiber, starten wir mal mit etwas Grundsätzlichem. Wie lautet Ihre professionelle Definition von Verführung?
Nicht ganz leicht. Ist das ein Flirt, oder geht es ums Aufreißen, Abschleppen? Nehmen wir mal an, Verführung ist das, was zum Sex führt. Dem Wort nach ist Verführung ja eine manipulative Angelegenheit. Ich verführe ja jemanden zu etwas, was er gerade nicht unbedingt wollte. Das heißt nicht, dass ich jemanden gegen seinen Willen hinter die Büsche zerre. Aber eben schon, dass ich jemanden gezielt dazu bringe, etwas zu tun, was er gerade nicht so im Sinn hatte. Sonst braucht es schließlich keine Verführung. Sonst trifft man aufeinander, reißt sich die Kleider vom Leib und weiß gar nicht, wer zuerst oben liegt. So. Insofern würde ich sagen: Verführung ist eher das, was daheim, im Alltag passiert.

Wo beginnt überhaupt Verführung – tatsächlich mit einem Blick, einem Wort, einer nackten Schulter?
Das kann man sich wirklich fragen, gerade in unserer digitalen Welt. Beginnt das schon auf Tinder, wenn ich mich für ein Date entscheide? Oder mit den Chatnachrichten, die man sich schon vor dem Treffen schickt? Früher musste man ein Post-it auf den Kühlschrank kleben, heute kann man sich schon 50 Ferkeleien auf den Job schicken. Ich denke, es sind zwei Stufen: Das eine ist, dass man signalisiert: „Ich finde dich gut, ich kann mir Sex vorstellen, ich würde gern." Ob daraus etwas wird, sei mal dahingestellt. Und das Zweite ist dann die Aktion. Das ist das, womit ich mehr zu tun habe.

In Ihrem Job dreht es sich also weniger um die Frage, wie verführe ich sie oder ihn zum ersten Mal, sondern um die, wie ich meinen Partner oder meine Partnerin noch nach 20 Jahren verführe.
Definitiv. Allerdings hat der Bestseller „Fifty Shades of Grey" etwas geändert. Da habe ich festgestellt, dass sich wegen so eines Buches oder eines Films, über den plötzlich alle reden, mehr Paare Gedanken darüber machen, ob so etwas für sie infrage käme oder ob sie ihre Partner mal anders verführen sollten. Nicht nur Langzeitliierte. Ansonsten ist das schon eher ein Thema für Paare, die länger zusammen sind. Und da teilt es sich auf in diejenigen, die aus einem Defizit heraus kommen und sagen: „Mist, da läuft nichts mehr, wir brauchen einen neuen Anstoß." Die andere Hälfte kommt aus dem Luxus heraus, dass sich zwei gefunden haben, die körperlich wunderbar harmonieren und einfach ein bisschen kreativ sein, experimentieren wollen.

Das klingt, als sei Verführung essenziell dafür, dass Beziehungen auf Dauer funktionieren.
So ist es. Zumindest die Art von Verführung, die ich meine: Das ist der steinige Weg zwischen „Tagesschau" und Schlafzimmer. Der kann natürlich auch so aussehen, dass man sagt: „Schatz, heute ist Mittwoch, letztes Mal war ..., zack, ab!" Das ist zwar weder besonders verführerisch noch besonders subtil oder sexy. Aber der Anfang ist gemacht.

Das Klischee besagt, Verführung geht vom Weibe aus. Ist da überhaupt etwas dran?
Jein. Ich habe oft den Eindruck, dass die Verführung seitens der Frauen eher der allererste Schritt ist. Da werden Signale gesendet – und machen muss dann der Mann. Egal, ob ich mit Paaren spreche, mit Männern oder mit Frauen: Letztendlich ist es meist Männersache, das Heft in die Hand zu nehmen. Dass die Frau diejenige ist, die sagt: „Jetzt mal Butter bei die Fische!" oder „Kommst du mit hoch auf 'nen Kaffee?" oder „Ich könnt' mal wieder!"? Eher nicht.

Zu Ihnen kommen ja auch viele homosexuelle Paare – wie läuft das da, wenn die Rollenklischees nicht so dominant sind?
Da ist es nicht so klar. Das ist ein Problem und ein Luxus gleichermaßen. Denn wenn es nicht diese festgefahrenen Erwartungen gibt, kann man auch immer mal ganz unkompliziert in andere Rollen schlüpfen und einen anderen Part übernehmen. Das macht es natürlich auch schwierig, denn wenn keiner sagt, „ich hätte Lust", passiert nichts. Einer muss die Initiative ergreifen. Bei längeren Beziehungen, lesbischen oder schwulen, ist es mit Sicherheit so, dass sich irgendwann herauskristallisiert, wer eher mal 'ne schweinische SMS schickt oder zur Tat schreitet.

Wie oft wünschen sich Frauen wie Männer, den Spieß mal umzudrehen? Oder dass ihr Partner das tut?
Häufig. Wenn man selbst aktiv wird, dann riskiert man, eine Abfuhr zu bekommen. Und das ist etwas, wovor Frauen öfter zurückschrecken. Männer sind, was das angeht, etwas schmerzbefreiter. Sie würden sich aber zugleich wünschen, dass ihre Partnerin auch mal dieses Risiko geht. Dass sie deutlich sagt: „Ich will dich jetzt" – auch auf die Gefahr hin, dass er sagt, „ich bin müde". Und damit zeigt, wie sehr sie ihn begehrt und schätzt. Ich sage ja etwas aus, wenn ich mal nicht nur hübsch ausschaue, lasziv-verführerische Blicke sende oder eine Bemerkung fallenlasse – und dann erwarte, dass der andere reagiert.

So gesehen ist Verführung eine Art Wertschätzung ...
Absolut. Egal, ob Mann oder Frau – gerade in einer langen Beziehung und wenn Job und Familie und alles mögliche andere noch eine gro-

ße Rolle spielt, möchte man doch ab und zu mal ein Kompliment hören und sich attraktiv gefunden fühlen.

Warum wird Verführung mit der Dauer einer Beziehung überhaupt schwieriger? Man weiß doch besser, was dem anderen gefällt.
Genau deshalb, weil das Geheimnis verloren geht. Verführung fällt leicht, wenn man einander ohnehin erst entdeckt und alles neu ist. Aber wenn man mit der Zeit schon weiß, wir machen a) das, b) dann und c) dort – dann ist es natürlich weniger spannend. Diese Spannung, diese Kreativität, das Leidenschaftliche zu erhalten, das ist die Kunst. Zu mir kommen manchmal frisch verbandelte Paare, drehen eine Runde, kichern – und dann schnappe ich ständig auf „brauchen wir nicht" oder vielleicht „brauchen wir noch nicht". Aber was hält die Liebe denn frisch? Das ist Kreativität, Leidenschaft, Empathie und Mut – den brauche ich für die Verführung, denn ich kann ja tief fallen – und für all diese Dinge findest du in meinem Laden Sachen. Zu meinen, nur weil man frisch zusammen ist, braucht man so etwas nicht – das ist kurz gedacht.

Wenn wir ver-führen auch verstehen als „vom eingeschlagenen, gewünschten Weg abbringen", stellt sich in sexueller Hinsicht doch die Frage, wo die Grenze des freiwilligen Ausprobierens erreicht ist und wo jemandem etwas aufgezwungen wird. Erleben Sie auch solche Konflikte bei Ihren Kundinnen und Kunden?
Es gibt natürlich Paare, die sehr unterschiedlich sind. Ich habe zum Beispiel zwei Kunden, da hatte sie eine sehr klassische, mainstreamige Sexualität, und er war Fetischist und devot. Er wollte also gern einmal von ihr den Hintern versohlt haben. Sie konnte ihm das nicht geben. Was macht man da? Wenn zwei emotional so aufeinander stehen und sich sexuell aber so fern sind? Und darunter leiden. Natürlich haben generell viele auch Sorgen, dass Partnerin oder Partner mit Unverständnis oder sogar mit Ekel reagieren, wenn sie ihre sexuellen Wünsche äußern und die vielleicht etwas besonderer sind. Da braucht es viel Offenheit, Verständnis und Kompromisse.

Erzeugt diese Vielzahl an Möglichkeiten bei manchen auch Druck? Die Angst, mit dem, was Sie „mainstreamige Sexualität“ genannt haben, niemanden mehr hinter dem Ofen hervorzulocken?
Schwer zu sagen. Natürlich kann es sein, dass sich einige dadurch eher in ihr Schneckenhaus zurückziehen. Vielleicht auch verunsichert sind, was ihre Verführungskünste angeht. Aber ich erlebe oft, dass das Wissen um die Möglichkeiten und das Nutzen der Möglichkeiten das Begehren, die Lust stärken kann. Wenn ich weiß, da passieren immer mal wieder spannende, tolle Dinge, dann gehe ich vielleicht doch öfter mal ins Schlafzimmer statt zu kochen oder den „Tatort“ zu schauen. Ich werde auch selbstbewusster, wenn es mir dank einiger Hilfsmittelchen gelingt, meine Frau wieder öfter zum Orgasmus zu bringen. Und was alle sexy finden, Männer wie Frauen, ist Selbstbewusstsein im Bett.

Das ich zum Verführen auch brauche – ich will schließlich die Führung übernehmen.
Genau.

Klingt fast so, als wären Sie Unternehmerin und Paartherapeutin in Personalunion. Ist es schon vorgekommen, dass Sie jemandem nicht weiterhelfen konnten?
Mal überlegen. Es kommt zum Beispiel vor, dass Mediziner oder Therapeuten Leute zu mir schicken, die physische oder psychische Probleme haben. Bei denen irgendetwas tatsächlich nicht geht, nach einer OP zum Beispiel. Oder dass jemand in der Vergangenheit schlimme Erfahrungen gemacht hat und erst mal seinen Körper neu für sich entdecken muss.

Aber das sind ja keine Fälle, wo Sie eigentlich sagen müssten: Lassen Sie es, das bringt nichts?
Nein. So weit würde ich sowieso nie gehen. Aber ich erinnere mich tatsächlich an eine Frau in einer längeren Beziehung, die nicht gut lief. Sie fand heraus, dass ihr Mann eine Affäre hatte, kam vorbei und ließ die Kreditkarte glühen. Sie hat alles gekauft, was er jemals erwähnt hatte, alles, wovon sie glaubte, dass er es bisher vermisst haben könnte: Pornos, Peitschen, Fesseln, Prostatastimulator und so

weiter. Da hatte ich schon fast ein schlechtes Gewissen und hätte am liebsten gesagt: Dafür ist es jetzt zu spät, das wird nichts mehr.

Weil ein erfülltes Sexualleben unverzichtbar ist für eine gute Beziehung? Das müssen Sie ja jetzt sagen!
Weil es stimmt! Klar, andere Dinge sind auch wichtig für eine funktionierende Partnerschaft. Und klar, die Prioritäten verschieben sich, je länger man zusammen durchs Leben schreitet. Das ist ja nicht nur: Pizza essen, Cocktail trinken, in die Kiste, Beine hoch, Amerika. Aber wenn man vergisst, Wert auf eine funktionierende Erotik zu legen, wird es schwierig. Weil jeder die Bestätigung braucht. Ich kenne kein Paar, das sich getrennt hat, bei dem das Sexualleben noch brüllend gut funktioniert hat. Wenn da alles stimmt, ist man großherziger, fühlt sich sicherer, ist weniger eifersüchtig. Das heißt nicht, dass täglich Sex passieren muss. Aber die Möglichkeit, dass es passiert, muss immer da sein. Die Chance auf Verführung, wenn Sie so wollen.

Interview: Nadja Erb

Zur Person: Kathi Leiber, 40, verkauft seit fünfzehn Jahren Erotiktoys für Frauen und Paare – seit 2015 in ihrem eigenen kleinen Laden „Yes, we cum!“ im Frankfurter Nordend. Als Bloggerin gibt sie nebenher Einblicke hinter die Kulissen eines Sexshops.
www.yeswecum.de
www.gebetsschwester.de

Schau mir in die acht Augen, Kleiner

Im Tierreich hat das Bezirzen viele Facetten

Von Thomas Stillbauer

Verführungskünste sind in der Tierwelt besonders wichtig. Grob zusammengefasst lässt sich sagen: Die Männchen hauen sich ziemlich rein, um die Traumfrau ihrer schlaflosen Nächte rumzukriegen. Die Weibchen nehmen ihre Partner nach Gebrauch gern mal als Hauptmahlzeit zu sich.

Wer je mit Muße dem Gesang des Buchfinks gelauscht hat, der Virtuosität des Herrn Amsel und dem Klanggebäude von Monsieur Nachtigall, der (und vor allem: die) dürfte keine Zweifel mehr an der Ernsthaftigkeit ihrer Absichten haben. Da werden keine leeren Versprechungen gemacht. Die Botschaft lautet: „Hier geht's um Familienplanung, Süße, das kann ich dir zwitschern."

Weniger auf seine stimmlichen als auf seine architektonischen Qualitäten baut der Hüttengärtner in Indonesien. Hütte ist in seinem Fall stark untertrieben – er errichtet ein Eigenheim monumentalen Ausmaßes für die Hüttengärtnerin seiner Sehnsucht. Und er drapiert drum herum riesige bunte Haufen aus Blättern, Moosen, Pilzen, Früchten, Blüten, jeweils präzise einfarbig gehalten, er sammelt gar Gleichfarbiges aus dem Müll der Touristen, arrangiert Getränkedosensammlungen, alles säuberlich sortiert. Wenn er auch nicht umwerfend schön ist, der Hüttengärtner, und nicht betörend singen kann: Von Ästhetik versteht er was. Reichtümer ansammeln, das kann er. Und so was kommt in der Damenwelt ja vereinzelt auch ganz gut an.

Was setzt die holde Weiblichkeit den Pfauen und Protzen vom anderen Geschlecht entgegen, wie verführt frau im Tierreich? Nun, Spot an für Mademoiselle Glühwürmchen: Sie leuchtet in der Nacht und nutzt dazu das Verfahren der Biolumineszenz, einen Begriff, den die meisten von uns schon eine Woche nach dem Abi wieder vergessen haben. Wer kann da widerstehen?

Allerdings gibt es unter den Leuchtkäferinnen auch fiese, die nur Licht anmachen, um Männchen der anderen Unterart zu locken – und aufzufressen. Das ist im Übrigen eine weit verbreitete Marotte unter den Damen der Schöpfung. Ob Gottesanbeterinnen, Schwarze Witwen, viele weitere Spinnenarten, sie tun es, und dann hauen sie sich den Gatten rein für die Extraportion Protein. Frau Breitfuß-Beutelmaus macht ihren Partner bei der stundenlangen wilden Paarung so fertig, dass er anschließend entkräftet stirbt. Dass bei Bienen und Wespen der Kerl nur zum Schuften da ist, hat sich auch herumgesprochen.

Da loben wir uns die Bonobos, unsere sinnlichen Verwandten aus der Schimpansenwelt, die einander den ganzen Tag verführen, sei es zum Zeitvertreib oder auch, um Streit zu schlichten, aber dabei nie Böses im Sinn haben. Und zum Schluss kraulen wir noch hinüber zu den Seepferdchen: Sie tanzen einen langen, überwältigend schönen Balztanz – und dann befruchtet die Frau den Mann, legt die Eier in seiner Bruttasche ab, und den dicken Bauch kriegt: er.

Menschen reden über Gleichberechtigung. Andere sind da schon weiter.

Sprüche zum Schwachwerden

FR-Autorinnen und -Autoren erzählen von Flirts der besonderen Art

AUF DER ROLLTREPPE — *Von Tanja Kokoska*

Es begab sich an einem heißen, hessischen Sommertag vor wahrscheinlich zwanzig Jahren. Außer Einkaufstaschen trug ich nicht viel. Ich stand auf einer Rolltreppe. Warum, ist mir entfallen. Nicht aber, dass ich nach unten fuhr. Denn sonst wäre es gar nicht zu der Begegnung gekommen. Ein junger Mann, dunkles Haar, dunkles T-Shirt, dunkle Sonnenbrille, fuhr nach oben. Genau neben meiner nach unten führenden Rolltreppe. Naturgemäß kam der Moment, in dem wir uns auf derselben Höhe befanden. Unsere Blicke trafen sich. Er grinste, lugte hinter den Brillengläsern hervor, beugte sich zu mir herüber und schlug vor: „Mach disch naggisch, isch hab hart." Kaum gesagt, zwangen die Rolltreppen uns wieder auseinander, der Augenblick verging. Er gehört zu denen, die ich wegen ihrer bizarren Schönheit nie vergesse.

HALLO ERSTMAL — *Von Elena Müller*

Gesehen hatten wir uns schon öfter, Blicke gingen hin und her. An einem Abend im kalten Frühjahr 2013 fasste ich mir bei einem Termin der Stadt Frankfurt ein Herz, ging auf ihn zu und reichte ihm mit einem professionellen Lächeln die Hand: „Hallo, Müller, Frankfurter Rundschau", sagte ich. „Hallo, Maser, ich weiß", sagte er. Der Rest lief mehr als geschmeidig. Inzwischen sind wir verheiratet.

GUTER ABGANG — *von Boris Halva*

Nachdem diese Frau an mir vorbeigeschwebt war, verbrachte ich den Rest des Abends damit, sie – so dachte ich – diskret aus diversen Winkeln der Disko zu beobachten. Leider fiel mir kein guter erster Satz ein. So was muss sich ja auch aus dem Moment ergeben. Der kam, als ich Richtung Tür ging, weil die anderen, mit denen ich zurück ins Dorf fahren musste, gehen wollten, Und da stand sie, direkt am Ausgang. Ich blieb stehen: „Bist du öfter hier?" – Sie lächelte, leicht amüsiert und sagte: „Ja." Und ich sagte: „Dann sehen wir uns." Und ging. – Wenn wir heute irgendwo verabredet sind, kann es schon mal sein, dass ich meine Frau frage: „Bist du öfter hier?" Und dann freuen wir uns, dass wir uns nach dieser ersten Begegnung vor 20 Jahren tatsächlich wieder über den Weg gelaufen sind – drei Wochen später, auf einer Party auf irgendeiner Weide. Da war der erste Satz dann keine große Sache mehr.

NASENPFLASTER — *Von Jan Christian Müller*

Als Redakteur der FR darf man es eigentlich nicht laut sagen: Ja, ich gebe zu, einmal im Jahr mit meinen besten Freunden nach Mallorca zu düsen. Seit ungefähr 25 Jahren. Ziel ist es unter anderem, dort abends Unmengen Wodka-Lemon mit entsprechend vielen neuen Freundinnen zu trinken. Wahrscheinlich werde ich jetzt entlassen, aber egal. Jedenfalls überlegen wir uns jedes Jahr ein blödsinniges Motto als Persiflage auf Mallorca. Mal tragen wir Goldkettchen um den Hals, die wir zuvor im Baumarkt preiswert als Meterware erstanden haben, mal laufen wir in Sandalen mit braunen Socken und kurzärmligen Hemden sowie Lederkrawatte herum.

Was unsere jährlich wechselnden neuen Freundinnen angeht, ist die Sache mit den Nasenpflastern, die seinerzeit unter Bundesliga-Fußballern weit verbreitet waren, fraglos die erfolgreichste gewesen. Man schaute plötzlich in viele interessierte und vor allem schöne Gesichter, die Männer unseres Alters sonst gar nicht mehr beachten würden. Und man antwortete auf die fragenden Blicke plump: „Damit habe ich deutlich mehr Ausdauer – für dich!" War aber leider gelogen.

RAUMAUSSTATTER — *Von Bascha Mika*

Er war ein Wirtschaftsboss und öffentlich ausgesprochen präsent. Nach einer gemeinsamen Fernsehrunde, in der er mir gegenüber als harter Hund auftrat, lud uns die Redaktion des Senders auf ein Glas Wein ein. Für ihn offenbar das Signal – jetzt kommt's zum gemütlichen Teil. Jedenfalls sagte er bald, umstandslos grinsend: „Mit Ihnen möchte ich gern mein Schlafzimmer einrichten." Pech für ihn nur: Er war nicht George Clooney.

KURZES DATE — *Von Kathrin Rosendorff*

„Mir ist aufgefallen, dein Gesicht ist hübsch, dann ist es der Rest deines Körpers bestimmt auch. Wir sollten Sex haben", sagt mein Date. Es ist unser zweites Treffen. Beim ersten war er noch total lustig und cool. Bis vor wenigen Sekunden erzählte ich noch etwas über meinen Job. Das hat er aber völlig ignoriert. Stattdessen legt er nach: „Ich habe natürlich auch einen sehr schönen Körper. Wir sollten unsere tollen Körper zusammenbringen. Es wäre doch eine Schande, diese Gelegenheit nicht zu nutzen." Wir sind in einem Café, in dem man total eng am anderen Nachbartisch sitzt – und alles hört. „Na, wie läuft das Date?", fragt unsere Tischnachbarin und lacht. Ich antworte nur: „Geht so." Und sehe zu, dass ich schnell zur U-Bahn komme.

SPIEL MIT NAMEN — *Von Claudia Rittel*

Mein Junggesellinnenabschied, es ist spät, wir sind im „Pik Dame" im Frankfurter Bahnhofsviertel, tanzen und trinken Gin Tonic. Um uns herum eine Gruppe Jungs – viel zu jung für uns, aufdringlich und absolut nicht unser Ding. Da sind wir Mädels uns einig. Sie kommen immer näher, fragen schon die Ersten von uns nach ihren Namen. Doch darauf haben wir heute gar keine Lust. Da kommt eine von uns auf die Idee, dass wir uns flott neue Vornamen ausdenken. Wie sich die anderen genannt haben, weiß ich nicht mehr. Ein Spaß für den Moment. Mir kommt auf einmal der Name Sophie. Der gefällt mir. Und er ist in meinem Leben geblieben. Rund sieben Monate nach besagtem Abend haben mein Mann und ich unsere erste Tochter so genannt.

Du willst das doch auch!

Bis vor ein paar Jahren waren Youtuber die Plaudertaschen des Internets – heute sind Influencer die Darlings der Werbeindustrie: Keiner verführt so authentisch wie sie

Von Boris Halva

Vielleicht bin ich ja zu alt und habe sowieso keine Ahnung. Aber ich stelle es mir traurig vor, anderen immer nur zuzuschauen. Beim Essen, beim Schminken, beim Einkaufen, beim Völlig-ergriffen-auf-dieses-türkisfarbene-Meer-Schauen. Aber irgendwas daran muss wohl glücklich machen, sonst hätten all die jungen Frauen und Männer, die sich im Internet als Experten in sämtlichen Bereichen des schönen Scheins etabliert haben, nicht Hunderttausende, ja Millionen von Fans. So verfolgen beispielsweise junge Mädchen und Frauen täglich, was „Bibi" Heinicke, Dagibee, Sophia Thiel und die anderen Top-Influencerinnen auf ihren Internetkanälen so machen. Und schauen sich, bevor sie sich selbst schminken oder ihr Work-out starten, stundenlang Videos übers Schminken und andere Wege zum perfekten Ich an.

Doch auch wenn der Mensch gern zuschaut – in jedem steckt zudem das Bedürfnis, etwas zu tun, teilzuhaben, aktiv zu werden. Online liegt dann eben der Klick auf das Daumen-hoch-Symbol oder der Kauf des eben gepriesenen Lippenstiftes nahe. Kulturpessimistisch verkürzt könnte man sagen: Follower reduzieren ihr Handeln freiwillig auf zwei Grundbedürfnisse: zuschauen und zugreifen. Und das umso mehr, je größer die Sympathie für ihre Netzhelden ist.

Schon vor Jahren haben Hersteller von Puder, Täschchen und Schuhen das Potenzial dieses Marktes erkannt und damit begonnen,

Youtuber in gigantischem Ausmaß mit ihren Produkten zu überschütten. Und bis heute gilt: Je genauer sie den Geschmack des von ihnen auserkorenen Influencers treffen, umso geschmeidiger verbreitet sich ihr Produkt. Denn die jungen Internetstars nehmen die Präsente gerne an und scheuen sich auch nicht, all diese Dinge vor laufender Webcam anzupreisen. Und die Zielgruppe ist voll dabei. Schaut und hört und greift zu.

Doch es gibt auch junge Fans und Follower, in deren Begeisterung sich hin und wieder Zweifel mischen. So fragt sich etwa die elfjährige Paula manchmal, „wie Bibi und andere Youtuber im wirklichen Leben so sind, also, ob sie sich nur darstellen oder ob sie auch anders sein können, böse oder so“. Paula hat sich Hunderte von Bibis Videos angeschaut. Und sie findet „total cool“, wie Bibi Kinderklamotten und Schminksachen präsentiert und überhaupt ihr Leben im Netz ausbreitet. Und so auch ein bisschen in Paulas Welt hineinfunkelt, während sie Bibis zuckersüßen Badeschaum in die Wanne gluckern lässt.

Paulas Mutter geht es nicht um das Geld, das ihre Tochter in Bibis kunterbunte Welt hinüberwirft – die meisten Wünsche erfüllen ohnehin Oma und Opa. Sie ist vor allem ein bisschen müde von all den Diskussionen über Medienzeiten und die Frage, wie viel darf und sollte eine Elfjährige im Internet von sich preisgeben. Und es nervt sie, immer wieder eindimensionale Weltsichten korrigieren zu müssen: „Einmal hat eine Youtuberin erzählt, man müsse keinen Müll trennen, weil eh alles in ein großes Loch geschmissen wird – und meine Tochter hat das direkt geglaubt.“

Abgesehen davon, dass im Netz so mancher Blödsinn erzählt wird: Welche Folgen kann es haben, wenn sich Kinder und Teenager in so hohem Maße mit einem Menschen und den von ihm gepriesenen Produkten identifizieren? „Das ist schon problematisch“, sagt Medienpsychologe Sven Dierks, der an der Hochschule für Medien, Kommunikation und Wirtschaft in Frankfurt lehrt, „zumal es eine frustrationsanfällige Identifikation ist, weil sie vor allem über Produkte erfolgt. Das ist nur noch Glitzer, leer und inhaltsfrei.“ Natürlich habe es das Prinzip der Vermarktung über Musiker oder Sportler schon immer gegeben: Auch in den 80er Jahren hätten die Fans die Turnschuhe haben wollen, die ihr Idol beim letzten Gang über den roten Teppich anhatte. „Aber heute ist das viel extremer – mittels der Influencer werden Produkt und Konsument eins. Das ist natürlich der Traum eines jeden Marketingmenschen." Und der Albtraum eines jeden Psychologen. Denn, so Dierks, „wenn die Welt, in die ich mit meinen Youtube-Idolen abtauche, nur noch aus Produkten und Marken besteht, verschwindet allmählich das, was mich als Persönlichkeit ausmacht". Und zwar auf beiden Seiten des Bildschirms.

Dierks führt die Kölnerin Farina Opoku an, die unter dem schwülstigen Namen „NovaLanaLove" ihre 845.000 Follower auf Instagram nicht nur an ihren Traumreisen rund um den Globus teilhaben lässt, sondern auch die Themen Beauty, Mode und Wohntrends abdeckt. Wer ihre stilvolle, mit reichlich Fotos bestückte Webseite besucht, erfährt etwa unter dem Thema „Apartment Tour", dass sie gerade mit ihrem Freund zusammengezogen ist. Ihre neue Wohnung ist übrigens „zu 99 Prozent" mit Möbeln und Accessoires einer bestimmten Firma ausgestattet. Und damit ihre Follower nicht bloß zusehen müssen, wie sich Farina in ihrer Designermöbel-Katalog-Wohnung auf dem sandfarbenen Samtsofa räkelt, sondern auch selbst ein bisschen schöner wohnen können, hat Farina einen, wie sie es nennt: „langersehnten Code" ergattert, mit dem die Fans auf eine Online-Bestellung bei Farinas neuem Lieblingsausstatter 20 Prozent Rabatt bekommen. Einfach auf den Link klicken und stöbern und eine Kleinigkeit kaufen – irgendwas findet man ja meistens. Das ist übrigens ein sogenannter Affiliate-Link, der oft mit einem Mindestbestellwert für den Kunden und in der Regel mit einer Provision für den Influencer gekoppelt ist. Die über solche Links generierten Provisionen können bis zu einem Fünftel der monatlichen Einkünfte eines Influencers ausmachen.

Im April 2017 veröffentlichte das „Manager Magazin" einen Artikel über Bibi Heinicke und ihr – man kann es wohl inzwischen so nennen – kleines Werbeimperium. Heinicke betreibt seit 2012 ihren Kanal „Bibi's Beauty Palace" und hat allein dort knapp fünf Millionen Abonnenten, Schätzungen von Experten zufolge könnte Bibis monatliches Einkommen bei rund 110.000 Euro liegen. Allein Plaudern reicht dafür nicht. Diese Summe setzt sich zusammen aus Werbeeinnahmen, Provisionen von den eben erwähnten Affiliate-Links und nicht zuletzt aus Einnahmen aus dem Verkauf ihrer eigenen Körperpflegemarke, die von mehreren Drogerieketten vermarktet wird.

Heinickes Management wollte die Zahlen laut „Manager Magazin" nicht kommentieren. Andererseits kommt es auf ein paar Tausend Euro mehr oder weniger nicht an, solange ankommt, was Bibi macht. Zumal der Win-win-Mechanismus ja auch andersherum funktioniert: So hat die Drogeriekette „dm" Anfang Juli eine neue Eigenmarke lanciert, die dank der warmen Empfehlung der Beauty-Influencerin Paola Maria Koslowski schon nach zwei Tagen vergriffen war. Kein Wunder, Koslowski hat auf Youtube 1,7 Millionen Follower und auf Instagram 3,5 Millionen Fans.

Es braucht zum Geldverdienen aber nicht immer materielle Güter, wie die Karriere von Viktoria und Sarina belegt. Die zwei Mädels aus Österreich haben rund 1,3 Millionen Youtube-Abonnenten und konnten sich neben dem klassischen Beauty-Mode-Tralala vor allem durch pfiffige Do-it-yourself-Videos eine große Fangemeinde schaffen. Im Frühjahr 2017 haben die zwei ein Buch rausgebracht mit dem Titel „Spring in eine Pfütze". Das hübsch aufgemachte Büchlein, das für jeden Tag des Jahres eine Challenge, also eine kleine Aufgabe, enthält, hat sich über 300.000-mal verkauft.

Spring in eine Pfütze? Einerseits muss man anerkennen, wenn jemand aus so etwas Naheliegendem einen so großen Erfolg macht – etablierte Autoren verkaufen heute deutlich weniger Bücher und landen trotzdem in der „Spiegel"-Bestsellerliste. Andererseits stellt sich die Frage: Warum kommen unsere Kinder da nicht selbst darauf? Müssen erst zwei Grazer Gören den Teenies erklären, wie man ein bisschen verrückt ist? Wie man Kind ist? Sind wir Eltern schuld, weil wir zu oft gesagt haben: „Nicht in die Pfütze springen!"? Oder ist das Problem, dass unsere Kinder vor lauter Zuschauen nicht mehr zum Machen kommen?

Nicht jeder kommt derart ins Grübeln angesichts der Glorifizierung des Banalen, die heute in der Kommerzialisierung des Naheliegenden gipfelt. Der Erfolg von Viktoria und Sarina als analoge Buchautorinnen zeige eben auch, „wie man mit digitalen Persönlichkeiten den Kreis schließen kann und sich alles gegenseitig befruchtet". Das sagt Sebastian Romanus über den wunderbaren „Ausbau der Wertschöpfungsketten", an dem er und seine rund 70 Kolleginnen und Kollegen von der Influencer-Agentur Studio 71 arbeiten. Die ProSieben-Sat1-Tochter mit Sitz in Berlin betreut rund 120 Influencer, die meisten davon ziemlich bekannt und mitunter enorm erfolgreich. Romanus ist 38 Jahre alt und als Geschäftsführer bei Studio 71 für den Bereich Sales und New Business zuständig. Hier dreht sich alles um Werbung und die Frage: „Wie monetarisiere ich einen Künstler und dessen Reichweite durch Brand-Integration?" Zu sagen, sein Job sei es, zu schauen, welches Unternehmen zu welchem Influencer passt, treffe den Kern nicht ganz, betont Romanus. Abgesehen davon, dass bei Studio 71 nicht mehr von Influencern gesprochen wird, sondern vom Creator oder von Talenten: „Da sind wir erstmal Zuhörer", sagt Romanus, „denn der Markt hat sich inzwischen so weit entwickelt, dass unsere Talente eine ganz klare Vorstellung haben, mit wem sie zusammenarbeiten wollen oder eben nicht." Denn wenn die Kooperation nicht passt, hat keiner was davon: „Der Creator ist nicht glaubwürdig – und der Werbepartner erreicht sein ursprüngliches Ziel nicht."

Und neben Authentizität gehöre eben Glaubwürdigkeit zu den wichtigsten Faktoren des Erfolgs als Influencer. Diesem Grundsatz habe auch die seit vier Jahren bestehende Pflicht zur Kennzeichnung von Produktplatzierungen nicht wirklich schaden können, wie Romanus sagt. Im Gegenteil: die Schleichwerbungs-Skandale rund um Bibi oder den schwedischen Youtube-Star Pewdiepie, der seine Kooperation mit einem großen Computerspielehersteller nicht ausreichend offengelegt hatte, hätten eine gute Entwicklung angeschoben. Alles werde offengelegt, und wer heute als Creator etabliert sei, gehe ohnehin „nur eine Kooperation ein, wenn er oder sie hinter der Marke stehen kann". Außerdem sei den Influencern bewusst, „welche Verantwortung, ja welchen Einfluss sie haben – und wir versuchen, ihnen beim richtigen Umgang mit dieser Verantwortung zu helfen". Und was ist mit der kleinen Studie, derzufolge die Glaubwürdigkeit von Influencern gesunken ist, seit sie Produktplatzierungen kenntlich machen müssen? „Da gab es vielleicht einen kleinen Einbruch", sagt Romanus, „aber Kennzeichnung ist nun mal notwendig und hat auch für deutlich mehr Transparenz im Markt gesorgt."

Und so, wie nicht alle Follower sofort jedes Produkt kaufen, das ihr Internetliebling eben gerade erwähnt hat, sind auch nicht alle Influencer bloß Werbeträger. Psychologe Dierks bescheinigt immerhin einer kleinen Gruppe von Influencern „ein anarchisches Potenzial".

Wie etwa jenem Food-Blogger, der ein Paket von einem Nahrungsmittelkonzern bekam, dessen Marketingabteilung offenbar entgangen war, dass dieser junge Mann so gar nichts von Palmölplantagen und genmodifizierten Nahrungsmitteln hält. Dass der Blogger die Pröbchen vor laufender Kamera in den Müll geworfen hat, ist natürlich diskutabel – unsere Gesellschaft ist schon verschwenderisch genug. Aber immerhin: Seine Botschaft war deutlich. Und subversiv.

Und während sich viele der aufstrebenden Influencer natürlich immer noch über kleine Geschenke freuen, wächst im Internet auch jene kleine Gruppe von Bloggern, die Spaß daran haben, die Mechanismen der Mensch-Marken-Symbiose und der Konstruktion vermeintlicher Individualität aufzudecken. So fertigt ein Isländer unter dem Namen Insta_repeat regelmäßig Collagen aus Fotos, die von Reisebloggern gepostet wurden, die ganz offensichtlich alle von demselben Veranstalter nach Norwegen oder in die Karibik geflogen wurden, um sich dort ins Abenteuer zu stürzen oder ein neues Ferienresort zu testen. Auf diesen Collagen sieht man zwölf Mal jemanden auf einen Fjord blicken. Oder zwölf Mal den Blick aus dem Zelt in eine grüne Landschaft. Zwölf Mal Palmen am Strand. Die Botschaft der Collagen: Individualität ist eine Illusion, auch auf der anderen Seite des Bildschirms.

Mal sehen, wie die Marketingexperten diesen kritischen Ansatz monetarisieren.

Bloß nicht stressen

Wie die schöne Youtube-Instagram-Snapchat-Welt auf die Jugendlichen wirkt – ein Kommentar

Von Alicia Lindhoff

Als mir meine 13-jährige Schwester das erste Mal „Bibi's Beauty Palace" zeigte, konnte ich es kaum glauben: DAS war also diese Youtuberin, die es geschafft hat, dass mehr als fünf Millionen Jugendliche online jeden ihrer Schritte verfolgen und sie wie eine Heldin verehren? Diese ewig strahlende Person mit ihrem ebenso nichtssagenden und fast genauso erfolgreichen Youtuber-Freund?

Mal abgesehen davon, dass Bibi und die meisten ihrer Kolleginnen und Kollegen einen altbackenen Humor und quakige Stimmen haben, dass alle die gleichen Kleider, Gesten und Zimmereinrichtungen zur Schau stellen, ihre Videos bei jedem der hektischen Schnitte „Schleichwerbung" schreien und trotz ihrer zur Schau gestellten Normalität völlig unecht wirken: Wirklich ätzend an, sagen wir, 95 Prozent der deutschen Internetstars ist etwas anderes. Denn leider können Jugendliche nicht ihre komplette Zeit in der schönen Youtube-Instagram-Snapchat-Welt verbringen. Sie leben in derselben Welt wie wir, und es hat sich nichts verändert: Jugendliche haben Angst, es zu nichts zu bringen im Leben. Viele erleben Sexismus und Rassismus, manche hassen ihre Körper, und auch die feindselige politische Stimmung dieser Tage geht an ihnen nicht spurlos vorbei. Der Beitrag der Influencer, um ihnen beim Umgang mit all dem zu helfen? Bis auf ganz wenige Ausnahmen ist er gleich null. Deutsche Influencer sind das Unpolitischste, Unwiderständigste, was man sich vorstellen kann. Und das in einer Zeit, in der Empowerment und Gesellschaftskritik mit Stars wie Beyoncé und Feminist-T-Shirts bei H&M längst mitten in der Popkultur angekommen sind.

Nur Bibi & Co. scheinen den Schuss nicht gehört zu haben. Und wenn sich mal jemand dagegenstellt, wird das ganz schnell abgestraft. Als die Beauty-Bloggerin Luna Darko anfing, den Sexismus in der Youtube-Szene zu kritisieren, da verlor sie nicht nur viele, viele Abonnenten. Sie wurde auch zur Buhfrau der Szene. Männliche Youtuber droschen verbal auf sie ein, und die „Bravo" kürte sie kurzerhand zum „Meckermaul". Ganz oben auf der Beliebtheitsskala siedelte das Magazin dagegen Jungs-Crews wie die Lochis und ApeCrime an. Ihr Pluspunkt: „Kein Gezicke, Gejammer, Gemecker, Gestresse".

Die Millionen Followerinnen werden was aus der Sache gelernt haben: Beauty-Tipps und Dauerlächeln – oho! Stimme erheben gegen Missstände – oh no!

Die Taktgeberin

Elisabeth Fuchs führt in Salzburg als eine von wenigen Frauen weltweit ein großes Orchester – und verführt zu musikalischen Experimenten

Von Nicol Schmidt

Nicole Schmidt

Elisabeth Fuchs

Es ist ein heißer Sonntagnachmittag in Salzburg. Elisabeth Fuchs sitzt in Jeans und schlichtem, weißem Shirt neben drei jungen Musikern in einem kargen Übungsraum der Musik-Uni Mozarteum. Draußen, im Mirabellgarten, den man vom Fenster aus sieht, flanieren die Besucher unter uralten Kastanienbäumen, schauen den Springbrunnen beim Sprudeln zu. Drinnen herrscht pure Konzentration. Die vier haben nur Augen und Ohren für die Musik. Beethoven pur spielt das Moser-Trio, die Geschwister Sarah, Florian und Lukas. Elisabeth Fuchs hört zu, macht Notizen am Rand der Notenblätter, nickt sanft mit dem Kopf beim Einsatz des Violoncellos, wiegt den Körper im Takt mit, summt „bimbambam" die Melodie vor. Lobt: „Sehr gut. Nächster Soloeinsatz Violine." Am Mittwoch werden die Mosers ein Konzert geben, zusammen mit der Philharmonie Salzburg, einem großen Orchester mit bis zu 120 Musikern, das Elisabeth Fuchs vor 20 Jahren gründete und seither mit großem Erfolg führt.

Wie ist es für die drei, wenn eine Frau den Takt angibt? „Super, das passt", sagt Florian, in den Zwanzigern, kurzer Vollbart, halblanges Haar und bei Fuchs auch Konzertmeister. Streng sei die Chefin und verlange ihnen einiges ab. „Aber das ist okay. Am Ende soll ja etwas Gutes dabei herauskommen." Ob Mann oder Frau, er mache da keine Unterschiede.

Der Unterschied ist nur – es stehen kaum Frauen vorne am Dirigierpult. In den Orchestern ja, da sitzen inzwischen viele. Bassistinnen, Geigerinnen, Pianistinnen. Aber von den derzeit 129 Berufsorchestern in Deutschland haben nicht einmal eine Handvoll eine Chefdirigentin, in Österreich sieht es noch mauer aus. Zurzeit ist Lisi Fuchs, wie sie alle nennen, die Einzige mit dieser Führungsposition im ganzen Land – sieht man vom ORF-Radio-Symphonieorchester ab, das sich von September 2019 an Marin Alsop gesichert hat, die als erste Frau ein großes Orchester in den USA leitete.

Woran liegt es, dass Frauen in diesem Beruf immer noch die Ausnahme sind? Vor 100 Jahren, da war eine Maestra sogar unvorstellbar. „Eine Berockte und 100 Mann zum Unisono bringen – das wär' a Gaudi", höhnte damals der Komponist und Dirigent Richard Strauss. Und bis heute wabern alte Klischees in den Köpfen herum, erklären Musikwissenschaftler: Ein Dirigent habe männlich, stattlich und grauhaarig zu sein, ein umschwärmter Kerl im wehenden Frack. Toscanini und Karajan lassen grüßen. Frauen dagegen, so die Vorurteile, die auch für diesen Bereich gelten, seien zickig und durchsetzungsschwach und brächten, so behauptete ein russischer Dirigent noch vor vier Jahren, mit ihrer „sexuellen Energie" die Musiker durcheinander. Gegen solch eine Männerbastion anzukämpfen, auch vor Publikum und Orchester, sei noch immer ein mühsamer Weg.

Aber die Zeiten, als Karajan mit geschlossenen Augen sein Publikum verzückte, sind vorbei. Dirigenten treten nicht mehr als Halbgötter auf, die keiner anzusprechen wagt. „Der Führungsstil ist anders geworden. Der Maestro oder die Maestra lassen sich schon mal was sagen, gehen auf die Wünsche des Orchesters ein. Und wenden sich ans Publikum", sagt Fuchs. Auch die Männerbastion bröckelt. „Es gibt in der jungen Generation immer mehr Frauen, die diesen Weg gehen." Dass sie allerdings in naher Zukunft gleichziehen, glaubt die zweifache alleinerziehende Mutter nicht. „Das hängt vor allem damit zusammen, dass das Dirigieren so wenig familienfreundlich ist. Es ist kein Teilzeitjob, es erfordert die ganze Person. Sehr viel ist man dabei unterwegs. Es ist wichtig für einen Chefdirigenten, auch andere Orchester zu dirigieren, sonst gibt es keine Weiterentwicklung. Da auch noch Kinder unterzubringen, braucht sehr viel Organisationstalent und Energie."

Beides hat die 42-Jährige, die sagt, Besitz enge ein, und die nie in Stöckelschuhen und engem Kleid auftreten würde, um der Musik den Vortritt zu lassen. Sie scheint geradezu vor Tatendrang zu platzen, sprudelt ohne Punkt und Komma drauflos. Ja, ihr mache Führen Spaß. Als Chefdirigentin müsse man klar sagen, wo es langgeht, sonst ginge der Job nicht. Sie entscheidet, was wird gespielt, in welcher Besetzung, mit welchem Notenmaterial. „Es ist eine unglaublich schöne Aufgabe, einen großen Klangkörper aus Chor, Orchester, und Solisten so zusammenzuführen, dass am Ende wunderschöne, berührende Musik fließt." Ob Mann oder Frau sei eigentlich kein Thema für sie. Es gehe um fachliche und soziale Kompetenz. „Ich bin ein gefundenes Fressen für Frauenrechtlerinnen, aber ich habe keine Zeit, darüber nachzudenken, ob ich mehr leisten muss als männliche Kollegen, um etwas zu beweisen. Ich mach' einfach."

Schon mit drei Jahren beherrscht die Tochter von Wirtsleuten in einem oberösterreichischen 2.500-Einwohner-Dorf das Blockflötenspiel, beigebracht von Tante Christina im Kindergartenturnsaal. „In unserem Gasthaus war oft die Musikkapelle zu Gast, und dort wurde sehr früh beobachtet, dass ich auch außerordentlich rhythmisch zu diversen Märschen mitmarschierte." Ein paar Jahre später hätte sie gerne Querflöte gelernt, „aber in der Kapelle, wo ich unbedingt mitmachen wollte, war nur noch eine Klarinette frei zum Ausleihen – darum Klarinette und später Saxophon". Als Teenager kommt Schlagzeug dazu, „weil ich mich in einen Schlagzeuger verliebt hatte". Sie besucht das Musikgymnasium in Linz, entscheidet sich für ein Lehramtsstudium in Salzburg, Mathe und Musik. Aber merkt, dass in ihr noch viel mehr Musik steckt und wagt mit 22 die Aufnahmeprüfung fürs Dirigieren am Mozarteum, als einzige Frau, natürlich. Aber das spielt für die Lisi keine Rolle: „Ich habe ab der ersten Stunde gemerkt: Das ist meins. Das fließt einfach."

Als sie vor dreizehn Jahren in einem alten, geliehenen Gehrock das erste Mal in Salzburg im Großen Festspielhaus dirigierte, habe es noch geheißen: „Oh, da dirigiert ja eine Frau." Inzwischen sei das normal. „Da habe ich schon eine ganze Menge dieser teilweise verkrusteten Strukturen aufgebrochen." Aber natürlich sei sie dabei auch an Grenzen gestoßen, ständig. „Das sehe ich überhaupt als meine große Herausforderung im Leben, stets zu versuchen, den Horizont bei allen Menschen zu öffnen." Immer habe es geheißen, man kann kein Orchester so jung gründen, man kann doch keine Lehrlings- und Familienkonzerte oder Kinderfestspiele veranstalten, und schon gar keine Crossover-Projekte, wo ein DJ, ein Orchester und Akrobaten auftreten. „Ich habe gezeigt: Freilich kann man das." Deshalb sieht sich die Dirigentin Lisi Fuchs, die in Salzburg Türen für andere geöffnet hat, auch durchaus als Vorbild.

Kürzlich erzählte ihr eine Mutter, die mit ihren Kindern seit zehn Jahren die Familienkonzerte besucht, wie erstaunt ihr Sohn war, als er zum ersten Mal eine andere Musikveranstaltung erlebte und sagte: „Mama, schau mal, da dirigiert ja ein Mann."

Betörende Köstlichkeiten aus Frauenhand

Von Ruth Herberg

MEISTERIN DER KLEINEN DINGE

AZKO IIMORI MIXT JAPANS UND FRANKREICHS PÂTISSERIE

Es gibt vermutlich nur wenige Menschen, die von sich behaupten können, ihren Kindheitstraum zum Beruf gemacht zu haben. Azko Iimori aber gehört dazu. Die Japanerin hat sich als kleines Mädchen an den Schaufenstern der Konditoreien in ihrer Heimatstadt Tokio die Nase platt gedrückt und wusste schon damals: „Das will ich auch!"

Heute führt die 54-Jährige das „Iimori Haus" in der Frankfurter Altstadt und kredenzt feinste Pâtisserie mit japanisch-französischer Note. So backt sie neben New York Cheesecake oder einer Tarte au Chocolat auch mal eine Matcha-Torte.

Besonders bekannt ist die Japanerin aber für etwas anderes: kleine Köstlichkeiten wie fruchtige Törtchen, Macarons oder Petits Fours. Dafür, so glaubt sie, gibt es einen bestimmten Grund: „Heute wollen die Leute was Leckeres essen, aber am besten mit wenig Kalorien." Da kämen kleinere Portionen besonders gut an. „Kleine Köstlichkeiten, die aber dafür besonders intensiv schmecken – da kann doch keiner widerstehen."

HÜTERIN DER TRADITION

ELKE HEINHUIS FÜHRT DIE KONDITOREI LAMMERSKÖTTER

Bombe au Chocolat, Tarte Miserable, Bresilienne: Was für den einen das kulinarische Paradies auf Erden ist, ist für Elke Heinhuis das tägliche Geschäft – dafür aber nicht weniger köstlich. Seit rund siebzehn Jahren führt die 52-Jährige gemeinsam mit ihrer Schwester die Konditorei Lammerskötter in Aachen, ein Familienbetrieb seit 1937. Eigentlich hatten sich beide Schwestern beruflich in eine andere Richtung orientiert. Als die Eltern die Konditorei aus Altersgründen aber aufgeben wollten, haben sie sich entschieden, das Geschäft weiterzuführen.

Egal ob Torten, Desserts, Pralinen oder Gebäck – in ihrer Konditorei setzen die Schwestern auf einen Mix aus klassisch und modern. So gibt es die für Aachen typischen Printen nicht nur in der rechteckigen Form, sondern auch als Stange. „Die ‚Printinis' haben wir uns patentieren lassen und zusammen mit einem Maschinenbauer eine spezielle Walze für die Form entwickelt", so Heinhuis.

Die Schwestern sind Profis in Sachen kulinarischer Verführung. Sie wissen, warum fast niemand der süßen Versuchung widerstehen kann. „Ein Stückchen Schokolade beispielsweise, das auf der Zunge zartschmelzend zergeht, löst doch eine Geschmacksexplosion aus", sagt Heinhuis. „Das ist Glück pur."

SCHÖPFERIN DER EDLEN TROPFEN

FRANZISKA BISCHOF IST EDELBRAND-SOMMELIÈRE IN DER RHÖN

Franziska Bischof brennt. Nicht nur für die Natur und gutes Essen, sondern auch Spirituosen. In vierter Generation führt die 32-Jährige eine Edelbrennerei im unterfränkischen Wartmannsroth und stellt edle Tropfen wie Rhöner Whisky, Gewürzlikör oder London Dry Gin her. „Ein Traumjob", wie sie sagt.

Um das zu erkennen, musste sie jedoch erst einen Umweg machen. Nach dem Abitur ging sie nach Italien, studierte Marketing und Tourismusmanagement und hatte ihren ersten Job. In Italien, sagt sie, sei sie zum Genussmenschen geworden. Sie lernte italienisch zu kochen, guten Wein und gutes Essen zu schätzen und zu genießen. „Erst durch meine Erfahrungen dort habe ich erkannt, was für ein tolles Handwerk meine Eltern eigentlich machen", sagt sie.

Sie zog zurück nach Deutschland und ließ sich zur staatlich anerkannten Brennerin und Edelbrand-Sommelière ausbilden. Seit gut eineinhalb Jahren führt sie die Brennerei hauptberuflich. Besonders stolz ist sie auf ihren eigenen Gin. Anders als bei den Obstbränden könne sie hier freier arbeiten und etwa beim Wacholdergehalt oder den Botanicals experimentieren, sagt Bischof. Sie selbst trinkt am liebsten Vogelbeergeist. „Der schmeckt weniger fruchtig, aber sehr erdig und irgendwie männlich."

In die Seeligkeit gelockt

Die Gesänge der Sirenen geben Rätsel auf,
die Grunzlaute der Seekühe kaum

Von Manfred Niekisch

Sirenen sitzen heute meistens auf Dächern, um im Bedarfsfall Alarm zu geben. Wie die Heulgeräte zu ihrem Namen kamen, ist überliefert. Ihr Erfinder, ein französischer Ingenieur, wollte damit Anfang des 19. Jahrhunderts an den betörenden Gesang dieser mythischen Meereslebewesen erinnern, der so viele Seefahrer das Leben kostete. Wie allerdings die Fabel um diese Verführerinnen und ihre Künste entstanden ist, liegt im Dunkel der Geschichte verborgen. Noch heute rätselt man, welches tierische Vorbild diesen Wesen zugrunde liegen könnte, die – halb Fisch, halb Frau – schon Hunderte von Jahren vor der Zeitenwende die Gemüter beschäftigten.

Homer setzte ihnen in seiner Odyssee ein erstes Denkmal. Selbst Johann Wolfgang von Goethe widmete ihnen ein Gedicht. In seiner Ballade vom Fischer und der Nixe trifft er den Kern dessen, was sich durch die Märchen und Sagen zieht, die sich mit diesen verlockenden Geschöpfen befassen. Seefahrer und Fischer, die ihren Verführungen erliegen und ihnen in die Tiefe folgen, sind glücklich. Kein Kampf gegen den Tod, kein Ringen ums Überleben. Immer scheint es ein seliges Entschwinden zu sein.

Meerjungfrau, Sirene, Wassernixe lassen sich kaum voneinander unterscheiden und sind letztendlich Bezeichnungen für ein und dasselbe Fabelwesen. Freilich variieren die Ausgestaltungen geografisch und über die Zeit. Ihre Faszination ist dabei immer eine sehr erotische, aber sie hat keinesfalls sexuellen Charakter. Dafür sorgt schon der fischähnliche Unterleib, der jeden Gedanken an körperliche Vereinigung bereits im Ansatz ad absurdum führt. Nur einem dieser Wesen gelingt es, sich des Fischunterleibes zu entledigen. Mit Hilfe der Zauberkünste einer Meerhexe lässt sie ihn zu Beinen umwandeln. Laut Hans Christian Andersen handelt diese kleine Meerjungfrau aus Liebe zu einem Menschen. Sie ist folglich völlig aus der Art geschlagen, denn sie will gar nicht verführen und auch niemanden in ihr Unterwasserreich locken. Als Preis für die Umwandlung muss sie allerdings ihre Stimme abgeben, die schöner ist als die all ihrer Schwestern. Stimmlos geworden, kann sie dem ahnungslosen Prinzen ihre Liebe nicht erklären. So wie einerseits der Gesang die Verführungskünste der Sirenen ausmacht, so führt hier das Fehlen der Stimme in den Untergang des liebenden Zauberwesens.

Allein schon die starke Betonung der Bedeutung ihres Gesangs spricht dagegen, dass all diesen Verführerinnen ein tierisches Vorbild zugrunde liegt. Die in diesem Zusammenhang oft zitierten Seekühe, pflanzenfressende Säugetiere, haben nur ein paar Grunztöne zur Verfügung. Außerdem wiegen sie mit ihren massigen Körpern 250 Kilogramm und mehr und taugen damit wenig für männliche Fantasien über attraktive Frauenkörper, so lange ein Mann auch auf See unterwegs gewesen sein mag. Ihre Brüste sitzen ähnlich wie beim Menschen zwischen den (zu Flossen umgewandelten) Vorderarmen und die Augen sind – anders als bei Robben – nach vorne gerichtet. Beide Merkmale der Seekühe werden zwar bezüglich der Verwechslungsfähigkeit mit weiblichen Wesen des Wassers immer wieder angeführt, vermitteln jedoch angesichts der Gesamterscheinung sicher kaum Ähnlichkeit zu einem menschlichen Wesen.

Als Bewohnerinnen tropischer Küsten kommen sie zudem nicht im offenen Meer vor, auch nicht im Mittelmeer, wo Odysseus ihnen begegnet sein soll. Der wusste um die Macht ihres Gesanges und wollte ihn doch unbedingt hören. Er ließ sich dazu an den Schiffsmast fesseln, um der Verführung widerstehen zu können und versiegelte seinen Gefährten die Ohren mit Wachs. Als sein Schiff außer Hörweite der Sirenen kam, war die Gefahr gebannt. Die Philosophen Horkheimer und Adorno interpretierten in der berühmten Frankfurter Schule die Versuchungen dieses Kriegshelden und seinen erfolgreichen

Widerstand dagegen denn auch in Richtung der Auseinandersetzung des Individuums mit einer bedrohlichen Natur.

Es gibt wohl kein anderes Fabelwesen, das wie die Sirenen seinen Weg gefunden hat aus den frühesten Dichtungen der westlichen Welt durch die Poesie der Jahrhunderte bis hinein in die Dialektik der Aufklärung.

Verführerische Verlockungen durch zauberhafte Stimmen, die Faszination des Wassers, die Vorstellung von einem seligen Ende – dazu braucht es keine tierischen Vorlagen. Es liegt wohl bis heute im Wesen der Verführung, dass ihr eine Prise Geheimnisvolles innewohnt. Seekühe haben ganz andere Sorgen.

Manfred Niekisch ist Biologe und früherer Direktor des Frankfurter Zoos.

Schlampen

Luder, Zicke, Feminazi – unangepasste Frauen stehen schnell am Pranger.

Deine Mudda ist eine Frau

Was den Inuit der Schnee, ist den Deutschen das Luder

Von Ella Carina Werner

In den Achtzigerjahren, als ich Kind war, kursierten in meinem Dorf allerlei frauenfeindliche Beleidigungen. Das war halt so, das nahm man so hin: „Flittchen", „Mannsweib" oder gar „Standgebläse", wie eine zierliche Klassenkameradin schon in der Grundschule genannt wurde. Es gab auch eine „Emanze". Das war spannend. Ich kannte sie nicht persönlich, sah sie nur von Weitem. Immer umgab sie eine Aura des Geheimnisvollen, selbst wenn sie beim Krämerladen ein paar Eier kaufen ging. Mit Schaudern betrachtete ich ihr unkrautüberwuchertes Haus. Was tat sie da drin? Vor sich hin brummeln? Ihre meterlangen Beinhaare kraulen? Zaubertränke brauen? Drei Straßen weiter gab es auch eine „Karrierefrau". Sie fuhr ins Büro im Hosenanzug und hatte sogar ein Kind. Ein armes „Schlüsselkind", das allein nach Hause gehen musste. Nie bastelte die alte Egoistin was für den evangelischen Weihnachtsbasar, sehr zum Ärger des Pfarrers.

Frauen abwertende Begriffe kursieren natürlich noch heute. Lieblingszielscheibe: die Mutter. Von „Motherfucker" bis zu abertausenden Deine-Mutter-Witzen, die sich semantisch meist darum drehen, dass „Mudda" dick oder dumm ist. Selbst die wenigen Dein-Vater-Witze haben als Zielscheibe letztlich auch meist wieder die Mutter:

„Dein Vater geht in den Puff, um dort deine Mutter zu besuchen!" Schimpfwort-Experten könnten jetzt argumentieren, dass die Mutter eben noch immer als das Unantastbare, Heilige gilt und fiese Mutterwitze dadurch die größte Schlagkraft haben, aber ich glaube, sie offenbaren einfach nur die Lust an Frauenfeindlichkeit. Auch das weibliche Geschlechtsorgan wird gern gebraucht, um eine Person zu beleidigen. Niemand ruft: „Verpiss dich, du Pimmel!", außer manchmal ich, aber wirklich nur zwecks ausgleichender Gerechtigkeit, Spaß macht mir das nicht.

Frauen abwertende Sprache zeigt: Irgendwie ist die Frau nie so, wie sie sein soll, nie ist sie ganz „richtig". Mal ist sie beruflich zu ambitioniert (Rabenmutter), wann wieder zu wenig (Glucke), zu männlich (Mannsweib), zu weiblich (Tussi), zu defensiv (Mauerblümchen), zu offensiv (Kratzbürste), vor allem zu offensiv in sexuellen Dingen, diese Schlampe, diese Bitch, Bumsnudel, Luder ... so wie die Inuit 100 Wörter für Schnee kennen, gibt's im Deutschen um die 180 Schimpfwörter für sexuell aufgeschlossene Frauen. Und dann gibt es noch all jene Begriffe, die eigentlich überhaupt nichts bedeuten und rein durch Sinnfreiheit bestricken: Tusnelda, Trulla, Tuse, Spinatwachtel ... Apropos Wachtel: Beschimpfungen mit Tierbezug gibt es für beide Geschlechter. Doch aufgepasst: Bezogen auf Frauen handelt es sich vornehmlich um kleine, zahme Haus- und Hoftiere, am liebsten Geflügel: Schnepfe, dummes Huhn, Pute .... ab und an ist auch ein gutmütiger Paarhufer darunter wie die Zimtziege oder die blöde Kuh. Beleidigungen von Männern hingegen beziehen sich gern auf Säugetiere größeren Kalibers und machen auch vor Primaten nicht halt: Hornochse, Salonlöwe, Bürohengst, Affe oder aufgeblasener Gorilla.

Dass ich mit unserer Dorfemanze (fast hätte ich Dorfmatratze getippt) nie gesprochen habe, stimmt übrigens nicht ganz: Einmal, ich war so 11, 12 Jahre alt, haben wir uns doch unterhalten, in der Warteschlange vorm Krämerladen. Irgendwann platzte es aus mir heraus: „Ähm, stimmt das eigentlich, sind Sie eigentlich wirklich so eine ... EMANZE?" „Ja", sagte sie ruhig, mit ihrer schönen Alt-Stimme und lächelte mich an. Sie fragte mich, ob ich mir etwas „Lektüre zum Thema" ausleihen wolle. Leider habe ich damals sofort und sehr empört verneint.

„Mich Schlampe nennen? Das traut sich keiner!"

Komikerin Carolin Kebekus erzählt, wie sie mit Shitstorms umgeht, warum gutes Aussehen sie vor noch mehr Anfeindungen schützt und warum Frauen manchmal untereinander einfach nur biestig sind

Frau Kebekus, wie definieren Sie das Wort Schlampe?
In meinem Wortgebrauch benutze ich Schlampe für jemanden, der unordentlich ist. Ich würde auch über meinen Bruder sagen, dass er eine Schlampe wäre, wobei er sehr ordentlich ist. In der Hinsicht bin ich aber wirklich eine Schlampe (lacht). Als Kind hatte ich auch dieses Kinderbuch, wo die Protagonistin Schlampampe hieß. Das war so ein ganz unordentliches Mädchen und am Ende war die Message: Man sollte besser mal aufräumen, damit man auch glücklich im Leben werden kann. Den Begriff Schlampe für eine Frau, die leicht zu haben ist, gibt es so in meinem Sprachgebrauch nicht.

Wie reagieren Sie eigentlich, wenn jemand auf der Straße Sie eine Schlampe nennt?
Ich bin so etwas nicht ausgesetzt. Das traut sich keiner (lacht). Aber wenn das jemand sagen würde, ist es erstmal immer blöd, beschimpft zu werden. Ob als Schlampe oder sonst etwas. Aber in dem Fall hat es diesen negativen sexuellen Begriff, der ganz klar sagt: Als

Frau sollte man die Zahl seiner Geschlechtspartner an einer Hand abzählen können, weil es sich ansonsten nicht gehört. Man kennt auch diesen Spruch: „Die ist total krass, die geht mit jedem ins Bett." Das ist unter Frauen oft anders. Ich kenne Mädchenrunden, wo auch mal eine reinkommt und stolz erzählt: „Ich habe den und den flachgelegt." Und alle rufen: „Juhu!" Dieses Bild würde aber eine Frau nie nach außen tragen. Also, dass sie öffentlich zugibt, gerne und viel Sex zu haben und das mit vielen Partnern. Das wird Frauen leider immer noch negativ ausgelegt. Diese Herabsetzung von Frauen über eine sexuelle Aktivität ist etwas, was deshalb leider immer noch funktioniert.

Bei Männern, die viele Sexpartner haben, sagt aber niemand: „Was für eine Schlampe!"

Bei Jungs sagt man dann eher in so einem lustigen, verständnisvollen Ton: „Ach, Mensch, der Peter, der bumst wieder alles, was bei drei nicht auf dem Baum ist. So ist er halt." Bei Frauen fängt man hingegen schon an, da gleich etwas reinzuinterpretieren: „Ich mache mir so Sorgen um die Michaela, die bumst wirklich jeden. Aber das ist nur so, weil sie die große Liebe in jedem Mann sieht, der vorbeikommt." Ein Mann muss seinen Samen weitläufig verteilen. Das sei biologisch verankert. Eine Frau soll aber bitte ihre monatliche Eizelle hüten ...

In Ihrer Sendung „Pussy Terror TV" sprechen Sie gern über Skinny Bitches. Darf man Bitch sagen?

Skinny Bitch ist in meiner Sendung der Inbegriff für diese Instagram-Schönheiten, die keine Kohlenhydrate mehr essen und, wenn sie hungrig sind, nur an einer Erbse riechen. Das Ziel von vielen jungen Mädchen ist es leider mittlerweile, eine Skinny Bitch zu sein. Und ja, Frauen können durchaus eine Bitch sein. Es gibt auch Frauen, die richtige Arschlöcher sind, die ihre Macht missbrauchen oder intrigant und hinterhältig sind. Und dann darf man auch sagen: „Das ist eine Bitch." Aber das hat dann nichts mit ihrem Aussehen oder ihrer Sexualität zu tun.

Kennen Sie auch diesen „Bitch-Blick“, den Frauen anderen Frauen zuwerfen, wenn sie beispielsweise einen kurzen Rock tragen oder auch sonst, wenn Neid entsteht?
Ja, diesen Blick kenne ich. Das hängt damit zusammen, dass man als Frau früh lernt, sich darüber zu definieren, dass man die Schöne, die Einzigartige und die Tolle sein muss. Wie beim RTL-„Bachelor“, wo es nur die eine Auserwählte gibt. Diese ganze Sendung ist wie so ein Neandertalerdorf. Die Frauen müssen um diesen einen Silberrücken kämpfen. Nur damit sie das Alphaweibchen sind, verlieren sie den Respekt vor sich selbst – wie Schimpansinnen im Sumpf. Die Sendung ist wie ein altes Abziehbild, es füttert diesen einen Gedanken, den ich ganz giftig finde: Nämlich, dass es für Frauen nicht genug Platz gibt, nebeneinander zu existieren. Selbst in Märchen gibt es nur die Eine. Ansonsten sind da noch die böse Stiefmutter oder bösen Stiefschwestern. Eine Frau hat da auch nie eine andere Frau als Verbündete. Als ich angefangen habe, auf die Bühne zu gehen, bin ich in Mixed Shows aufgetreten. Für mich gab es da öfter die Ansage: „Ach Mensch, blöd, jetzt sind wir schon voll.“ Und ich sagte: „Aber da ist doch noch ein Platz frei.“ Und die Antwort war: „Ja, aber wir haben ja schon eine Frau.“ Damals habe ich das gar nicht so hinterfragt, warum dürfen vier Männer, aber nur eine Frau auftreten? Eigentlich hätte ich sagen müssen: „Und wenn es danach geht, müsstest ihr dann nicht auch noch eine Ziege und ein Pferd auftreten lassen?“

Und wie ist das bei Ihnen mit der Biestigkeit gegenüber anderen Frauen?
Da kann ich mich gar nicht ganz ausschließen. In meinem Freundeskreis bin ich die Lustige. Ich weiß noch, als ein Freund seine neue Freundin dem Freundeskreis präsentierte, und ich war nicht dabei. Und das Erste, was mein damaliger Freund sagte, war: „Mein Gott, die ist so lustig.“ Und mein erster Gedanke war: „Ich töte die Alte. Ich bin die Lustige.“ Das ist etwas, was Männer nicht so haben. In dem Moment habe ich mich selbst dann auch hinterfragt: Seit einiger Zeit mache ich deshalb auch ganz weit die Tür auf, wenn es um andere Frauen geht.

Was war die bislang schlimmste Beleidigung Ihnen gegenüber?
Letztes Jahr habe ich einen Kollegen, den ich schon lange nicht mehr gesehen hatte, wiedergetroffen. Und er meinte dann: „Bei dir läuft es jetzt wahnsinnig gut, du füllst jetzt riesige Hallen. Aber du hast auch echt Glück, dass es keine andere Frau gibt, die so lustig ist wie du!" Er meinte das vollkommen ernst. Zunächst konnte ich gar nicht darauf antworten, weil er das so nett gesagt hat. Und er meinte das auch nett. In seinen Augen war das ein Kompliment. Aber dann habe ich eine Nacht darüber geschlafen und merkte immer mehr, wie unfassbar unverschämt seine Aussage war. Was für eine Respektlosigkeit meiner Leistung gegenüber, meinem Talent, meinem Werdegang, meinen Fans, alldem, was ich mir aufgebaut habe. Als ob meine einzige Leistung sei, eine Frau zu sein. Das war eine der schlimmsten Beleidigungen.

Ihr Humor ist manchmal auch recht hart und nicht alle verstehen ihn. So waren Fans von Helene Fischer damals ziemlich wütend, weil Sie die Sängerin parodiert und kritisiert hatten. Wie gehen Sie eigentlich mit Shitstorms um?
Ich weiß vorher, was ich auslöse, oder kann es mir vorstellen. Aber wenn ich denken würde: „Oh Gott, da kommt jetzt ein Shitstorm auf mich zu", dann könnte ich meine Kunst auch lassen. Ich lösche keine Kommentare, aber steige auch in keine Diskussionen ein. Das Ergebnis, was meine Kunst auslöst, daran beteilige ich mich nicht mehr. Ich muss Leuten nicht meine eigene Aussage erklären.

Haben Sie eigentlich das Gefühl, dass Sie, weil Sie gut aussehen, fieser beleidigt werden?
Was das Aussehen betrifft, werde ich nicht härter beschimpft. Ganz im Gegenteil. Wäre ich übergewichtig und hätte ein verbautes Gesicht, dann könnte ich mir noch einiges mehr anhören. So aber wird mir viel verziehen. Aber wenn man als Frau einen Shitstorm abbekommt, dann sind das zu 90 Prozent sexuelle Beleidigungen. Von „du Fotze" oder „dich fasst doch keiner an" bis hin zu „du, mit deiner feministischen Scheiße, du gehörst doch nur mal richtig durchgebumst". Daraus hatte ich auch eine Nummer gemacht: Diese Vorstellung zu glauben, dass man eine Frau „zurechtbumsen" kann, fand

ich so absurd wie lustig. So als ob, wenn man als Feministin von einem Typen gebumst wird, es einem dann plötzlich wie Schuppen von den Augen fällt: „Jetzt sehe ich klar! Gib mir eine Schürze! Ich möchte Frikadellen machen.“

Interview: Kathrin Rosendorff

Zur Person: Carolin Kebekus wird 1980 in Bergisch-Gladbach geboren. Sie wächst in Köln-Ostheim auf. Nach dem Abitur beginnt sie als Praktikantin bei der Produktionsfirma der „RTL Freitag Nacht News“. Weil sich ein Schauspieler zu einem Dreh verspätet, springt sie in einem Sketch ein. „Die Kleene ist ja ganz lustig“, sagt Produzent Hugo Egon Balder. Ihre Karriere in der Comedy-Welt beginnt. Seit 2015 moderiert Kebekus ihre eigene Sendung „Pussy Terror TV“, die im Ersten läuft.
Kebekus ist auch Teil des Ensembles der „ZDF heute-show“.

Die Feinde im Netz

Wie drei Frauen die Angriffe auf ihre Person konterten

VON TROLLEN GEJAGT: ZOE QUINN

Von Daniel Dillmann

Unter dem Hashtag #Gamergate veranstalteten Internettrolle ab 2014 eine digitale Hexenjagd auf Frauen in der Videospiel-Branche. Die Theorie dahinter: Die Videospiel-Industrie werde von liberalen Kräften unterwandert. Erstes Opfer war Zoe Quinn. Die Spielentwicklerin habe sich gute Kritiken mit Sex erschlichen. In der Folge gerieten Personen, die sich mit Quinn solidarisierten, ins Visier der Trolle. Sie beschimpften und bedrohten ihre Opfer zumeist über Twitter, hackten Accounts und veröffentlichten private Fotos und Kontaktdaten. Später stritten sie die Beteiligung an der Hetze ab, bezweifelten die Glaubwürdigkeit der Opfer oder bagatellisierten die Angriffe. Einige Frauen wechselten ihren Wohnort und zogen sich aus der Branche zurück. Eine Recherche des US-Blogs „Deadspin" ergab: bis Oktober 2014 beteiligten sich rund 10.000 Twitter-Accounts an der Hetze. Aufgrund der Anonymität und der losen Organisationsstruktur des Mobs führten FBI-Ermittlungen nur in wenigen Fällen zu Anklagen. Bis heute wird die Entstehung und Dynamik des #Gamergate in US-Medien kontrovers diskutiert.

VOM EX BLOSSGESTELLT: LENA CHEN

Von Lara Feder

Plötzlich sind sie da: Nacktbilder von Lena Chen, überall im Internet Fotos, die sie beim Sex zeigen. Der Ex-Freund der Harvardstudentin hat sie als Rache hochgeladen und dafür gesorgt, dass nicht nur ganz

Harvard die Sexfotos kennt. Lena Chen steht als Schlampe da, fühlt sich, als habe jemand anderes die Macht über sie, über ihren Körper übernommen. Den Begriff „Revenge Porn“ kannte sie damals nicht. Und dann macht ihr noch ein Stalker das Leben zur Hölle. Sie flüchtet, zieht nach Berlin, legt sich eine neue Identität zu:

Als Elle Peril gewinnt sie Abstand und die Macht über sich und ihren Körper zurück – ausgerechnet mit dem Mittel, mit dem sich ihr Ex-Freund gerächt hatte. Denn sie veröffentlicht nun eigene Nacktbilder von sich. Diesmal aber selbstbestimmt. Durch ihre feministische Kunst mit Bildern, Texten und Spoken-Word-Performances gewinnt sie die Kontrolle über ihr Leben als Lena Chen zurück.

VOM HASS ÜBERROLLT: RICARDA LANG

Von Boris Halva

Irgendwann wollte Ricarda Lang alles hinschmeißen. Sich verkriechen. Zwei Tage hatte sich die junge Grüne dem Shitstorm entgegengestellt, den sie entfesselt hatte mit ihrem Vorschlag, Menschen, deren Lebensraum durch den Klimawandel zerstört wird, in Europa ein Zuhause anzubieten. Platzen solle sie! Vergewaltigt werden von all den Flüchtlingen, die sie ins Land holen wolle! Alle 20 Sekunden: neuer Hass. „Fast hätte ich mich zurückgezogen“, sagt die 24-Jährige. Aber: „Ich musste diesen Leuten zeigen, ihr kriegt mich nicht klein.“ Und den anderen, womit sich auseinandersetzen muss, wer politisch aktiv ist. Als Lang öffentlich über den Shitstorm spricht, erfährt sie „unfassbar viel Solidarität“. Und weiß heute: „Die Pöbler wollen emanzipierte Frauen mundtot machen. Das war schrecklich, aber auf lange Sicht hat diese Erfahrung mein Selbstbewusstsein, meine Entschlossenheit gestärkt.“

Das bisschen Haushalt

Waschen, putzen, kochen – die Arbeit daheim überfordert viele Familien. Sie suchen Hilfe bei Coachin Cornelia Ahlers

Von Sandra Busch

Wenn Cornelia Ahlers das erste Mal zu Besuch kommt, dann entschuldigen sich die Frauen sofort. Weil die Wäscheberge dem Mount Everest Konkurrenz machen, weil Wollmäuse es sich in den Ecken bequem gemacht haben, weil eine Tasse mit braunem Kaffeerand vergessen auf dem Tisch steht. Den Frauen ist das peinlich. Dabei hatte Ahlers vor dem Besuch darum gebeten, nicht besonders aufzuräumen. Es soll aussehen wie immer in der Wohnung. Schließlich kommt sie als Haushaltscoachin. „Doch selbst die gestandensten Frauen verfallen dann in den Entschuldigungsmodus", sagt Ahlers. Sie seien beruflich erfolgreich, mit den Kindern laufe es, „sie haben eigentlich alles im Griff – nur der Haushalt klappt nicht".

Ahlers ist Hauswirtschaftsmeisterin. In ihrer Schule im hessischen Rodgau gibt sie Kurse, macht auch private Beratungen. Aus ganz Deutschland bekommt die 65-Jährige Anfragen. Gerade neulich hat sie mit einer Frau in München geskypt. Es gibt nicht viele Haushaltscoaches im Land. „Das ist schade, der Haushalt ist ein großer Teil des Lebens und nervt jeden Tag", sagt Ahlers. Wenn das Auto nicht laufe, bringe man es in die Werkstatt. „Wenn der Haushalt nicht läuft, schleppen wir das mit uns herum."

Wäsche waschen, aufräumen, putzen, einkaufen, kochen – „die Frauen, die zu mir kommen, schreien um Hilfe", sagt Ahlers. Sie schaffen das alles nicht, sie fühlen sich überfordert. Meist sind sie berufstätig, haben Kinder – und einen Partner. „Die Hauptlast im Haushalt liegt aber noch immer bei den Frauen“, sagt Ahlers. Früher seien nur die Männer erwerbstätig gewesen, der Job der Frau war der Haushalt. „Und wenn es nicht sauber war, dann war sie eine Schlampe.“ Das Frauenbild habe sich zwar gewandelt, ein Dasein als „Nur-Hausfrau“ werde eher als Makel gesehen, aber der Ruf sei geblieben: „Wer nichts im Haushalt taugt, der hat kein Ansehen.“ Also lässt man lieber keine Besucher rein, als Unordnung zu präsentieren.

Auch wenn sich Einstellungen zu Rollenbildern von Männern und Frauen gewandelt haben, zu Verhaltensänderungen führen sie eben nur bedingt. Meist sitzen Frauen bei Ahlers in den Haushaltskursen und beschäftigen sich an einem Samstag sechs Stunden lang mit Zeiterfassung, Unterhaltsreinigung, Zwischenreinigung. Und dort merkt Ahlers immer wieder: „Der Leidensdruck ist in den Familien unheimlich groß.“ Normalerweise würden die Frauen nicht darüber reden, weil sie sich schämten. „Sie denken, nur sie allein hätten es nicht im Griff. Dabei geht es vielen so.“

Manchmal sind auch Männer im Kurs. Der eine zum Beispiel, der seiner Frau die Teilnahme geschenkt hat, damit sie gezeigt bekommt, wie es richtig geht. „Der ging aber ziemlich bedröppelt raus“, erinnert sich Ahlers. Denn es geht in dem Lehrgang auch darum, die Last innerhalb der Familien zu verteilen. Die offenbar beharrlich weiterbestehende klassische Arbeitsteilung im Haushalt zu ändern, der eigentlich die Legitimation abhandengekommen ist. Es muss also gerechnet werden: Wie viele Stunden fallen an Hausarbeit in der Woche an? Wie können sie gerecht aufgeteilt werden? „Danach kaufte der Mann künftig auf dem Nachhauseweg ein“, sagt Ahlers. „Zahlen und Fakten überzeugen Männer meist.“

Die Hausarbeit ist einer der größten Streitpunkte bei Paaren. Viele seien sich politisch einig, bei der Kindererziehung auf einer Welle, aber beim Haushalt, „da gibt es regelmäßig Zoff“, sagt Ahlers. Die Schere liegt nicht da, wo sie liegen sollte. Klamotten fliegen auf dem Boden herum. „Ein gut funktionierender Haushalt ist wichtig in einer Beziehung“, meint die Coachin. Wenn der läuft, wird weniger gestritten.

Dafür müssen aber alle mithelfen. „Der Haushalt ist ein Familienbetrieb“, sagt Ahlers. Und in jedem Betrieb gibt es Arbeitsplatzbeschreibungen und Zeitabläufe. Es braucht daher einen Plan: Wer macht was in der Wohnung. „Bei vielen fehlen System und Plan“, hat die Expertin festgestellt. Anleitungen dafür gibt sie, aber auch „Routinen und Gewohnheiten helfen“. Wöchentlicher Speiseplan, Blumengießen einmal die Woche, täglich aufräumen, damit gar nicht erst das große Chaos ausbricht.

Ganz wichtig ist Ahlers auch, dass nicht nur Männer, sondern auch Kinder einbezogen werden. Das könne ganz spielerisch geschehen, Aufgaben könnten etwa aus einem Lostopf gezogen werden. „Wir können Kindern keinen größeren Gefallen tun, als sie mit praktischen Erfahrung ins Leben zu entlassen.“ Irgendwann müsse schließlich jeder einen Haushalt führen. „Aber um Kindern etwas beizubringen, muss man die doppelte Dauer einplanen – und dazu haben viele keine Zeit“, sagt Ahlers. Sie plädiert dafür, Hauswirtschaft wieder als Fach an die Schule zu bringen. „Es ist eine wahnsinnige Erleichterung im Leben, wenn man das kann.“

Wenn es so richtig ordentlich sein soll, dann fallen „pro Person im Haushalt zwei Stunden Arbeit am Tag an“, sagt Ahlers. Heißt: acht Stunden bei einer vierköpfigen Familie. „Das kann keiner mehr leisten.“ Deshalb müsse man Abstriche machen, beim Bügeln etwa. „Es gibt Tricks, wie man waschen kann, damit die Wäsche nicht so knittert“, verrät die Expertin. Es können auch Dinge ausgelagert werden. Reinigung, Putzfrau, Essen holen. „Das machen einige heutzutage, aber die Vergabe von Aufgaben ist teuer, das kann sich nicht jeder leisten.“

Wenn Ahlers das erste Mal zu Besuch kommt, dann interessiert sie gar nicht so sehr, ob aufgeräumt ist. Sie spricht zunächst mit der Familie. Und dann schaut sie auf Abläufe. Sieht nach, ob Kaffeepulver und Kaffeemaschine in verschiedenen Ecken stehen. „Jeder Schritt, jeder Handgriff kostet Zeit“, erklärt sie. In der Ausbildung habe sie mal ein Experiment gemacht: Kuchenbacken in einer schlecht und in einer gut organisierten Küche. 24 Meter mehr mussten in einer schlecht eingeräumten Küche gelaufen werden. „Wenn man das auf ein Haushaltsleben hochrechnet, dann verbringen wir Wochen und Monate mit unsinnigen Schritten“, sagt Ahlers. „In der Zeit könnte ich Berge mit der Hand versetzen.“

Die Frau aus München hat ihr gerade eine Mail geschrieben. Akademikerin, Mann, Kinder. Es laufe gut, schreibt sie. Manches sei noch mühsam, aber alle würden mithelfen. „Bei manchen klappt es nach zwei Monaten, bei anderen nach zwei Jahren", sagt Ahlers. „Aber es ist wie beim Kochen: Ich gebe das Rezept, zubereiten müssen die Leute dann selber."

Zur Person: Cornelia Ahlers (65) hat als alleinerziehende Mutter ihre Zwillinge großgezogen, sich um Haus und Garten gekümmert und dabei noch drei Jobs zum Geldverdienen gehabt. Hauswirtschaftsmeisterin ist sie seit 1990, hat in der Berufsschule unterrichtet und vor 13 Jahren eine Haushaltsschule in Rodgau eröffnet. Sie bietet dort Haushaltskurse an für Einsteiger, Jugendliche und alle, die schon mittendrin stecken. Auch eine private Beratung ist möglich.
www.haushalts-schule.de

Wir sind so frei

Warum es in der Politik die unordentlichen Frauen braucht

Von Nadja Erb

„Zwei mal drei macht vier, widdewiddewitt und drei macht neune. Ich mach' mir die Welt, widdewidde wie sie mir gefällt!" Die Kleine mit den roten Zöpfen hat keine Lust, sich an die Regeln zu halten. Sie fügt sich nicht in die Rolle, die die Gesellschaft ihr vorschreibt. Sie hat Löcher in den Strümpfen, ein Pferd auf der Veranda und ihre dreckigen Füße auf dem Kopfkissen. Sie schläft lange und tut dann, worauf sie Lust hat. Sie legt sich mit dem System an: der Lehrerin, dem Immobilienbonzen, dem Direktor. Pippi Langstrumpf ist die bekannteste Schlampe der Kinderliteratur – und taugt gerade deshalb als Vorbild für feministischen Aktivismus. Nicht weil das Wort „Schlampe" als politischer Kampfbegriff unbestreitbar wirkmächtig wäre. Sondern weil es zu allen Zeiten die „unordentlichen Frauen" braucht, um sich einer überkommenen Ordnung zu widersetzen. Die Freiheit, die dem Regelbruch folgt, lässt sich nutzen, um neue, bessere Regeln zu finden.

Dabei spielt es keine Rolle, ob es den selbsternannten Schlampen, die seit Jahren für das Recht auf körperliche und sexuelle Selbstbestimmung auf die Straße gehen, gelungen ist, die Beleidigung positiv zu adaptieren. Man muss sich nicht selbst als Schlampe bezeichnen (wollen), um sich gegen ein System zu wehren, das sexuelle Übergriffe und Gewalt gegen Frauen verharmlost. Keine Frau ist selbst schuld daran, wenn sie vergewaltigt wird – das ist die Botschaft der

„Slut Walks“, deren Organisatorinnen es im Übrigen jeder freistellen, ob sie in Netzstrümpfen und bauchfreiem Top mitdemonstrieren will oder im Tweedkostüm mit hochgeschlossener Bluse.

Das Gefühl individueller (sexueller) Freiheit und im Einzelfall gelungener Selbstverwirklichung täuscht heute vielfach darüber hinweg, dass strukturelle Diskriminierung von Frauen nach wie vor besteht. Die Revolution sei an entscheidender Stelle stehengeblieben, konstatiert die Autorin Margarete Stokowski in ihrem Buch „Untenrum frei“, das – vor gerade mal drei Jahren veröffentlicht – schon als Standardwerk des neuen Feminismus gelten kann. Sie stellt fest: „Es hängt an uns wie ein postmoderner Klotz am Bein, dass unser Selbstverständnis als freie, aufgeklärte Individuen sich damit widerspricht, kollektive Schieflagen (...) zu erkennen.“

Stokowski und ihre Mitstreiterinnen zeigen, wie sich bestimmte Rollenbilder stets aufs Neue manifestieren und das Leben jeder Einzelnen einschränken. Es sind Rollenbilder, die sich in einer Sprache widerspiegeln, in der es noch immer kein positives Wort für sexuell aktive Frauen gibt. Und keines für im Job erfolgreiche.

Zugleich haben die modernen Feministinnen erkannt, dass in eine Welt, in der die Unterdrückung der Frau das Gesicht einflussreicher Hollywoodmagnaten ebenso trägt wie das smarter Deutschnationalisten, keine Bewegung passt, die selbst ausgrenzt oder bevormundet. Dass es nicht nur einen Weg gibt, als Frau, als Mensch frei und selbstbestimmt zu leben. Sondern unendlich viele.

Es ist höchste Zeit für diese neue feministische Bewegung, die allen Raum für ein solidarisches Miteinander bietet – ob sie nun einen Penis haben oder nicht, ob sie lieber in High Heels gehen oder in Jogginghose, ob sie schwarz sind oder weiß, Muslima oder Christin, arm oder reich, dick oder dünn. Anschließen lohnt sich. Und wenn wir dafür ein bisschen mehr von der Schlampigkeit einer Pippi Langstrumpf in uns zum Vorschein bringen müssen – gerne! Wir sind so frei.

Die hohe Kunst des Gammelns

Zerrissene Jeans, öliges Haar, verschmiertes Makeup – eine kleine Kulturgeschichte des schäbigen Auftritts

Von Manuel Almeida Vergara

Es ist diesem Text natürlich zuträglich, dass wir uns im „Summer of Sleaze" befinden. Für die Augen aber ist das eine Zumutung: übergroße Jogginghosen schleifen über den Boden, abgewetzte XXL-Pullis schlabbern um den Körper, fettig-fransige Haare umrahmen das fahle Gesicht. Nicht in der Privatsphäre einer versifften Kiffer-Bude – sondern ausgerechnet auf den Straßen Hollywoods. So eindrucksvoll und explizit zelebrieren die prominenten Einheimischen derzeit den modischen Schlendrian, dass findige Hochglanzmagazine und Modeblogs den Sommer der Schlamper, der Schmierlappen und der Schluffis ausgerufen haben, den „Summer of Sleaze" eben.

Vorwiegend allerdings scheinen es die männlichen Vertreter der Showgarde zu sein, die beharrlich die Ungepflegtheit pflegen. Sänger Justin Bieber sieht zunehmend aus, als habe er auf der Ladefläche eines Müllwagens geschlafen – es war eine kurze Nacht – und von den Schauspielern Matthew McConaughey und Jonah Hill ist es augenscheinlich zu viel verlangt, ihre ausgebollerten Hawaii-Hemden richtig zu knöpfen. Ist der „Summer of Sleaze" also bloß ein durch Modemedien aufpoliertes Alibi für die lustlosen Herren, unter dem Trend-Deckmäntelchen grotesk und gammelig zu tragen?

Mitnichten. Es gibt auch Frauen – kulturhistorisch eigentlich in die hübsch geschminkte und perfekt manikürte Stanzform des „schönen Geschlechts" gepresst –, die sich jetzt den ausgebeulten Trainingshosen und losen Pferdeschwänzen hingeben. Schauspielerin Bella Thorne posiert samt schlampigem Gefolge für Instagram-Bilder völlig nonchalant im Gammellook. Und in den übergroßen Fleckenshirts von Kollegin Kristen Steward hätte locker noch eine weitere Schauspielerin Platz. Eine Vorwarnung auf den Sommer des hemmungslosen Underdressings gab es schon im Herbst: Da präsentierten selbst namhafte Marken den Wischiwaschi-Style, clochardartige Lagenlooks bei Balenciaga, mitgeschleifte Schmusedecken bei Céline. Letztere gab's auch beim angesagten Label Totême, ergänzt durch Flip-Flops und Pyjama. Woher aber rührt die ganze Schlamperei?

Ein großer Sprung zurück: 1853 formuliert Karl Rosenkranz erstmals die „Ästhetik des Hässlichen". „Allein das Hässliche ist vom Begriff des Schönen untrennbar", schreibt der Philosoph und Hegel-Schüler. „Jede Ästhetik ist gezwungen, mit der Beschreibung der positiven Bestimmungen des Schönen irgendwie auch die negativen des Hässlichen zu berühren." Und Baudelaire: „Die Schönheit ist immer, unausweichlich, zweiseitig zusammengesetzt, obwohl der Eindruck, der sie erschafft, einzig ist." Will sagen: Das Hässliche ist dem Schönen gewissermaßen inhärent, wo Schönes ist, da ist auch Hässliches nicht fern. Und wo ziemlich viel ziemlich gut aussieht, da tut auch einiges den Augen weh.

Zurück im „Summer of Sleaze" bedeutet das: Irgendwo zwischen Ikea, iPhone und Instagram ist der Schönheit ihre Exklusivität verloren gegangen. Die minimalistisch-skandinavische Sofalandschaft, die appetitlich abfotografierte Avocado-Poke-Bowl, das sorgsam aufeinander abgestimmte Outfit in Beige und Greige – Möbelkataloge, Massenmode und Soziale Medien geben das gut eingerichtete, angerichtete, hergerichtete Schablonenleben vor. Und weil attraktiv ja plötzlich alle können, wird unappetitlich erst so richtig interessant. Ist der Schlampen-Look also nur ein Auswuchs der glattrasierten Digitalwelt? Nicht ganz.

Denn es gab ihn ja schon, lange bevor Facebook und Filter aus dem schnöden Alltag den begehrenswerten Lifestyle gemacht haben. Die Musik und die Mode des Grunge trugen das Ölige bereits im Namen:

„Grunge", das bedeutet so viel wie „Schmuddel" oder „Dreck". Und der Name war Programm: Mit den schrammeligen Gitarren paarten sich in den 1990ern zunehmend die schrammeligen Outfits. Über die zerrissenen Jeans und abgetragenen Ringelshirts der Bandmitglieder von Nirvana oder Alice in Chains manifestierte sich die Resignation der Generation X, schonungslos und schmuddelig, kein Bock auf gar nichts mehr, schon gar nicht auf die sexualisierte Mode ihres Jahrzehnts à la Gianni Versace oder Jean Paul Gaultier. Eine Haltung und ein Stil, denen in den vorangegangenen zwei Jahrzehnten schon der Punk den verdreckten Weg ebnete.

Was Teenage-Girls fortan anzuhimmeln hatten, war triefig und miefig, desinteressiert und unmotiviert, Kurt Cobain, Layne Staley, Chris Cornell – ein Stil, den schließlich der Designer Marc Jacobs auf den Laufsteg brachte. Aber auch die Frauen fanden ihre Heldinnen inmitten einer Szene, die zwar gegen das männerdominierte Establishment aufbegehrte, mit den abgewrackten Männeridolen droben auf der Bühne und den dahinschmelzenden Mädchenfans unten trotzdem macho-mäßigen Strukturen verfiel: Courtney Love, selbst Musikerin und Cobain-Freundin, wurde zum ikonischen Gegenprogramm zur erotisch ausstaffierten Popkönigin Madonna. Zerschlissene Minikleider, kratzige Wolljacken, verschmiertes Makeup: Der offensichtliche Absturz mit ein bisschen gutem Willen und jeder Menge Heroin wurde zum modischen Paukenschlag. Was die Kinder dieser Generation noch immer fasziniert und ihre Eltern nie verstehen werden, sollte mit der Jahrtausendwende noch einmal eine Überhöhung erfahren.

Die 2000er-Jahre standen ganz im Zeichen der US-Partygirls. Und von denen – den Paris Hiltons, Nicole Richies und Tara Reids dieser Welt – gingen eben nicht nur glanzvolle Roter-Teppich-Bilder in Massen durch die Medien. Es sind vor allem die unzähligen Paparazzi-Aufnahmen, die in die Annalen eingingen: Lindsay Lohan, die im grauen Beulen-Hoodie in der Limousine ihren Rausch ausschläft; Mischa Barton, die mit Wuschelkopf und Armyparka in den Burgerladen schlappt; Britney Spears, die im Wahn, kahlgeschoren und mit tränenverschmiertem Mascara auf die Fotografen eindrischt. Ab da gab es kein Halten mehr: Der Celebrity-Kollaps wurde von der tragischen Boulevard-Nachricht zum heißbegehrten Modestatement. Die italienische „Vogue" spendierte dem abgewrackten Promistil 2005 gar eine eigene Modestrecke: glimmende Kippen und Tanga-Blitzer unter dem Titel „Hollywood Style", fotografiert von dem genialischen Steven Meisel. Und damit auch der Modefan ein bisschen von dem abgeblätterten Glamour abbekommt, überschlugen sich Modemedien und Kosmetikmarken mit Tipps für den perfekt unperfekten Stil.

„How to look like shit", erklärte etwa der Blog „Jezebel", „wie man wie Scheiße aussieht": Lippenstift beim Joggen auftragen, das fertig geschminkte Gesicht in ein Kissen drücken, nur auf psychoaktiven Pilzen den Kajal nachziehen. Was die „Jezebel"-Autoren noch humoristisch umschrieben, das wurde spätestens im Drogerieregal wirtschaftliche Realität: „Out of bed"-Produkte fluteten den Markt, Sprays und Mittelchen, die der Kundin zu jeder Tageszeit die Haare eines verschlafenen Kater-Sonntags zaubern. Als ließe sich das durch einen ordentlich Tequila-getränkten Samstagabend nicht ganz einfach selbst kreieren.

Sei's drum: Der Schlampenstil war auch im Mainstream angekommen, nicht zuletzt, weil Sängerin Amy Winehouse und Musiker Pete Doherty samt Model-Freundin Kate Moss den jugendkulturellen Anspruch des 90er-Grunge geschickt mit den alkoholgetränkten Eskapaden der Hilton-Lohan-Spears-Girls mischten. Plötzlich war es eben nicht mehr angesagt, frisch geduscht und gut frisiert daherzukommen, das Gegenteil wurde populär. Ein Stil, den Hedi Slimane, einer der bestbezahlten Designer der Branche und enger Doherty-Freund, für Saint Laurent perfektionierte: Zwischen 2011 und 2016 verdreifachte er als Chefdesigner die Erlöse der Traditionsmarke mit abgehalfterten Partylooks auf 974 Millionen Euro. Die Schlampe war nicht nur zum Stilvorbild, sie war zum ernstzunehmenden Wirtschaftsfaktor geworden.

Aus dem Schlagwort „Hot Mess", das eine ungepflegte und dennoch attraktive Frau umschreibt, wurde in Modemagazinen die „Haute Mess", die hohe Kunst des Gammelns. Um 2015 wurde das „Ombré Hair" modern, eine herausgewachsene Blondierung, die aussieht, als habe die Trägerin vor lauter Feiern den Termin zum Nachfärben vergessen.

2017 war dann das „Slumping" angesagt, eine Spielart des Stylings, bei der Mäntel und Jacken nicht ganz angezogen, sondern falsch geknöpft und kunstvoll drapiert den Oberkörper nur halb umschlingen. Was uns zurückführt ins Hier und Jetzt, mitten in den „Summer of Sleaze".

Denn auch der auf einer Ästhetik des Zufälligen und Ungewollten basierende Stil ist das eben nicht: zufällig und ungewollt. Was hier von Bieber, Hill und Thorne scheinbar blindlings aus dem Schrank gefischt und achtlos-arglos zusammengewürfelt wird, sind eben nicht ausrangierte Altkleider. Es sind „Trend-Pieces" und „Must-Haves", von der Modeindustrie bereitgestellt.

Und eben das ist die ganz eigene Kunst der Mode, dieser schaurig-schönen Industrie: Aus der scheinbaren Verweigerung ihrer Grundfeste gegenüber – dem Geschmack, der Grandezza, dem Gutaussehen – macht sie ein ganz eigenes Segment. Alles nur Kalkül, alles bloß Konsum. Oder um es mit den schöngeistigen Worten Georg Simmels zu sagen: „So hässliche und widrige Dinge sind manchmal modern, als wollte die Mode ihre Macht gerade dadurch zeigen, dass wir ihretwegen das Abscheulichste auf uns nehmen." Hätte der Soziologe die Zeilen nicht schon 1905 verfasst, man hätte sie dem „Summer of Sleaze" zugeschrieben.

Wie viel Stoff darf's sein?

Was hinter Bauchfrei- und Kopftuchverboten steckt

Von Ursula Rüssmann

Das mütterliche Entsetzen kannte keine Grenzen. „Wie sieht das denn aus!" Dabei hatte die Tochter das wunderbare Stück lange erträumt, vom Taschengeld erstanden und überstolz nach Hause getragen. Und jetzt der eine, alles vernichtende Satz: „Was sollen die Leute denken!?" Der stylische Second-Hand-Mantel vom Flohmarkt, der perfekt zu den abgewetzten Turnschuhen passte, bekam Garderobenverbot im Hausflur. Und der träge Pullunderlook des Bruders? Störte daheim niemanden.

Freundinnen hatten damals ähnliche Erlebnisse. Bei der einen war es die Schlaghose, bei der anderen ein Minirock, bei der dritten die fruchtlose Debatte, warum eine Jeans keine Bügelfalte braucht. Und heute? Immer wieder mal meinen Schulleitungen, mit Verboten von Hotpants, bauchfreien Shirts und „zu kurzen" Röcken für Ordnung sorgen zu müssen. Ganz selten wird auch geschlechtsneutal gemahnt, etwa dass bitte die Unterwäsche bedeckt sein solle – womit dann auch mal diejenigen jungen Männer adressiert werden, bei denen sich der Hosengürtel gerade noch auf den Pobacken hält.

Fakt ist: Unpassende, „aufreizende" oder was-auch-immer-dafür-gehalten-wird Kleidung erregt auch heute eigentlich nur Anstoß, wenn sie sich am heranwachsenden weiblichen Körper befindet. Dabei ist es egal, was die junge Dame anhat – irgendwer findet es immer falsch. Die einen rufen nach einem Verbot tief dekolletierter T-Shirts, die anderen wollen (muslimischen) Schülerinnen das Kopftuch oder – im Schwimmbad – den Burkini untersagen. Wie jetzt: Bikinizwang für junge Muslimas, aber Bauchfrei-Verbot für biodeutsche Mädels?

Damit wird klar: Es geht gar nicht darum, dass junge Frauen sich heute irgendwie zu sexy kleiden. Es geht darum, dass sie, wie schon immer, einfach mehr gegängelt werden als die männlichen Altersgenossen. Und so gegensätzlich die Verbotsforderungen auch sein mögen – dahinter steckt immer eine sexualisierte Sicht auf den weiblichen Körper. Wenn Schulen knappe Hotpants verbieten, weil sie ablenken (wen eigentlich?) und Blicke auf sich ziehen könnten (wessen Blicke eigentlich?), argumentieren zum Beispiel die Frauenrechtlerinnen von Terre des Femmes ja ganz ähnlich, wenn sie ein Kopftuchverbot für Minderjährige fordern: Sie wollen Mädchen auf diesem Weg befreien von der „Sexualisierung des kindlichen Körpers als Lustobjekt“ und „von dem ‚Feindbild Mann‘ als stetige sexuelle Bedrohung“. Ein Schelm, wer Böses dabei denkt.

Wer hat nun recht? Braucht mehr weibliche Freiheit mehr Körperbedeckung? Oder weniger? Und welche Hautpartien genau sollten verhüllt sein, welche nicht, liebe Terre-des-Femmes-Beschützerinnen, liebe besorgte Lehrer? Falsche Fragen. Freie weibliche Entfaltung braucht etwas anderes: Freiheit von kollektiven (nicht nur männlichen!) Projektionen, von öffentlicher und medialer Bevormundung und Definitionsmacht.

Wer mal das zweifelhafte Vergnügen hatte, Heidi Klums „Germany‘s Next Topmodel“ gemeinsam mit dem weiblichen Nachwuchs zu verfolgen, speziell die Folge mit dem Nacktshooting, der weiß übrigens, wovon hier auch die Rede ist. Da säuselt die millionenschwere Modediva die skrupelhafteren unter ihren „Mädchen“ frostig an: „Du musst dich hier natürlich nicht ausziehen vor der Kamera. Aber dann bist du raus. So sind die Regeln. So ist das Geschäft.“ Worte zur besten Sendezeit, ausgesprochen vor einem teils jugendlichen Millionenpublikum. Wenn wir schon über Verbote reden: Wie wär‘s mit einem Heidi-Klum-Verbot?

„Die Deutschen schimpfen auf der fäkalen Linie“

Im europäischen Sprachraum gehen wir also einen fast diskriminierungsfreien Sonderweg

Von Alicia Lindhoff

Das Deutsche, daran lässt Hans-Martin Gauger keinen Zweifel, ist eine Männersprache. Das zeige sich am generischen Maskulin, sicher, aber noch viel mehr an vielen Schimpfwörtern – vom Flittchen über die Fotze bis zum Luder. Allerdings: In den umliegenden Sprachräumen, dem romanischen und dem slawischen etwa, stehe es noch viel schlimmer um die Beleidigungskultur. Gauger muss es wissen. Der ehemalige Prorektor der Uni Freiburg ist Experte für etwas, das man vielleicht vergleichende Beschimpfungswissenschaft nennen könnte. In seinem vor einigen Jahren erschienenen Buch „Das Feuchte und das Schmutzige. Kleine Linguistik der vulgären Sprache“ beschreibt er verschiedene Traditionslinien beim Schimpfen. Im Vergleich der großen europäischen Sprachräume, so Gaugers These, bestreite das Deutsche einen Sonderweg. Der zentrale Unterschied: „Wir in Deutschland schimpfen auf der fäkalen Linie, während in vielen anderen Sprachen die sexuellen Linie dominiert.“

So strotze etwa die Schimpfwörterpalette im Spanischen vor Sex – und vor Frauenverachtung. Und zwar bei jeder erdenklichen Gelegenheit. Das spanische Pendant zu dem bei uns allgegenwärtigen „Scheiße“ sei „Coño“. „Coño“ lässt sich am ehesten mit „Möse“ übersetzen, wird aber in den seltensten Fällen im tatsächlichen Zusammenhang mit Sexualität oder dem weiblichen Körper verwendet, sondern für alles andere. „Ay qué coño“ etwa heißt so viel wie „Ach du Scheiße“. Ähnliche Beispiele gibt es übrigens in vielen anderen Sprachen. Im Französischen etwa. „Tu es con“ wird verwendet im Sinne von „Du bist bescheuert“. Wörtlich übersetzt heißt es aber: „Du bist Fotze“. Und im gesamten slawischen Sprachraum ist „Kurwa“ – also etwa „Schlampe“ oder „Nutte“ – der Beschimpfungs-Allrounder für jede Gelegenheit. Die männliche Sexualität dagegen sei meist positiv konnotiert, stellt Gauger fest, wie im Fall der „Cojones“ (Eier), die für Mut stehen. Negativ-Ausnahmen wie der italienische Fluch „Cazzo“ – also „Schwanz“ – bestätigten die Regel.

Im Deutschen dagegen wird standardmäßig anders geschimpft – auf der „fäkalen Linie“ eben. Neben „Scheiße“ steht etwa der „Arsch“ in allen erdenklichen Varianten hoch im Kurs oder auch „Verpiss dich!“ All das mag weder freundlich noch stilvoll sein, doch einen wesentlichen Vorteil sieht Gauger: Fäkalausdrücke sind diskriminierungsfrei, weil sie alle gleichermaßen betreffen – ob Mann oder Frau, schwarz oder weiß, dick oder dünn. Aufs Klo müssen am Ende alle.

Daran sollten auch Eltern denken, wenn sie das nächste Mal ihren Nachwuchs mit hochgezogenen Augenbrauen dazu bringen, ein angefangenes „Schei...“ in die butterweiche Variante „Scheibenkleister“ abzuwandeln. Denn ganz grundsätzlich, findet Gauger, sei selbst vulgäres Fluchen gar nicht verwerflich. Ja mehr noch, es könne sogar als gesellschaftlicher Fortschritt verstanden werden, „wenn die Tat sich zum Wort ermäßigt“. Mit anderen Worten: Wer schimpft, schlägt sich nicht.

Woher die verschiedenen Traditionslinien des Schimpfens kommen, kann Gauger nicht mit Sicherheit sagen, klar ist für ihn aber, dass es sehr lange Linien sind: „Da spiegelt sich eine uralte Geschichte.“ Sprache reagiere nur träge auf Veränderungen. Das erkläre, warum viele Begriffe, die wir bis heute wie selbstverständlich verwenden, von der gesellschaftlichen Entwicklung längst überholt scheinen.

Allerdings: Immun ist die deutsche Sprache gegenüber Veränderungen nicht, räumt Gauger ein. Das zeige etwa der Siegeszug des aus dem Angelsächsischen entlehnten „Fuck“ oder „Fick dich“ oder

der weltweit gängigen Beleidigung der (weiblichen) Familienehre. Auch das mittlerweile inflationäre und von der ursprünglich sexuellen Bedeutung fast vollständig abgelöste „geil“ könnte man hier nennen.

Mit einem Vorurteil will der Sprachwissenschaftler Hans-Martin Gauger dennoch aufräumen: „Es ist nicht richtig, dass die Jugend sprachlich verroht. Früher wurde viel heftiger, viel schärfer gestritten – und zwar sowohl auf dem Schulhof als auch im Bundestag.“

Kraft und Ausdruck

Es gibt viele Beleidigungen für Frauen, über die wir einfach nur lachen können. Andere dagegen offenbaren tiefsitzenden Frauenhass

Von Alicia Lindhoff

Bitch: Dass Bitch uns heute kaum als harte, degradierende Beleidigung erscheint, ist wohl als Erfolg der Feministinnen und Musikerinnen zu werten, die sich den Begriff angeeignet haben und für viele zu einem Synonym gemacht haben für coole Frauen, denen gesellschaftliche Konventionen nicht allzu viel bedeuten. Schließlich bedeutet das Wort übersetzt „Hündin“ und vereint damit alle sexualisierenden, degradierenden und entmenschlichenden Elemente, mit denen Frauen seit Jahrhunderten zu Sexobjekten degradiert werden. Doch warum sollte sie sich als erfolgreiche Rapperin darum scheren, was irgendein Typ denkt, wenn er den Begriff benutzt, fragte zum Beispiel Missy Elliott und verkündete: „Eine Bitch ist ein selbstbewusstes Mädchen für mich.“

Bitterfotze: Der Titel des Romans von Maria Sveland sorgte 2009 für Naserümpfen. Der klassische Vorwurf, „verbittert“ zu sein, kombiniert mit einer maximal abwertenden Beschimpfung – und das von einer Frau. Die Autorin selbst sah in der „Bitterfotze“ ein feministisches Statement. In dem autobiografisch geprägten Roman geht es um eine Frau, die zwischen „Familienhölle“ und antifeministischer Gesellschaft müde und wütend wird – wütend, nicht traurig. Das ist wichtig. Eine Bitterfotze, erklärte Sveland damals, sei das Gegenteil einer weiblichen Märtyrerin. Diese nämlich habe gelernt, Ungerechtigkeit freundlich und widerstandslos hinzunehmen, und sie schlucke den Schmerz und Ärger immer herunter – anstatt alles heraus zu lassen. Eine Bitterfotze macht genau das. „Sie ist im Gegensatz zur weiblichen Märtyrerin eine Frau, die die Schnauze voll hat, die ihren Ärger ernst nimmt und ihn nutzt, um Ungerechtigkeiten konstruktiv entgegenzutreten." Eine Bitterfotze zu sein, sei der einzige Weg, als Frau in dieser Welt zu überleben und nicht verrückt zu werden.

Feminazi: Seit Frauen für ihre Rechte kämpfen, werden sie deswegen beschimpft und verlacht. Was einst die Suffragette war, wurde später die Emanze und ist heute der Feminazi – oder die Feminazi? Geprägt haben soll den Begriff ein US-amerikanischer Radiomoderator, der damit Frauen diffamierte, die sich für das Recht auf Abtreibung einsetzten. In Deutschland jammern vor allem antifeministische „Männerrechtler" über ihre Unterdrückung durch fiese Feminazis. Von Anfang an sprach aus dem hysterischen Geschrei vor allem eines: Angst davor, dass die Frauen ernst machen könnten damit, sich ihre Hälfte des Kuchens zu holen.

Frauenzimmer: Virginia Woolfs Essay „A Room of One's Own" gilt als feministischer Schlüsseltext. Darin schrieb die Schriftstellerin 1929, um „große Literatur" hervorzubringen, bräuchten Frauen zwei Dinge: Finanzielle Unabhängigkeit und ein eigenes Zimmer. Auch im Mittelalter waren den adligen Damen ihre eigenen Räume – oft in einem separaten Teil des Gebäudes untergebracht – wichtig. Dort hatten sie, ihre Zofen und Hofdamen ihre Ruhe und konnten sich ungestört austauschen. Und was daran ist jetzt eigentlich das Schimpfwort?

Hure: Was wohl die wenigsten wissen: Der Begriff „Hure" leitet sich aus einem indogermanischen und lateinischen Wortstamm ab, dessen Bedeutung zwischen lieb, teuer und Freund changiert. Im Alt- und Mittelhochdeutschen etablierte sich „huora" oder „huore" als Wort für Prostituierte, aber auch für Ehebrecherinnen. Eine Entsprechung für ehebrüchige Männer ist nur im Gotischen (hôrs) und im Altnordischen (hórr) bezeugt. Bis heute ist das Wort in all seinen Formen in erster Linie auf die Frau bezogen, auch wenn der Adressat ein Mann ist. Ob der Hurensohn, der Hurenbock oder das Rumhuren – verwerflich ist nicht, was der Mann getan hat, sondern dass er mit der schlimmsten aller Frauen in Verbindung gebracht wird – der Hure.

Luder: In den 90er-Jahren hatte das „Luder“ seinen großen Auftritt. Boxenluder, Partyluder und Promiluder waren in aller Munde. Mittlerweile wird das Luder etwas seltener durchs Dorf getrieben – und das ist gut so. Denn wenn Schlampe, Schnalle oder Fotze schon unterste Schublade sind, dann ist Luder tiefstes Kellerloch. Der Begriff stammt – mal wieder – aus der Jägersprache und bezeichnet dort ein totes(!) Tier(!), das zum Anlocken(!) von Raubtieren(!) verwendet wird. Wow, ekelhafter geht es wirklich nicht.

Mannweib: Vor der Frauenfußball-WM in Deutschland 2011 waren einige Medien ganz aus dem Häuschen über das DFB-Team. Dabei ging es allerdings weniger um deren Fähigkeiten auf dem Platz. Was verzückte, waren die langen Haare, die schlanken Körper und geschminkten Gesichter vieler Spielerinnen. „Früher Mannweiber, heute sexy Kickerinnen“, jubelte der „Focus“. „Mannweib“ – so wurde und werden bis heute Frauen genannt, die stark sind, die laute Stimmen haben, sportlich sind. Die gerne deftig essen, Bier trinken und praktische Klamotten tragen. Wie einfach: Wer keine Lust hat, das eigene Bild einer ausschließlich zarten, leisen, weißweintrinkenden Weiblichkeit zu hinterfragen, sagt einfach, in der Frau muss ein bisschen Mann stecken. Alles andere würde schließlich verwirren.

Matratze: Zur Matratze als Beleidigung kann man eigentlich überhaupt nichts Interessantes schreiben. Sie hat weder eine skurrile Kulturgeschichte vorzuweisen noch ist ihr irgendeine Art von Zweideutigkeit inhärent. Das Einzige, was zu sagen bleibt: Wer Matratze als Schimpfwort benutzt, soll auf ewig alleine schlafen!

Schnalle: „Du Schnalle!“ Na, das klingt doch mal unverdächtig und neutral, damit kann frau leben – oder? Tatsächlich merkt man dem Schimpfwort seine abwertende sexuelle Konnotation nicht gleich an. Dabei stammt der Begriff aus der Jägersprache – allein das sagt schon einiges über das vermittelte Frauenbild aus – und bezeichnet unter anderem das Geschlechtsteil weiblicher Hunde, Füchse oder Wölfe. Die Frage ist nur: Wie kam das Teil dann an Gürtel, Schuh oder Tasche?

Tussi: Tussi war mal für überkandidelte Frauen reserviert, die irgendwie etepetete waren. Mittlerweile ist das Wort auf Schulhöfen schon fast zum Synonym für „Frau" oder „Mädchen" geworden – analog zum „Typ". Und woher kommt's? Von Thusnelda! Sie wissen schon, Thusnelda, vielleicht die einzige Frau, die sowohl von ihrem späteren Ehemann, dem Cheruskerfürsten Arminius, als auch von ihrem Vater, dem Cheruskerfürsten Segestes, entführt wurde. Bekannt wurde sie später allerdings weniger dafür, sondern – dank Kleists Theaterstück „Die Hermannsschlacht" – als angeblich nervige Ehefrau. Und mal wieder muss man mit Thusneldas Geschichte im Hintergrund sagen: Selbst wenn's so war, wen wundert's?

Weib: „Weib" war einmal ein neutraler Begriff, eine Verwendung, die bis heute etwa im Adjektiv „weiblich" überdauert hat. Erst durch die generell verächtliche Sicht auf Frauen bekam das Weib etwa seit dem Jahr 1500 einen abfälligen Beiklang. Ähnlich ist es mit anderen Bezeichnungen wie Dirne oder Fräulein. Die Bedeutungsverschlechterungen reflektierten „direkt den historisch geringen Status der Frau, ihre niedrige gesellschaftliche Stellung und Wertschätzung". Zugleich setzte sich ab dem späten Mittelalter das Wort „Dame" oder „Frau" immer mehr als Bezeichnung Adliger durch. Das „Weib" wurde zum abwertenden Ausdruck für deren arme Geschlechtsgenossinnen.

Xanthippe: Der Begriff geht auf die Ehefrau des Sokrates zurück. Obwohl über ihr Leben und ihren tatsächlichen Charakter so gut wie nichts bekannt ist, legte Xanthippe über die Jahrtausende hinweg eine beachtliche Karriere als Archetyp der streitsüchtigen, übellaunigen Ehefrau in philosophischen Erörterungen, Romanen und im allgemeinen Sprachgebrauch hin. Das Freundlichste, was sich die Schreiber aller Epochen über Xanthippe abringen konnten, war, dass sie mit ihrer ätzenden Art ihren Ehemann von Haus und Hof ferngehalten und ihn damit quasi in seine Tätigkeit als Straßenphilosoph getrieben habe. Man kann es auch andersrum sehen: Wer sich im Alleingang um Haushalt und die drei Kinder kümmert, während der Herr Gemahl draußen rumhängt, mit der halben Welt quatscht und sich schließlich auch noch die Henker auf den Hals hetzen lässt, darf auch mal schlecht drauf sein.

Zicke: Frauen argumentieren nicht, sie meckern. Frauen führen keinen Streit, sondern Zickenkrieg. Frauen messen nicht ihre Fähigkeiten, sie sind stutenbissig. Mäährken Sie sich das!

Streiterinnen

Kämpfen lässt sich auf vielfältige Weise.

Foto: 6okean – stock.adobe.com

Zickenkrieg im Forst

... gibt es zum Glück nicht. Die meisten Frauen können sich im 21. Jahrhundert doch nüchtern miteinander auseinandersetzen

Von Ella Carina Werner

Sachbezogener Streit unter Frauen ist etwas sehr Seltenes – zumindest wenn man der medialen Berichterstattung glaubt. Von Zickenkriegen oder Stutenbissen ist dort allerorten die Rede, deren Topthemen modische Differenzen oder Männer darstellen. Und wenn es irgendwo heißt: „Heidi Klum stinksauer", kann man ziemlich sicher sein, dass es nicht um die Klimaerwärmung oder das Erstarken des europäischen Nationalismus geht.

Dabei haben Frauen im Streit um politische und gesellschaftliche Themen, jenseits des Boulevard-Radars, längst aufgeholt. Im Hambacher Forst sind über die Hälfte der AktivistInnen weiblich, in der #MeToo-Debatte ohnehin.

Wortgewaltige weibliche Streiterinnen gibt es mehr denn je, ob Margarete Stokowski, Juli Zeh oder die „Schnodderschnauze" Andrea Nahles, die eins „auf die Fresse" der CDU einforderte, und zwar durchaus sachlich begründet. Es gibt legendäre „Kratzbürsten" wie Rosa Luxemburg oder Rosa Parks, und wenn die englischen Suffragetten vor 100 Jahren nicht leidenschaftlich für das Frauenwahlrecht gekämpft hätten, müsste Frau heute noch draußen in der Kutsche vorm Wahllokal warten.

Das eine oder andere eingeworfene Schaufenster war die Sache dabei locker wert. Wenn es verbal nicht weiterging, waren eben auch mal nonverbale Attacken erlaubt, wie der berühmte „Tomatenwurf" vor 50 Jahren, als die Studentin Sigrid Rüger einem männlichen SDS-Mitglied einen prallroten Liebesapfel gegen die Adamsstirn warf, Geburtsstunde einer feministischen Revolution.

Gerne denke ich auch an jene sagenumwobene Xanthippe, Ehefrau von Sokrates, Inbegriff des „zänkischen Weibes“. Worüber aber sich die antike Querulantin mit ihrem Manne alle naselang stritt, ist gar nicht überliefert. Ich glaube ja, über abendländische Philosophie und die Attische Demokratie.

Streitende Frauen waren in unserer Gesellschaft lange Zeit suspekt und sind es zum Teil noch heute. Ein Mann ist „streitbar“, eine Frau „zickig“. Googelt mal „streitbar + Frau“, ihr werdet fast nichts finden. Und dann googelt mal „zickig + Frau“. Aber bitte nur ganz kurz, sonst wird es deprimierend.

Auffällig ist, dass es auf dem Feld des Streitens kaum geschlechterneutrale Bezeichnungen gibt. Hier Streithahn und Zankteufel, dort Furie und Giftspritze, selbst Verben sind binär zugeordnet: „zanken“ tun irgendwie nur Frauen. Und dass diese Jahrtausende lang meist nur die Möglichkeit hatten, in den eigenen vier Wänden Dampf abzulassen, zeigen Begriffe wie „Hausdrache“ oder „Besen“.

Woher kommt überhaupt diese Mär, dass sich Frauen am liebsten um Männer streiten? Als ob es die – meist männlichen – Boulevard-Chefredakteure nicht ertragen könnten, dass es mal nicht um sie geht. Ich streite mit meinen Freundinnen andauernd: über Flüchtlingspolitik, Kohleausstieg oder wer nachts am schnellsten betrunken heimradeln kann, aber doch nicht um Männer! Was soll man sich denn da sagen: „Meiner ist streitbarer als deiner?“ Lieber regen wir uns über die Darstellung von Frauen in Boulevard-Medien auf – wenn auch in einhelliger Meinung.

„Ich denke intensiver über die Gespenster des Sexismus nach"

US-Schriftstellerin Siri Hustvedt über die Ursachen für die zunehmende Frauenfeindlichkeit, die Lehren aus der #MeToo-Debatte und die wichtige Rolle der Intellektuellen im Trumpschen Amerika

Frau Hustvedt, Brett Kavanaugh ist inzwischen oberster Bundesrichter. Dabei musste er sich kürzlich noch vor dem Senat wegen versuchter Vergewaltigung verantworten. Die Anhörungen waren ein Kulminationspunkt der #MeToo-Bewegung. Wie haben Sie das Spektakel erlebt?
Das Spektakel war ein klarer Beleg für die Brutalität der patriarchalischen Strukturen in unserem Land. Die Furcht der Republikaner vor einer FBI-Untersuchung und ihre erbitterte Verteidigung von Kavanaugh hatten die verzweifelte, enthemmte Qualität männlicher Macht, die unter Beschuss geraten ist. Es mag sein, dass dieser Mann in das oberste Gericht unseres Landes berufen wird, aber die Geschichte ist damit noch lange nicht zu Ende. Hier wird Unterdrückung durch das untermauert, was Bourdieu „symbolische Gewalt" nennt – unsichtbare und scheinbar legitime Arten und Weisen der Machterhaltung. Diese Anhörungen haben die symbolische Gewalt, die zur Erhaltung des Patriarchats eingesetzt wird, auf eine groteske Art und Weise offen gelegt.

Sie nehmen seit der Wahl von Donald Trump als Intellektuelle und Schriftstellerin weitaus stärker am politischen Leben Teil als zuvor. Glauben Sie, etwas verändern zu können?
Ich denke wie die meisten amerikanischen Intellektuellen wesentlich intensiver über die Gespenster des Sexismus, des Rassismus und der Fremdenfeindlichkeit nach, die unser Leben in Amerika verfolgen. Ich fürchte aber, dass ich damit niemanden dazu gebracht habe, seine oder ihre Meinung zu ändern.

Ist das frustrierend?
Ach nein, ich bin überhaupt nicht frustriert. Ich habe Texte geschrieben, die eine halbe Million Menschen erreicht haben – mehr, als jemals meine Bücher lesen werden. Ich habe während einer Demonstration gegen die Einwanderungspolitik von Trump spontan eine Rede auf den Stufen der Public Library gehalten. Mein Mann hat gesagt, er habe gar nicht gewusst, dass er mit Emma Goldman verheiratet ist. Man muss das einfach tun in diesen Zeiten, Leidenschaft zeigen. Es ist für mich aber auch eine Art, bestimmte Fragen zu artikulieren.

Sie sind zum Beispiel fasziniert von der amerikanischen Fantasie des „Selfmademan", die in Trump ihre Inkarnation findet.
Ja, er steht damit in einer amerikanischen Tradition, die bis ins 18. Jahrhundert zurückreicht. Benjamin Franklin hat in seiner Autobiografie eine Mythologie seines eigenen Aufstiegs fabriziert, in der keine seiner beiden Eltern eine Rolle spielt.

Trump erzeugt einen ähnlichen Mythos über seinen Aufstieg.
Dabei ist er ja das genaue Gegenteil eines Selfmademan, er hat ein Vermögen von seinem Vater geerbt. Barack Obama ist ironischerweise viel mehr ein Selfmademan als Trump.

Obama hat seinem Vater ein ganzes Buch gewidmet und redet oft von seiner Mutter.
Ganz genau. Sehen Sie, diese Geschichte des sich selbst erschaffenden Mannes ist ein Albtraum der Aufklärung. Die Idee des sich selbst gewärtigen Individuums, das sein eigenes Schicksal bestimmt, ist

eine der zentralen Ideen der Aufklärung. Aber wir wissen natürlich heute, wie sehr wir durch unsere sozialen Bindungen geformt werden und wie stark wir von ihnen abhängig sind.

Am meisten wohl von unserer Mutter.
Ja, wir gehören zu den wenigen Säugetieren, die als Kleinkinder ohne Mutter sofort sterben würden. Fohlen stehen unmittelbar nach der Geburt auf und springen eigenständig umher. Die menschliche Autarkie ist hingegen eine Männerfantasie, und Trump ist eine groteske Inkarnation dieser Fantasie.

Sie glauben aber, dass das amerikanische Selbstverständnis eng an diese Fantasie des einsamen Cowboys geknüpft ist.
Das hat ja schon Alexis de Tocqueville bei seiner Amerikareise 1835 beobachtet. Er hat gesehen, dass Amerikaner ihre Beziehungen untereinander vernachlässigen, weil sie von der Idee des Individuums besessen sind.

Deshalb hatten Frauen es immer besonders schwer in den USA.
Der innere Widerstand gegen die Abhängigkeit von der Mutter treibt meiner Meinung nach ganz massiv die Frauenfeindlichkeit in unserem Land an. Das tritt in der Person Donald Trump ganz unverblümt zutage. Trump nennt Frauen Schweine und Hündinnen, er gibt sich gar keine Mühe, sich zu verstellen. Natürlich sind wir immer und überall von Frauenfeindlichkeit umgeben, aber sie so offen und unverblümt zu erleben, wie in Trump oder auch in den Kavanaugh-Anhörungen, ist schon ein wenig schockierend.

Warum zeigt sich die Frauenfeindlichkeit gerade jetzt so unmaskiert?
Das hat paradoxerweise mit dem Fortschritt der Frauenbewegung zu tun. Es war schon immer so, dass es heftige Reaktionen darauf gab, wenn Frauen ihre Rechte eingefordert haben. Das fing im 19. Jahrhundert an, als Frauen ihr Recht auf Bildung geltend gemacht haben. Damals haben die Bildungseinrichtungen und die Politik und sogar die Medizin behauptet, dass der Menstruationszyklus das Studium für Frauen unmöglich mache. Mein Lieblingsargument ist, dass

Frauen ihre mentalen Energien für ihre reproduktiven Aufgaben aufsparen müssen. Das waren damals ernsthafte wissenschaftliche Diskussionen.

Und nun sehen wir die Reaktion auf den sozialen Fortschritt von Frauen seit den 60er Jahren.
Als ich ein kleines Mädchen war, gab es keine weiblichen Ärzte oder Anwälte in meiner Kleinstadt in Minnesota. Nicht eine einzige. Und in der nächstgrößeren Stadt, Minneapolis, war es nicht viel besser. Das hat sich vollkommen gewandelt. Ich unterrichte hier in New York ein Seminar für Psychologiestudenten in ihrem klinischen Semester, da sind ziemlich genau die Hälfte der Studenten weiblich.

Und Sie sehen den Erfolg von Trump als Reaktion auf diesen Fortschritt an?
Zum Teil jedenfalls. Leider haben wir aber auch das Phänomen, dass die Mehrheit weißer Frauen für Trump gestimmt haben. Schwarze Frauen waren da viel klüger, sie haben zu 98 Prozent Hillary gewählt.

Glauben Sie, dass die Trump-Ära ein letztes Aufbäumen der alten weißen Männer ist?
Ich hoffe es. Ich sage meinem Mann immer, dass die alle über 60 sind und dass die bald aussterben.

Was hat er dazu gesagt?
Er hat natürlich gesagt, dass er auch ein weißer Mann über 60 ist. Ich habe ihn trösten müssen, schließlich ist er jüdisch und gebildet und klug.

In Ihrem neuen Aufsatz „Illusionen der Gewissheit" plädieren Sie für die Aufhebung des Dualismus zwischen Körper und Geist. Ist diese Arbeit auch eine Reaktion auf das Trumpsche Fantasma der Körperlosigkeit?
Ich beschäftige mich seit mehr als 30 Jahren mit dem Körper-Geist Problem. Aber es ist natürlich so aktuell wie nie. Der Körper wurde historisch stets als weiblich kodiert und der Geist als männlich. Wir wissen ja von Trump, dass ihn der Körper – und speziell der weibli-

che Körper – abstößt. Er ist wie besessen von weiblichen Körperflüssigkeiten, er hat wiederholt seinen Ekel vor Menstruationsblut und sogar vor stillenden Frauen zum Ausdruck gebracht. Er hat ganz eindeutig Schwierigkeiten damit, dass Körperflüssigkeiten körperliche Grenzen überschreiten. Er will die Grenzen sauber halten zwischen sich und anderen und zwischen sich und der Welt. Das ist eine Sehnsucht nach Körperlosigkeit gepaart mit einer tiefsitzenden Furcht vor Frauen.

Gleichzeitig hat er anscheinend, wenn gewisse Geschichten über russische Hotelzimmer stimmen, eine sexuelle Vorliebe für Körperflüssigkeiten.
Jeder Psychoanalytiker wird Ihnen sagen, dass das hundertprozentig ins Bild passt. Die Transgression seiner eigenen Tabus erregt ihn scheinbar.

Sie sagten eingangs, dass die Trump-Regierung Sie auch dazu veranlasst hat, intensiver über den Rassismus in Amerika nachzudenken. Inwiefern?
Ich denke, das geht Hand in Hand. Die Black-Lives-Matter-Bewegung und die #MeToo-Bewegung haben uns alle in Amerika dazu gezwungen, die Machtstrukturen in diesem Land ganz genau unter die Lupe zu nehmen. Selbst progressive Amerikaner waren sich vor Black Lives Matter nicht unbedingt des Ausmaßes des systematischen und institutionellen Rassismus in den USA bewusst. Der Horror der Trump-Regierung zwingt uns dazu, uns wirklich unserer Geschichte zu stellen.

Ist dies dann vielleicht auch ein heilsamer Augenblick für das Land?
Wenn wir vom weißen liberalen Amerika sprechen, ist das sicherlich der Fall. Das weiße, liberale Amerika ist ja bei all dem nicht schuldlos. Wenn wir an #MeToo denken, wird klar, dass weiße liberale Männer nicht frei von Sexismus und Frauenfeindlichkeit sind. Die einzige Art und Weise, diese Impulse zu überwinden, ist es, sich ihrer bewusst zu werden.

Sie wenden sich in Ihrer Arbeit sehr stark gegen binäre Gender-Konstruktionen. Man hat aber auch das Gefühl, dass Teile der #MeToo-Bewegung solche Konstruktionen eher verstärken als sie in Frage zu stellen.
Natürlich sind diese Dinge sehr kompliziert. Grundsätzlich ist es aber erst einmal gut, dass man heute Frauen, die Gewalt erfahren haben, glaubt, und dass die Kultur akzeptiert, was im Alltag überall vor sich geht. Jede Frau hat ihre Geschichte, ohne Ausnahme. Dabei ist nicht jede Geschichte eine klare Geschichte des gewaltsamen Machtmissbrauchs. Ich kann nicht behaupten, dass ich dazu gezwungen worden wäre, mit jemandem zu schlafen, um meinen Doktortitel zu bekommen. Aber ich hatte natürlich grenzwertige Begegnungen mit Männern. Und #MeToo hat für mich, wie für viele Frauen, diese Erinnerungen ans Tageslicht gebracht – all die Hände auf dem Knie unter dem Tisch, bei denen man nichts gesagt hat. Das Recht zu verspüren, Männer öffentlich für solches Verhalten an den Pranger zu stellen – das ist Fortschritt. Gleichzeitig gibt es natürlich auch umgekehrte Fälle, bei denen Frauen ihre Machtpositionen ausnutzen und junge Männer Opfer von sexuellem Missbrauch sind. Unter dem Strich geht es um Machtverhältnisse. Es geht darum, dass mein Körper mir gehört, egal ob Mann oder Frau.

Sie glauben also nicht, dass Frauen mit Macht verantwortungsvoller umgehen als Männer?
Nein, da bin ich mir ganz sicher. Es gibt ja diese Fantasien, dass wenn Frauen an der Wall Street an der Macht wären, es weniger Gier gäbe oder dass unser Land in einem besseren Zustand wäre, wenn Frauen die Mehrheit im Kongress stellen würden. Ich bin dafür, dass mehr Frauen in Machtpositionen kommen, aber ich glaube nicht, dass wir auf diese Art eine kommunitaristische Utopie erzeugen. Wann immer Frauen in Machtpositionen waren, haben sie sich genauso verhalten wie Männer – manchmal großartig, manchmal fürchterlich. Golda Meir hat sich nichts vormachen lassen und wenn Margaret Thatcher ein Vorbild sein soll, dann nehme ich doch lieber einen Mann.

Interview: Sebastian Moll

Zur Person: Siri Hustvedt ist eine der bekanntesten Autorinnen und Essayistinnen der US- amerikanischen Gegenwartsliteratur. Sie wurde 1955 in Northfield, Minnesota, geboren, studierte Literatur an der Columbia University und promovierte mit einer Arbeit über Charles Dickens. Mit ihrem Roman „Was ich liebte" hatte die Ehefrau des Bestsellerautors Paul Auster ihren internationalen Durchbruch. Zuletzt erschienen der Roman „Die gleißende Welt" und ihr Essayband „Die Illusion der Gewissheit", beide im Rowohlt Verlag.

Eine Geschichte wiederkehrender Entmündigung

Deutschsprachige Autorinnen haben sich ihren Platz in der Literatur hart erkämpfen müssen

Von Ilse Nagelschmidt

Verleugnet und vergessen, so positionierten sich viele Literaturgeschichten noch vor mehr als 50 Jahren in Bezug auf Autorinnen und deren Werke. Wie mühsam war es, die über Jahrhunderte fortgeschriebenen Vorurteile, dass Frauen nur über sich schreiben können und dass sie Dilettantinnen ohne ästhetische Bildung seien, zu entkräften. Diese Geschichte einer immer wiederkehrenden Entmündigung reicht bis in die Antike zurück. Dichterinnen wie die Sappho stellten in ihrer Zeit bereits Ausnahmeerscheinungen im Bereich männlich dominierten Schreibens dar. Hildegard von Bingen durchbrach im Mittelalter den Teufelskreis von weiblichen Zuschreibungen und männlicher Vormundschaft, indem sie sich zur „Fraueneigengeschichte" bekannte.

Mit diesem Erheben von weiblichen Stimmen einher gingen Ausschlüsse und Konstruktionen. Im Bereich der Öffentlichkeit wurde von Frauen das Bild von Würdelosigkeit, Sünde und Hexentum festgeschrieben, der Bereich der Bildung wurde ihr auch im 18. Jahrhundert weiter verwehrt. „Adams Kinder", so der junge Goethe in einem Brief aus Leipzig an seine Schwester Cornelia, haben auf der Universität etwas zu suchen, sie dagegen hätte sich im „Tanz zu perfectionieren“. Frauen wurde die Rolle der „Empfindsamen“ zugesprochen, das bedeutete, dass sie als Autorinnen in die Randbereiche der Literatur gedrängt wurden.

Was blieb ihnen? So zu schreiben wie die Männer oder deren Erzählstrategien zu hinterfragen? – es war ein ständiger Kampf. Doch bald entwickelte sich außerhalb des männlichen Literaturbetriebes eine weibliche Schreibpraxis, die durch eine Fülle von Autobiografien, Briefen und Tagebüchern bestimmt ist. Der erste „Frauenroman“ von Sophie La Roche, „Geschichte des Fräulein von Sternheim“ (1771), trat erst mit einem Vorwort des anerkannten Poeten Martin Wieland in die Literaturgeschichte ein.

Das alles geschah in der zweiten Hälfte des 18. Jahrhunderts, in der der Beruf des Autors geboren wurde und der sich emanzipierende bürgerliche Stand seine Vorstellungen formulierte. Mit der pädagogischen Schrift „Èmile oder über die Erziehung“ (1762) von Jean-Jacques Rousseau wurden Geschlechtscharaktere festgeschrieben, die Schiller 1794 im „Lied von der Glocke“ aufgriff: Während die „züchtige Hausfrau“ in den Binnenraum verwiesen wird, kann der Mann im „feindlichen Leben“ immer neue Territorien erobern. Fast zeitgleich proklamierte Olympe de Gouges im Jahr 1791 ihre feministisch revolutionäre „Erklärung der Rechte der Frau und Bürgerin“ als Protest gegen die Privilegien der Männer. Im deutschsprachigen Raum sind es die Poetinnen der Frühromantik wie Caroline von Günderrode, Dorothea Schlegel und Sophie Mereau, die in ihren Texten eine selbstbewusste Auseinandersetzung mit Rollenmustern führten.

Somit sind Spuren begründet, die nicht mehr verweht werden konnten. Zu den Mitbegründerinnen der ersten bürgerlichen Frauenbewegung im Umfeld der Revolution von 1848/49 gehören Publizistinnen und Autorinnen wie Louise Otto Peters. Diese stellte 1849 in der von ihr begründeten „Frauen-Zeitung“ das Motto „Dem Reich der Freiheit werb‘ ich Bürgerinnen“ voran. Im 19. Jahrhundert wechselten sich Schatten und Licht ab. Frauen hatten noch immer keinen Zugang zu den Universitäten, und das Bildungsmonopol war ungebrochen. Die Zahl der Autorinnen stieg jedoch seit den 1870er Jahren sprunghaft an. Berlin hatte 1908 mit zehn Prozent nach Wien, München und Hamburg den höchsten Anteil an Schriftstellerinnen.

Namen von Autorinnen wie Fanny Lewald, Marie von Ebner-Eschenbach, Bertha von Suttner, Else-Lasker-Schüler und Ricarda Huch konnten nicht mehr aus dem kulturellen Bewusstsein getilgt werden.

Mit dem dialogartig aufgebauten Essay „A Room of One's One" („Ein Zimmer für sich allein") riss Virginia Woolf 1928 weitere Dämme ein. Aus dem Auftrag, über ‚Frauen und Fiction' zu schreiben, entwickelte sie ein Gebilde wichtiger Themen wie: Frau und Arbeit, Frau in der Geschichte, der Gang zu den Müttern und das Besetzen eigener Räume: „eine frau muss geld haben und ein zimmer für sich allein, wenn sie fiction schreiben will [...]".

Noch in der zweiten Hälfte des 20. Jahrhunderts galt es, Hürden zu überwinden. Denn noch immer dominierten, wie es Sigrid Weigel hervorgehoben hat, der Professor, der Autor, der Verleger und der Kritiker. Vor allem in den vorfeministischen Texten österreichischer Autorinnen in den 1950er und 1960er Jahren – wie Ilse Aichinger, Marlene Haushofer und Ingeborg Bachmann – wurden die vielfältigen Suchbewegungen des weiblichen Individuums nach der eigenen Geschichte und dem nicht besetzten Ort thematisiert.

Die zwingende Folge all dieser Linien war der Durchbruch der Frauenliteratur vor dem Hintergrund der Studenten- und Frauenbewegung sowie das Bekenntnis zum Feminismus in der Neuen Frauenbewegung ab Ende der 1960er Jahre in Westdeutschland, Westeuropa und Nordamerika. Diese Tendenzwende zu einer neuen Subjektivität vollzog sich mit unaufhaltsamer Geschwindigkeit. Mit dem Gang auf die Straße und dem Kampf gegen den §218, der Gründung von Frauenbuchläden, -verlagen, -bibliotheken und der Herausgabe von Frauenzeitschriften – die „EMMA" erscheint seit 1977 bis auf den heutigen Tag – entwickelte sich ein verändertes Frauenbewusstsein. Autorinnen verließen endgültig die ihnen zugewiesenen Räume und signalisierten, dass sie sich nicht wieder verdrängen lassen wollten, denn: „Die Scham ist vorbei" (Anja Meulenbelt, 1978).

Die im westlichen Kontext geschriebene Frauenliteratur dieser Zeit ist durch den offenen und radikalen Protest sowie die programmatische Kampfansage gegen weibliche Unterdrückung bestimmt. Wichtig war das Erkennen eigener Identität, was die Suche nach einer weiblichen Sprache umschließt. Verena Stefan stellte mit ihrem Bestseller „Häutungen" (1975) in der kompromisslosen Auseinandersetzung mit patriarchalen Verkrustungen jahrhundertealte Zuschreibungen in Frage. Dieser Blick auf Machtverhältnisse gehört zu den Schreibimpulsen der Nobelpreisträgerin Elfriede Jelinek. Im Aufdecken der herrschenden Gewaltmechanismen hält sie der Gesellschaft zwingend den Spiegel vor, indem sie Rollenzuweisungen transparent macht und zeigt, wohin Unmündigkeit und Manipulation führen.

Der patriarchale DDR-Staat verweigerte sich bis zum Ende der offenen Diskussion von Geschlechterverhältnissen. Vielmehr berauschte er sich selbstgefällig an Zahlen und erklärte Mitte der 1970er Jahre im Widerpart zu den Erscheinungsformen des „westlichen Feminismus" die Frauenfrage als gelöst. Das hatte Konsequenzen für die Positionierung von Frauen. Im Diskurs zwischen einer nicht öffentlich geführten Diskussion und damit dem Fehlen einer Frauenbewegung und der zunehmenden Artikulation von Stimmen, die die Notwendigkeit einer breiten Diskussion zeigten, ist die Besonderheit der Frauenbewegung der DDR im Sinne von „bewegt" sein, etwas verändern zu wollen, zu sehen. In dieser Zeit entstand eine Fülle von Texten, die die Kritik am bürokratischen Sozialismus mit der Kritik an den patriarchalen Machtverhältnissen verbunden haben. Autorinnen wie Christa Wolf und Irmtraud Morgner gaben den Frauen ihre Geschichte wieder, das erforderte die radikale Demaskierung und das Verfolgen kühner Fragestellungen. In diesem Sinn lässt Irmtraud Morgner eine gewisse Anna in „Amanda. Ein Hexenroman" (1983) die sechsundvierzigste Tafelrunde eröffnen mit den Worten: „Die Philosophen haben die Welt bisher nur männlich interpretiert. Es kommt aber darauf an, sie auch weiblich zu interpretieren, um sie menschlich verändern zu können."

Das neue Jahrtausend begann zunächst mit einer neuerlichen Etikettierung, indem die Literatur der „Fräulein-Wunder" (1999) ausgerufen wurde. Es zeigte sich jedoch sofort, dass diese Autorinnen der jungen Generation mit den Tabus gebrochen haben. Vorbei sind die Zeiten intellektueller Kopflastigkeit. Im Willen, die Erfahrungen der älteren Generation zu nutzen, aber nicht mehr unmittelbar aufnehmen zu wollen, im Misstrauen gegen die großen Ideologien und im genauen Nachfragen und Hinsehen liegen die Innovationen. Inszenierungen sind charakteristisch sowohl für die Themen als auch das Spiel mit den Geschlechterrollen. Sind wir also neugierig auf Kommendes von Jenny Erpenbeck, Tanja Dückers, Julia Franck, Jana Hensel, Judith Hermann und all den anderen.

Zur Person: Ilse Nagelschmidt ist Professorin am Institut für Germanistik der Universität Leipzig. Sie studierte Germanistik, Geschichte und Pädagogik in Leipzig. Im Jahr 1983 wurde sie promoviert und 1991 verteidigte sie ihre Habilitation zur Frauenliteratur in der DDR. Zu ihren Forschungsschwerpunkten gehören Frauenliteraturgeschichte seit der Neuzeit, DDR-Literatur, deutschsprachige Literatur nach 1945, Gegenwartsliteratur. Von 1994 bis 2018 war sie Direktorin des Zentrums für Frauen- und Geschlechterforschung der Universität Leipzig. Sie ist Ehrenpräsidentin des Freien Deutschen Autorenverbandes. Jüngste Publikation: Carola Hilmes/ Ilse Nagelschmidt: Christa Wolf Handbuch. Leben – Werk – Wirkung. Metzler Verlag: Stuttgart 2016.

„Wenn so eine Frau auftritt, gibt's Streit"

Die Ermittlerin Bella Block ist als Roman- und Fernsehfigur unangepasst, selbstbestimmt und von ruppigem Charme. Ihre Schöpferin Doris Gercke über notwendige Morde und zur Frage, warum sie ihre Krimiheldin töten musste

Frau Gercke, sind Sie Bella Block?
Ich bin ziemlich oft mit Bella Block verwechselt worden. Als ich die ersten Lesungen machte und die Leute mich noch nicht kannten, haben die gedacht: Da kommt jetzt so ein Riesenweib. Wenn ich dann auftrat, konnte ich richtig sehen, wie sie alle „Ohhh" machten.

Das Publikum dachte tatsächlich, dass Sie aussehen wie ihre Romanfigur?
Ja, man wird schon sehr identifiziert. Später hat mich das nicht mehr gestört, oder ich habe es gar nicht mehr wahrgenommen. Vielleicht hat es sich auch geändert. Auf jeden Fall muss ich zu meiner Protagonistin Distanz haben, zumal wenn sie eine Serienfigur ist.

17 Bella-Block-Romane haben Sie geschrieben. Eine dicke Frau über 50 mit kurzen, grauen Haaren ist nicht gerade die gängige Krimiheldin.
Das war die Absicht. Ich wusste, dass ich Kriminalromane schreiben wollte, aber alle Frauenfiguren darin hatten üblicherweise lange,

blonde Beine – so würde es Hannelore Hoger, die die Bella Block in der Fernsehserie spielt, sagen. Typus jung und dämlich. Das wollte ich keinesfalls. Wenn man wie ich durch die frauenbewegte Zeit gegangen ist, dann kann man mit langen, blonden Beinen ja nichts anfangen. Außerdem sollte meine Heldin tatsächlich Hauptfigur sein und nicht nur die Beigabe für einen Detektiv. Deshalb habe ich Bella Block absolut anders konstruiert als die Frauen, die ich aus den Krimis kannte.

Als Gegenmodell? Alles, was die typischen Frauenfiguren hatten, haben Sie Bella Block abgesprochen und umgekehrt?
Ja, so ungefähr.

Bella Block ist ziemlich autonom, aber auch ganz schön ruppig.
Sie sollte eben selbstständig wirken. Ich wollte eine Frau, die ihr eigenes Geld verdient. Das war mir ungeheuer wichtig. Vielleicht kommt sie ruppig daher, weil dadurch ihre Eigenständigkeit betont wird. Sie ist auf niemand angewiesen und hat es nicht nötig, jemandem um den Bart zu gehen.

Hatten Sie ein Vorbild in Ihrem Umfeld?
Nein.

Bella Block ist eine reine Kunstfigur?
Absolut.

Zu einem Krimi braucht es einen Mord. Aber das ist nicht das Wichtigste, sagen Sie. Was ist es denn?
Wichtiger als die Tat selber ist das Milieu, in dem sie geschieht. Das Milieu in Verbindung mit der Person. Es geht um das Außen und Innen, um das Zusammenspiel von Person und Umgebung. Denn das prägt die Menschen. Das interessiert mich, darüber schreibe ich gern. Und dann kommt Bella als eine Person, die nirgends reinpasst. Das gibt immer wunderbare Reibungen mit den Leuten.

Bella Block ist zweifellos eine Streiterin. Haben Sie das im Kopf gehabt?
Klar, es geht gar nicht anders. Wenn so eine Frau auftritt, wird es Streit geben. Am Anfang ist sie ja noch Polizistin, und natürlich können ihre Kollegen nicht einverstanden sein mit so einer Person. Wenn der damalige Durchschnittsmann – die Anfänge von Bella Block sind ja 30 Jahre her – so eine unangepasste Frau vorgesetzt kriegt, gibt es Ärger.

Sie ist ja auch kein besonders liebenswerter Mensch. Als Freundin möchte ich sie eher nicht haben. Sie ist anstrengend und tritt ganz schön männlich auf.
Weil ich nicht wusste, wie man sich als Privatdetektiv bewegt oder benimmt. Ich habe nach einer Form gesucht, die mir logisch erschien. Sie trinkt auch verhältnismäßig viel, und ich bin damals oft darauf angesprochen worden, ob das denn sein müsse.

Ihr Publikum wollte eine weniger rauschsüchtige Heldin?
Offenbar. Für mich gehört das aber zum Privatdetektiv: Menschen, die mit so viel gesellschaftlichem Jammer und Elend und Schmutz zusammenkommen, die brauchen Alkohol, um es aushalten zu können. Für mich ist Bellas Sauferei eine Methode, Abstand zu halten von dem, was sie hört und sieht, worauf sie sich nicht wirklich einlassen will. Und dabei kommen Verhaltensweisen heraus, die vielleicht männlich wirken.

Aber das Streitbare wird auch gerne Männern zugesprochen.
Das ist interessant. Als ich Ende der 80er Jahre anfing zu schreiben, war die Frauenbewegung gerade am Ende. In dieser Figur sollte sich etwas zeigen, für das die Bewegung gekämpft, aber irgendwann aufgegeben hat. Bella verkörpert die verlorenen Ideale. Ich denke, auch deshalb waren die Bücher gleich so erfolgreich. Alle Träume waren zerplatzt, und da taucht plötzlich eine auf, die lebt, wie die Frauen es haben wollten. Sie hatte ihr eigenes Geld, sie konnte über sich selbst bestimmen, sie war nicht von dieser Familienideologie infiziert, die zum Niedergang der Frauenbewegung beigetragen hat.

Sie sind selbst Mutter von zwei Kindern. Woher kommt die harsche Kritik?
Frauen sind gern Mütter, und das ist ja auch wunderbar. Aber wenn sie sich politisch einmischen sollen und wollen, dann werden sie behindert. Wie soll es auch gehen? Man kann sich nicht teilen, man kann die eine oder die andere Arbeit machen. Doch Frauen machen immer beides, aber nur das eine dann richtig. Ich habe das alles um mich herum gesehen – wenn man schreibt, dann lebt man ja nicht für sich allein, sondern in der Gesellschaft und guckt und guckt und guckt. Und dann sieht man diese Widersprüche. Dass dann so etwas Ruppiges dabei herauskommt wie die Bella, finde ich eigentlich nicht verwunderlich.

Frauen sagen gern, sie hätten keine andere Wahl.
Man kann es ihnen auch nicht übelnehmen, denn es ist schwer, sich anders zu entscheiden. Ich habe eine Freundin, die auf dem Höhepunkt der Bewegung ihren Mann rausgeschmissen hat und dann mit vier Kindern allein dasaß. Das muss man sich erstmal trauen und die Sache ganz schön ernst nehmen. Das schafft nicht jede.

Ist aus diesen persönlichen Erfahrungen heraus die Streiterin Bella Block entstanden?
Ich wollte ein anderes Frauenbild schaffen, und das bedingt natürlich auch ein anderes Verhalten als das, was man Frauen früher als Rollenmodell angeboten hat. Es hängt tatsächlich mit dem Ende der Bewegung zusammen: Bella sollte etwas verkörpern, wofür es sich lohnt zu kämpfen ...

Feministische Fragen werden in Ihren Romanen nie direkt thematisiert. Wegen Ihrer Enttäuschung über das Ende der Bewegung?
Es geht nicht darum, eine Sache zu beschreiben, man muss sie aus dem Innern der Person heraus entwickeln – sonst wird es Propaganda. Emanzipatorisches Bestreben soll in den Figuren lebendig werden und nicht durch feministische Statements.

Aber Bella gibt doch ständig quasifeministische Statements ab ...
Sie würde sich aber nie für eine Feministin halten. Sie würde sich auch nicht als Feministin erklären. Was ich inzwischen bedauerlich finde, sie hätte es öfter tun sollen. Aber nun ist es zu spät, man kann es nicht ändern. Also wenn sie heute noch leben würde, dann würde ich sie überzeugen, dass sie in feministische Kreise gehört.

So wie Sie selbst mit Ihrem kriminalliterarischen Netzwerk „Herland"?
„Herland" ist ein Zusammenschluss von Frauen, die eine bestimmte Art von Kriminalromanen schreiben. Unser Motto: Wir sind politisch, feministisch, gottlos, aufbrechend, gegen rechts, antikapitalistisch, antipatriarchal und erfolgreich.

Und dennoch haben Sie eine Figur erfunden, die sich nicht politisch engagiert ...
Stimmt.

Weil Sie glauben, dass es erfolgreicher ist, im Privaten zu handeln?
Nein, in bestimmten Situationen ist es erfolgreicher, sich mit anderen zusammenzuhocken und im Kollektiv gegen irgendetwas anzulaufen. Aber in der Situation und in der Zeit, in der Bella sich bewegt, war es sinnlos.

Deswegen ist sie Einzelkämpferin.
Ja, deswegen ist sie allein.

Und streitet für ein anderes Verhältnis zwischen Männern und Frauen?
Ja, und zwar für eines, in dem die Geschlechter gleich sind. Wir leben ja in einer Welt, die bestimmt wird von oben und unten: was Männer und Frauen angeht, was Klassen angeht und so weiter. Aber Bella wäre für ein Verhältnis von Männern und Frauen auf Augenhöhe. Es geht darum, einen Partner zu haben, den man nicht kujoniert, zu dem man aber auch nicht aufsieht. Ich glaube nicht, dass wir die

endgültige Form des Zusammenlebens von Männern und Frauen schon gefunden haben.

Sind Frauen streitbar genug, um die herrschenden Verhältnisse zu ändern?
Nein, sind sie absolut nicht. Außer vielleicht, wenn es darum geht, im häuslichen Bereich zu zanken. Aber streitbar in der gesellschaftlichen Auseinandersetzung waren und sind sie viel zu wenig. Früher lag es auch daran, dass es sich als Frau nicht gehörte, in der Öffentlichkeit den Mund aufzumachen. Ich kann mich noch sehr genau an eine politische Versammlung erinnern, wo irgendein Mann dummes Zeug redete, ich etwas dazwischenrief und mittendrin aufhörte, weil ich dachte: Oh Gott, du darfst hier doch gar nichts sagen. Nicht, weil ich so blöd war, sondern weil wir damals so dressiert waren. Wir hatten nicht mitzureden. Da spricht eben der Mann und fertig. Aber das ist hoffentlich inzwischen überwunden.

Bella Block ist deswegen so streitbar, weil wir Frauen es häufig zu wenig sind?
Ja, ganz bestimmt.

Weil Frauen scheinbar weniger Aggressionen haben und sich eher zufriedengeben?
Eine Freundin, die Theater macht, hat einen Ehefrau-Monolog geschrieben. Da heißt jeder dritte Satz: Ich bin zufrieden! Da könnte ich schon auf die Palme gehen, Frauen sollten mehr aufmucken!

Wäre nicht schlecht. Und wie ist das mit Gewalt? Führt Aggression irgendwann zur Gewalt?
Angeblich, aber ich glaube, das Gerede soll nur abschrecken. Denn mit Intelligenz lässt sich Gewalt sehr gut vermeiden.

Bella erschießt irgendwann ein paar Männer ...
Ja, irgendwelche Zuhälter, die sie überfallen wollen. Ich halte es eigentlich für überflüssig ...

Warum haben Sie es dann geschrieben?
Irgendwelche Toten muss es ja geben. Ich würde das nicht so ernstnehmen. Ich halte Gewalt nicht für besonders intelligent.

Haben Sie in Bella auch das hineinprojiziert, was Sie als Frau gern könnten und wären?
Ja, kann gut sein. Diese absolute Unabhängigkeit von irgendwelchen Liebesgeschichten zum Beispiel. Die habe ich ihr bestimmt deswegen angedichtet, weil ich selbst viel zu viel damit zu tun hatte. Das ist übrigens mein Problem mit Bella – sie wurde mir dummerweise so ähnlich. Sie hatte so eine untergründig mir ähnliche Art, dass ich beschlossen hatte, mit ihr Schluss zu machen.

Weil Sie Ihrer Fantasiefigur immer ähnlicher wurden?
Umgekehrt – Bella hat sich in meine Richtung entwickelt. Auch sie hatte Einsicht in die große Niederlage: Du bist hier jahrelang gegen alles Mögliche angelaufen, aber es hat sich nicht wirklich etwas verändert. Durch die Klarheit, die dadurch entstanden ist, war da plötzlich so eine Grundtraurigkeit. Keine Resignation, aber eine tiefe Traurigkeit. Die hat Bella dann abgekriegt. Das habe ich gemerkt und gedacht, das geht nicht. Sie wird jetzt so ein Trauerkloß, wie du selbst einer bist.

Bella Block wurde zur traurigen Streiterin, weil Sie das Gefühl hatten, Sie kämpfen gegen Windmühlen?
Zwischendurch schon, das kann ich sagen.

Deshalb musste sie sterben?
Ja. Aber der Verleger war dagegen, deshalb habe ich sie wiederbelebt.

Sie haben mal gesagt, Bella ist wiederauferstanden, weil sie gebraucht wurde. Wozu?
Ich brauchte für meine Geschichten eine Person, die in diese Welt geht, so scheußlich und so schön wie die ist, und einen ganz besonderen Blick darauf hat. Dafür ist die Figur sehr gut geeignet, und deshalb habe ich sie wieder ausgegraben.

Aber sie wird immer einsamer. Sie lassen ihre Liebhaber reihenweise sterben.
Na ja, das ist so eine Sache mit den Liebhabern. Den ersten habe ich verschwinden lassen, obwohl ich ihn eigentlich ganz nett fand und gern noch etwas behalten hätte. Aber dann haben mir Leserinnen gesagt: Gott sei Dank, dass Bella jetzt einen Freund hat. Da habe ich gedacht: Leute, das geht nicht, das kommt nicht infrage. Wenn ihr denkt, ihr könnt euch in meinen Büchern ausruhen, eure emotionalen Defizite auf diese Weise kompensieren und so die Welt wunderbar finden, dann muss ich euch leider sagen, dass ich da nicht mitmache. Deshalb musste Baier leider sterben.

Das ist hart.
Ja, was soll man machen? Man kann sich ja nicht alles bieten lassen.

Trotz weiblicher Selbstbestimmung ist gegen Liebe ja nichts einzuwenden, aber Bella kümmert sich oft einen Dreck um ihre Liebhaber. Ich habe nicht den Eindruck, dass sie Augenhöhe will, sondern dass sie eigentlich nur ihr Ding macht.
Es bleibt ihr gar nichts anderes übrig. In einer Gesellschaft, wo Männer und Frauen nicht gleich sind, da muss einer oben und einer unten sein. Und Bella ist nicht unten, das steht fest.

Interview: Bascha Mika

Zur Person: Doris Gercke, geboren 1937, war Verwaltungsbeamtin, Hausfrau und Jura-Studentin, bevor sie Ende der 1980er Jahre ihren ersten Roman schrieb. Der Krimi „Weinschröter, du musst hängen“ um die Polizistin Bella Block wurde ein Erfolg. 16 weitere Bücher mit der ruppigen Ermittlerin folgten, dazu weitere Romane, Kinderbücher und Gedichtbände. Die Hamburgerin wurde mit mehreren internationalen Preisen ausgezeichnet. Ihre Figur Bella Block wurde durch die Serie mit Hannelore Hoger in der Titelrolle auch einem großen Fernsehpublikum bekannt.

Furchtlose Pionierin

Nellie Bly hat als eine der ersten investigativen Journalistinnen viel gewagt – und gewonnen

Von Elena Müller

Wikipedia

Nellie Bly

Ich hatte geringes Vertrauen in meine Fähigkeit, die Experten zu täuschen, und ich vermute, mein Herausgeber hatte ein noch geringeres.“ Bescheiden und am Erfolg ihrer Mission zweifelnd beginnt Nellie Bly ihre Notizen, aus denen einige Tage später ein Bericht werden sollte, der sie berühmt machte. Bly, die 1864 in Pennsylvania mit dem bürgerlichen Namen Elizabeth Jane Cochran geboren wurde, täuschte Wahnsinn vor und ließ sich 1887 in der Nähe von New York in ein Heim für psychisch kranke Frauen einweisen, das Blackwell‘s Island Women‘s Lunatic Asylum. Dort recherchierte sie undercover und – nachdem ihr Herausgeber sie wieder aus dem Heim befreit hatte – sorgte mit ihrer Geschichte über die Misshandlung der Insassinnen und das Missmanagement in der Einrichtung für großes Aufsehen in der damaligen Gesellschaft.

Doch das „Irrenhaus“ war nicht der einzige Un-Ort, an den sich die mutige Reporterin wagte. Sie schlich sich in Spielhöllen, in Leprakolonien und mischte sich unter zwielichtige Pfandleiher, immer mit dem Ziel, eine gute Geschichte zu finden – und denen eine Stimme zu geben, denen man zu jener Zeit sonst selten oder gar nicht zuhörte: den Armen, den sozial Benachteiligten, den Kriegsversehrten, den Frauen.

„Einmal wöchentlich werden die Patientinnen gebadet, und das ist das einzige Mal, dass sie Seife sehen. Am Badetag wird die Wanne mit Wasser gefüllt, und die Patientinnen werden gewaschen, eine nach der anderen, ohne dass das Wasser gewechselt wird. Wenn das Wasser richtig dickflüssig ist, lässt man es auslaufen, und die Wanne wird wieder aufgefüllt, ohne dazwischen ausgespült zu werden. Alle Frauen benutzen dieselben Handtücher – die mit Hautausschlägen genauso wie die ohne." Die schlechten hygienischen Bedingungen, die die junge Journalistin beobachtet, sind nur die Spitze der Grausamkeiten, die sich auf Blackwell's Island zutragen. Bly berichtet von Schlägen und Tyrannei durch Schwestern und Ärzte, von einer unmenschlichen Behandlung der vermeintlich geisteskranken Frauen.

Die zehn Tage in der Nervenheilanstalt waren der Beginn von Blys großer Karriere als eine von Amerikas ersten investigativen Journalistinnen – doch Bly war nicht nur beim Aufspüren sensationeller Geschichten eine Pionierin. Im Alter von 25 Jahren machte sie sich auf, den fiktiven Rekord von Jules Vernes Figur Phileas Fogg in „In 80 Tagen um die Welt" zu brechen und die Welt in kürzerer Zeit zu umrunden. Sie schaffte es, erreichte nach ihrer Reise durch Großbritannien, Frankreich, Italien, Ägypten, Sri Lanka, Malaysia, Singapur, China und Japan nach rund 72,5 Tagen New Jersey – und stellte damit einen neuen Weltrekord auf.

Auch bei diesem Unterfangen wurde sie von ihrem Herausgeber ermutigt und unterstützt, der mit Blys außergewöhnlichen Geschichten seine Auflage nach oben schrauben konnte. Der Herausgeber war kein Geringerer als Joseph Pulitzer, nach dem seit 1917 der begehrteste Journalistenpreis der Welt benannt ist. In Pulitzers „New York World" stellte Bly sich 1887 vor, nachdem sie es satt hatte, beim „Pittsburgh Dispatch" über sogenannte Frauenthemen wie Mode, Blumenarrangements oder die feine Gesellschaft zu schreiben. Die junge Frau wollte mehr, sie wollte mitmischen. Und ihre Arbeit wirkt bis heute nach: Unter dem Namen Nellie Bly wird heute ein Journalistenpreis vergeben; das Albany Museum of Political Corruption verleiht ihn seit 2017 an investigative Reporterinnen. In diesem Jahr ging die

Auszeichnung an die „New York Times"-Autorinnen Jodi Kantor und Megan Twohey, die mit ihrer Berichterstattung über die Weinstein-Anschuldigungen die #MeToo-Debatte ins Rollen brachten.

„Kantor und Twohey haben politische Berichterstattung auf die gleiche Weise definiert wie Nellie Bly – als das Sichtbarmachen von Machtbeziehungen", hieß es in der Laudatio bei der Preisverleihung im Mai. Die Auszeichnung zu Ehren der Reporterin werde vergeben, um zu verdeutlichen, dass investigativer Journalismus eine wichtige Rolle spielt, „um schwerwiegende Korruption und Bestechung zu bekämpfen, Mängel in der sozialen Gerechtigkeit aufzudecken und eine informierte Wählerschaft zu gewährleisten", heißt es von den Stiftern.

Auch heute wird immer wieder deutlich, wie wichtig fundierte Recherchen sind, um ein Korrektiv der Macht zu bilden, doch aus der Lektüre von Blys Geschichten ist herauszulesen, wie ungleich viel größer die Anstrengungen für Reporter um die Jahrhundertwende gewesen sein müssen. Vor allem, wenn sie Frauen waren.

Nachgezählt

Der Literaturbetrieb ist noch immer eine Männerdomäne

Von Alicia Lindhoff

DIE VERLAGE

Gefühlt erscheint das Verhältnis zwischen Autorinnen und Autoren zumindest bei der Gegenwartsliteratur einigermaßen ausgeglichen. Zu behaupten, Schreiben als Beruf sei heute eine männlich konnotierte Tätigkeit, wäre sicherlich überzogen. Oder? Wie viel veröffentlichen die großen Verlagshäuser tatsächlich von Frauen – und wie viel von Männern?

Beim Durchforsten und Auszählen der aktuellen Programme zeigt sich ein überraschendes Bild: Bis auf wenige Ausnahmen offenbaren die renommierten deutschen Verlage eine ziemliche Schlagseite zugunsten männlicher Autoren.

Sehr ungleich ist das Verhältnis im Herbstprogramm von Fischer : Von 36 Titeln stammen hier 28 aus männlicher Feder, nur acht sind von Frauen. Noch am besten schneidet die internationale Belletristik (7:4) ab – gegenüber deutscher Gegenwartsliteratur (6:1), dem Sachbuch (11:3) und der Rubrik „Geschichte und Wissenschaft" (4:0). Zur Wahrheit gehört aber, dass das Programm vom Frühjahr 2018 ein fast ausgeglichenes Verhältnis zeigte. Insgesamt hat Fischer wie viele Verlage die Tendenz, Bücher von Autorinnen wie Cecilia Ahern oder Gayle Forman mit hellblau-rosa-verschnörkelten Covern als „Frauenromane" zu vermarkten.

Sehr testosteronlastig präsentiert sich auch das aktuelle Belletristik-Hauptprogramm bei Suhrkamp. Der Verlag bewirbt insgesamt

31 Titel von 26 Autoren. Davon sind 19 männlich, sechs weiblich. Nur einer der Titel stammt von einem mehr-geschlechtlichen Autorentrio: Es ist ein Band mit Briefwechseln zwischen Uwe Johnson, Anna Grass und Günter Grass.

Im Herbstprogramm von Hanser finden sich Werke von 20 Schriftstellern, darunter 13 Männer und sieben Frauen.

Und so geht es weiter in den belletristischen Herbstprogrammen von Rowohlt (9 Männer, 4 Frauen), von Ullstein (8 Männer, 2 Frauen), von Beck (10 Männer, 3 Frauen) und von Aufbau (9 Männer, 4 Frauen).

Fast drei Viertel der Neuerscheinungen in unserer Stichprobe sind von Männern verfasst. Woran das liegt, bleibt unklar – ob Frauen seltener Manuskripte einreichen, oder ob in den Verlagshäusern strukturelle Gründe dafür sorgen, dass dem Schreiben von Frauen weniger Raum und Aufmerksamkeit eingeräumt wird.

Problematisch ist dieses Verhältnis allemal. Vor allem vor dem Hintergrund, dass Studien seit vielen Jahren zeigen, dass Frauen deutlich mehr Bücher kaufen und lesen als Männer.

DER KANON

Auf das absurdeste aller Beispiele zum Thema Frauen im Literaturkanon hat die Bloggerin Katharina Herrmann vor einer Weile hingewiesen: Die große „Zeit-Bibliothek der 100 Bücher" – Ende der 70er Jahre erstellt von sechs männlichen Literaturkritikern. Unter den 100 Werken ist allerlei Diskussionswürdiges – von den Lebenserinnerungen Leo Trotzkis bis zu Hesses „Der Steppenwolf" – aber nur ein Buch von einer Frau: „Das siebte Kreuz" von Anna Seghers.

Seghers' Werk war 30 Jahre später auch der einzige Roman aus weiblicher Feder, den Marcel Reich-Ranicki für wert befand, in seinen viel beachteten Literaturkanon aufgenommen zu werden. Ihrem Werk gegenüber standen 19 Romane von männlichen Autoren. Neben den Romanen empfahl Reich-Ranicki auch 180 Erzählungen und 42 Dramen von insgesamt fast hundert Autoren – unter ihnen genau acht Frauen. Wenig verwunderlich – war Reich-Ranicki doch ohnehin der Ansicht, Frauen könnten eigentlich nur Gedichte schreiben.

Auch das ist bald 20 Jahre her und in der Zwischenzeit ist Marcel Reich-Ranickis Vorschlag eines Literaturkanons immer wieder angezweifelt, herausgefordert oder mindestens aktualisiert worden. Zum Beispiel im Jahr 2016 von einigen „Spiegel"-Redakteuren (zwei Frauen, vier Männer), die eine Liste von Must-read-Romanen veröffentlichten, darunter deutsche wie internationale Gegenwartsliteratur von Salman Rushdie über Zadie Smith bis Michel Houellebecq. Doch, oh Wunder: Auch unter diesen 50 Werken waren lediglich 13 von Frauen geschriebene.

Reich-Ranicki zog sich bei Kritik immer darauf zurück, sein Kanon sei schließlich subjektiv. Den Anspruch auf neutrale Objektivität vermittelt dagegen Schullektüre – Werke, die Jugendlichen staatlich verordnete Perspektiven auf die Welt und das Leben nahebringen und sie an Literatur heranführen sollen. Ein Blick auf die aktuellen Abitur-Leselisten des hessischen Kultusministeriums zeigt: Man(n) ist hier ganz beim Literaturpapst. Unter den elf Romanempfehlungen für das Abitur 2018 sind viele alte Bekannte, aber kein Werk von einer Frau. 2019 sieht das Verhältnis minimal besser aus: Von sechs Romanen ist einer von einer Frau geschrieben. Allerdings bleibt „Corpus Delicti" von Juli Zeh denjenigen vorbehalten, die Deutsch im Leistungskurs belegt haben.

Die Journalistin Nadja Schlüter hat in einem Artikel nachvollzogen, wie die Jahre ihres Heranwachsens von diesem Kanon geprägt wurden: „Jahrelang waren neunzig Prozent der literarischen Blicke, die für mich auf die Welt geworfen wurden, die ich lesend nachvollzogen habe, männliche Blicke."

DIE KRITIK

Ein Großteil aller Besprechungen würdigt die Werke von Autoren, Männer schreiben überwiegend über Männer, und ihnen steht ein deutlich größerer Raum für Kritiken zur Verfügung. Zu diesen drei zentralen Erkenntnissen kommt die Pilotstudie „Sichtbarkeit von Frauen in Medien und im Literaturbetrieb" des Buchbranchenprojekts #frauenzählen .

Für die Studie haben Wissenschaftlerinnen im Laufe des Monats März 2018 2.036 Buchbesprechungen in 69 deutschen Medien in den Bereichen Print, Hörfunk und TV statistisch erhoben und ausgewertet.

Die konkreten Ergebnisse: In allen Medien (mit Ausnahme von Frauenzeitschriften) wird Autoren bei Besprechungen eine häufigere Aufmerksamkeit entgegengebracht. Am extremsten zeige sich das im Fernsehen. Insgesamt gelte: Zwei Drittel der rezensierten Bücher sind von Männern verfasst worden. An dieser Stelle haken wir kurz ein und fragen uns: Ist das ein Problem der Feuilletons? Oder spiegelt es lediglich den zuvor an dieser Stelle konstatierten Männerüberschuss in den Verlagsprogrammen wider?

Eine Rolle spielen dürfte allerdings auch, dass die Welt der Literaturkritik ebenfalls männlich dominiert ist. Männliche Kritiker nehmen mit ihren Rezensionen laut der Studie mehr Raum im öffentlichen Diskurs ein – und Männer schreiben allem Anschein nach eher über Männer: Drei Viertel der von Männern rezensierten Werke haben männliche Autoren. Weibliche Kritikerinnen sind damit für einen großen Teil der Sichtbarkeit von Autorinnen verantwortlich; sie besprächen ausgewogener, allerdings auch häufiger männliche Autoren.

Die Germanistin Veronika Schuchter überrascht das nicht. Sie vertritt die These, dass Mädchen wie Jungen in ihrer Lesesozialisation lernten, männliche Perspektiven auf die Welt zu übernehmen. Zwar seien Kritiker professionelle Leser und sollten nicht bewerten, was ihnen persönlich gefalle, sondern sich überlegen, für welche Zielgruppe verschiedene Texte interessant sein könnten. Trotzdem könne man diese Lesesozialisation nicht ganz überwinden. Sie schlage sich im Wertungsverhalten nieder.

Schuchter beobachtet zudem, dass Autorinnen besonders dann Lob und Anerkennung zuteilwerde, wenn sie in ihren Büchern als männlich geltende Stilmerkmale verwendeten und etwa distanzierte, analytische, pornografische oder brutale Texte schrieben. Erst dann würden viele auch von männlichen Kritikern ernst genommen.

Par
rt
ner
.inn
en

Beziehung auf Augenhöhe – wie geht das?

Foto: BlueOrange Studio - stock.adobe.com

So ne Cha-Cha-Cheiße

Nur eine folgsame Tanzpartnerin ist eine gute Tanzpartnerin – warum eigentlich?

Von Ella Carina Werner

Es naht das Jahr 2020. Noch nie hatten wir so viele Bundesministerinnen in Deutschland, die #MeToo-Debatte wirbelt erfreulich vieles auf, das Matriarchat ist zum Greifen nah – na gut, außer in der CSU, der Fifa. Und im Paartanz. Ob Walzer, Salsa oder Tango: „Der Mann führt, die Frau folgt", gilt im Standardtanz seit den heidnischen Opfertänzen noch immer. Das „Playboy"-Magazin bringt es auf den Punkt: „Ein Mann sollte beim Paartanz führen können. Ansonsten muss das nämlich die Dame übernehmen und das sieht nun wirklich dämlich aus." Ja, wirklich, dämlich, zum Piepen! Ähm ... warum eigentlich?

In der CDU-Führung sah das die letzten 18 Jahre auch nicht soo dämlich aus. Der MDR wird auch von einer Frau übers Parkett geleitet, genau wie die Frankfurter Rundschau. Nur bei der guten alten Tante Standardtanz ist eine variable Rollenverteilung von den meisten Tanzverbänden nicht einmal zugelassen. (Insbesondere in Salsa-Kursen wird übrigens auch gerne gelehrt, dass Männer ruhig Machos sein und dies durch „männliche" Bewegungen betonen sollen, zum Beispiel durch Betonung des Genitals. Die Frauen hingegen halten besser die Beine „schön eng zusammen".)

Zahlreiche Fragen drängen sich auf: Hat Simone de Beauvoir sich eigentlich auch von Jean-Paul Sartre beim Tanztee willenlos die Richtung weisen lassen und ihm sanft ins Ohr gehaucht: „Du führst aber gut?“ Stach Merkel die letzten 20 Jahre sämtliche männlichen Konkurrenten aus, um sich beim Bundespresseball devot lächelnd herumwirbeln zu lassen? Und sind die altbackenen Regeln der Grund, warum Andrea Nahles als „Tanzmuffel“ gilt?

Gleiches gilt beim Eiskunstlauf. Dort gibt es Hebefiguren, bei denen „aufgrund der physischen Gegebenheiten“ (Wikipedia) der Mann den Part des „Untermanns“ automatisch übernimmt. Ich bin sicher, dass etwa Andrea Nahles‘ physische Gegebenheiten es durchaus ermöglichen würden, den niedlichen Lindner gleich dreifach durch die Luft zu wirbeln und die Richtung vorzugeben: „Da lang, du Arschnase!“ Frauen in Führungspositionen, das wird doch immer gefordert. Kann es denn auf der Tanzfläche nicht wenigstens eine Doppelspitze geben? Kann nicht der führen, der gerade Bock hat?

Gott sei Dank gibt es im Paartanz hier und da inzwischen ein bisschen Rebellion. „ICH wollte führen. Oder zumindest mitreden. Die Männer, mit denen ich tanzen konnte, kann ich an den Fingern einer Hand abzählen“, schreibt etwa eine Leidgeplagte in ihrem Blog mama-arbeitet.de. Empfehlenswert ist der TEDx-Vortrag namens „Ballroom Dance that breaks gender roles“, im Internet leicht zu googeln. Zum Glück gibt es „Queer Tango“, bei dem die traditionellen Geschlechterrollen beliebig gewechselt werden können und auch gleichgeschlechtliche Tanzpaare möglich sind.

Tango kann ich leider nicht, aber „Queer Walzer“ würde mir gut gefallen. Zum Beispiel mit Friedrich Merz. Dem alten Ganoven die Hand besitzergreifend auf den Rücken zu legen und ihn über die Tanzfläche zu kommandieren – das würde mir gefallen.

Die Ohnmacht des Mannes

Warum wir Gewalt nicht nur ächten, sondern auch über ihre Ursachen sprechen müssen

Von Viktor Funk

Wissen Sie, wie Sie einen Mann ganz leicht verunsichern können? Wenn Sie in einem Restaurant sind, fragen Sie ihn, was er essen möchte, und sobald ein Kellner am Tisch steht ... bestellen Sie für ihn.

Der amerikanische Satiriker Michael Ian Black, der seine Freunde gern so auf den Arm nimmt, schreibt aus der Erfahrung: „Es ist lustig, weil es eigentlich nicht so einfach sein sollte, einem Mann seine Männlichkeit zu stehlen – aber das ist es."

So lustig das vielleicht tatsächlich ist, der Anlass für Blacks New-York-Times-Kolumne über Männlichkeit, war es nicht. Denn es ging um ein School shooting, ein Schulmassaker, diesmal in Parkland, Florida, am 14. Februar – eine der schlimmsten US-Schulschießereien der vergangenen Jahre. Und nur eine von vielen.

Allein seit 2015 gab es in den Vereinigten Staaten 82 Schießereien an Schulen oder in Schulbussen. In vielen Fällen wurde niemand getötet, oft gab es „nur" Verletzte. So gut wie immer schießen junge Männer. Und Michael Ian Black, der vor allem auf die US-Gesellschaft und die Genderdebatte dort blickt, fasst das in einem kurzen, aber sehr wichtigen Satz zusammen: „Boys are broken".

Black lenkte die Debatte weg von Schuld und Sühne, weg von der in den USA bisher nicht durchsetzbaren Verschärfung des Waffenrechts, weg vom Gut-Böse-Schema hin zu der Frage: Was stimmt mit den jungen Männern nicht?

Diese Frage ist wichtig. Denn dass etwas nicht stimmt, wenn Männer zuschlagen, zustechen, schießen, Terrorangriffe in eher friedlichen westlichen Gesellschaften verüben – das ist unstrittig. Spezialisten, die mit Tätern arbeiten, die also dafür sorgen, dass ein Mann seine Gefühle so weit unter Kontrolle bringt, dass sie anderen nicht schaden, weisen auf einige Punkte hin, die sonst wenig Beachtung finden. Zum einen sind die häufigsten Opfer der Männer ebenfalls Männer. Das scheint so banal zu sein, dass darüber kaum öffentlich geredet wird.

Des Weiteren sagen Experten, wie etwa die Anti-Aggressionstrainerin Monika Steinmeir unlängst in einem FR-Interview: Die Arbeit mit Tätern erhalte wenig Unterstützung. „Täterarbeit ist einfach ein unbeliebtes Thema. Damit gewinnt man keine Wahlkämpfe. Und für Täter will auch niemand spenden." Das könne man ja auch verstehen, so Steinmeier, die im Rhein-Main-Gebiet arbeitet.

Dabei geht es doch um Prävention. Es geht darum, zu vermeiden, dass ein Mann erneut seine Frau, seine Kinder oder einen anderen Mann angreift. Es geht im besten Fall sogar darum, zu vermeiden, dass jemand überhaupt erst zu einem Täter wird – der beste Schutz für alle.

Und noch etwas sehr Wichtiges wird selten öffentlich thematisiert: Männer sind nicht nur nach außen destruktiver als Frauen. Sie zerstören sich auch viel häufiger selbst: Die Suizidrate unter Männern ist viel höher als unter Frauen – und zwar in allen Altersgruppen ab 15 Jahren. Unter den Zehn- bis 15-Jährigen begehen mehr Mädchen Suizid.

Angesichts dieser Daten sollte die wichtige Debatte über Gleichberechtigung zwischen Mann und Frau, über Gewalt von Männern gegen Frauen, über strukturelle Benachteiligung von Frauen ergänzt werden um die Frage: Warum tun Männer das? Denn so wichtig es ist, Gewalt zu ächten, so wichtig wäre es auch, unvoreingenommen über ihre Ursachen zu sprechen. Die häufige Antwort auf die Frage nach dem „Warum" ist: Es geht um Macht, Unterdrückung, Beherrschung. Aber in manchen Beziehungskonflikten gibt es auch andere Gründe dafür.

Natasza Toczek, Berliner Psychologin, die seit 20 Jahren in der Gewalt-Arbeit tätig ist, sagt: „Aus meiner persönlichen Erfahrung in der Arbeit mit Männern sehe ich die Gewalt seltener als bewusst eingesetztes Verhalten, um die anderen zu kontrollieren, sondern häufiger als Abwehren eigener Ohnmacht." Für die Männer sei dies eine schnelle Möglichkeit, eine belastende Situation zu beenden, unangenehme Gefühle loszuwerden, und zwar aktiv – als Handelnder.

Offenbar halten Männer unangenehme Gefühle schlechter aus. Toczek ergänzt: „Täter wandeln eine Situation der Trauer, Ohnmacht oder Hilflosigkeit in Wut um – das erzeugt ein vermeintliches Gefühl von Stärke."

Ist das typisch für das Geschlecht? Toczek sagt, im Kindesalter zeigten Mädchen und Jungen ähnliches Aggressionsverhalten. In der Pubertät verändere es sich stark. Inwieweit es gesellschaftliche oder biologische Gründe oder beide dafür gebe – das sei zu kompliziert, um es eindeutig zu beantworten. „Es ist eine Mischung aus persönlichen Eigenschaften wie körperlicher Stärke, Charakter, dann die Prägung in der Sozialisation und Erziehung, und auch aus verinnerlichten Erwartungen an die Rolle als Mann."

Bei ihrer Arbeit helfe ihr ein sachlicher Zugang, sagt die 46-Jährige. „Unsere Klienten haben Gewalt als Verhalten gelernt. Dagegen haben viele nicht gelernt, eigene Gefühle wahrzunehmen, zu verstehen und zu kommunizieren. Wir helfen ihnen, das Schritt für Schritt zu lernen, sozusagen eine gute Bedienungsanleitung zu sich selbst zu finden."

Gewalt lernen Männer, die Gewalt ausüben, häufig am eigenen Leib. Denn was Experten ja auch sagen: Acht von zehn Gewalttätern waren selbst schon als Kind Opfer. Über diese Tatsache wird in den Diskussionen viel zu häufig leichtfertig hinweggegangen. Aber wie sollen wir den Kreislauf durchbrechen, bei dem Jungs als Kinder zu Opfern und später als Männer zu Tätern werden, wenn wir viel zu wenige Ressourcen dafür aufwenden, dass es weniger Täter gibt?

Hierbei geht es in erster Linie nicht um Strafverfolgung. Wer vor allem daran denkt, der kümmert sich um das Problem zu spät. Mindestens genauso wichtig wie Strafverfolgung oder Hilfe für betroffene Frauen und Familien müsste auch „Hilfe" für tatsächliche oder potenzielle Täter werden. Niederschwellige Beratungsangebote, vertrauensvolle Gespräche, Anlaufstellen – wer in einer akuten Aggressionskrise steckt, muss so etwas lange suchen.

Es gibt gute Gründe, solche Angebote auszubauen. Gerhard Hafner, der in Berlin zusammen mit Natasza Toczek gewalttätige Männer berät, stellt beispielsweise fest, dass Männer sich zunehmend auch freiwillig an ihn wenden (die meisten werden gerichtlich gezwungen). Die, die freiwillig kommen, sind häufig ältere deutsche Männer, die ihr Problem schon lange mit sich tragen.

Es gibt also eine positive gesellschaftliche Sensibilisierung. Und es ist durchaus angebracht, die lauten Debatten, die unter den Hashtags #aufschrei oder #metoo monatelang den öffentlichen Diskurs prägten, als Fortschritt der Gleichberechtigung zu sehen. Sie zeigen, dass es eine Machtverschiebung gibt. Wer aber erwartet, dass mehr Gleichberechtigung zu mehr Harmonie führen wird, der irrt. Denn wenn Mann und Frau das Gleiche dürfen, wollen und können, dann werden sie auch häufiger miteinander streiten, wer in einem konkreten Fall zum Zuge kommt. Aber wenn Männer es gelernt haben, ihre Gefühle besser zu verstehen und sie besser zu kommunizieren, dann werden das konstruktive Streitereien sein, auf Augenhöhe – ohne Gewalt.

Vor diesem Hintergrund stellt sich die Frage: Würde es sich nicht eher lohnen, differenzierter über die Geschlechterverhältnisse in unserer Gesellschaft zu streiten? Die moderne Männlichkeit vielleicht auch weniger negativ zu definieren, also nicht immer zu betonen, was alles schlecht ist, sondern eher Vorbilder zu benennen? Denn was allzu offensichtlich an der aktuellen Diskussion ist, das fasst der US-Satiriker Black ebenfalls prägnant zusammen: „Es reicht heute nicht mehr aus, ‚ein Mann zu sein' – wir wissen sogar nicht einmal mehr, was das bedeutet."

Spitzenduo I: Ohne Vertrauen geht es nicht

Die blinde Skirennfahrerin Noemi Ristau braucht ihren Guide

Von Alicia Lindhoff

Noemi Ristau (re.) mit Guide Lucien Gerkau

Paul Hoffmann

Als die Skirennfahrerin Noemi Ristau Anfang des Jahres bei den Paralympics in Pyeongchang mit 100 Stundenkilometern die Pisten hinunterraste, da tat sie das beinahe, ohne zu sehen, wo sie hinfuhr. Die 26-Jährige ist fast blind. Wie das geht? Zwei Meter vor Ristau fuhr ihr Guide, Lucien Gerkau, selbst ehemals Rennfahrer. Über Headsets waren die beiden verbunden, Gerkau machte Ansagen: „Und Schwung", „und hopp", „und zieh", Ristau reagierte blitzschnell. So ging es durch den Riesenslalom – und auf einen der Top-Plätze: Rang vier erreichte das Duo in der Abfahrt und im Riesenslalom.

„Das zusammen zu erreichen, war schon Wahnsinn", sagt Ristau. Fünf Jahre lang hatten sie sich auf die Paralympics vorbereitet. Drei Jahre, in denen sie lernen mussten, perfekt zusammen zu funktionieren und Vertrauen aufzubauen. „Ich habe gemerkt, dass das bei mir recht schnell geht, wenn ich merke, dass eine Person sicher fährt." Aber auch wer vorfährt, müsse Vertrauen haben, zuallererst in sich selbst. „Es ist schon eine große Verantwortung für den Guide. Ich kann stürzen, er kann stürzen. Ist alles schon passiert." Sie habe es auch schon mit Leuten ausprobiert, die zwar sicher fuhren, aber zu viel Angst hatten, etwas falsch zu machen. Auch wenn es beim Blindenski in erster Linie um professionelle Teamarbeit geht, sagt Ristau: „Man muss sich schon leiden können – und in der Lage sein, vor wichtigen Rennen umzuschalten, auch wenn es vorher einen Konflikt gab."

Nervt es sie manchmal, immer auf einen Skipartner angewiesen zu sein? „Klar. Aber zugleich erlebt man auf der Piste total witzige und schöne Momente zusammen. Und es ist einfach toll, mit jemandem das gleiche Ziel, die gleiche Leidenschaft zu teilen."

„Frauen lassen sich nicht mehr alles gefallen"

Paartherapeutin Christine Backhaus spricht über Platzhirsche und Vorzeigemädchen, über neue Streitkultur und gestrige Rollenmuster. Und sie erklärt, warum es beim Beziehungszoff selten um die Sache geht

Privat

Christine Backhaus

Immer zu spät zum Date, liegen gelassene Socken oder doch die große Frage, wer Teilzeit arbeitet – was sind die häufigsten Konfliktthemen, mit denen Paare zu Ihnen kommen?

Das ist ganz unterschiedlich und hängt von der Lebensphase ab. Unerfüllter Kinderwunsch ist zum Beispiel ein Riesenthema. Zu uns kommen auch viele Leistungsträger und Vielarbeiter. Sie kommen oft schwer damit klar, privat an Grenzen zu stoßen. Dass die Natur Nein sagt. Damit einher geht ein hohes Maß an Kontrollverlust. Das ist wirklich eine der dramatischsten Erfahrungen für viele Paare – neben Affären. Und Rollenverteilung ist auch oft ein Punkt.

Geht der Stress dann los, wenn Kinder kommen?

Oft ist das der Fall. Am Anfang sind sich gerade die jüngeren Paare in aller Regel einig, dass das alles auf Augenhöhe abläuft und sie beide alles unter einen Hut bringen. Und spätestens beim ersten Kind zeigt sich, wenn vorher beide berufstätig waren, dass dann doch Kompromisse notwendig sind – und die machen immer noch meistens die Frauen. Dann kommt die Überbelastung, der Stress, die Enttäuschung. Man ist mit Versprechen und Erwartungen vor den Traualtar getreten – und dann sieht das in der Realität ganz anders aus. Da geht es auch um Einsamkeit in der neuen Rolle als Mutter, wenn man nicht so den Anschluss hat. Wenn man vorher in einem erfüllenden Job war, dann kommt auch ganz oft die große Krise.

Die Umwälzung ist aber auch für die Väter nicht leicht.
Es ist ein Riesen-Tabuthema, dass Männer oft auch während der Schwangerschaft oder kurz nach der Geburt fremdgehen. Das eingespielte Gefüge von Geben und Nehmen in der Partnerschaft funktioniert dann nicht mehr, weil die Frau ganz anders fokussiert ist. Da müssen viele Männer lernen, sich einzubringen in die Streicheleinheiten zwischen Mutter und Kind, damit sie eben nicht nur Zuschauer sind, sich nicht nur als Geldverdiener fühlen. Wenn sie diese Form der Liebessprache nicht gelernt haben, wird es schwierig. Das hat natürlich etwas mit Vorstellungen von Männlichkeit zu tun. Die Angst der Männer ist groß: Komme ich jetzt als Weichei rüber, wenn ich wie ein zweites kleines Kind Kuscheln einfordere? Das tut ein Kerl doch nicht!

Damit beide Seiten selbstbewusst ihre Bedürfnisse einfordern, braucht es auch eine Streitkultur auf Augenhöhe. Gibt es die?
Bei vielen nicht wirklich. Ich unterscheide zwischen zwei Gruppen. Die einen kommen wegen zahlreicher, heftiger Streits, oft unter die Gürtellinie gehend, wo dann auch Verletzungen entstehen, die nicht gut reparabel sind. Das andere Extrem ist die Sprachlosigkeit, wenn Konflikte mehr oder weniger unter den Teppich gekehrt oder Dinge erduldet werden. Viele Paare haben nicht gelernt, dass eigene Bedürfnisse, die sich in bestimmten Lebensphasen einer Partnerschaft auch mal verändern oder deutlicher zu Tage treten, verhandelt werden können. Gerade bei beruflich erfolgreichen Frauen beobachte ich aber noch ein anderes Phänomen.

Und das wäre?
Ich nenne sie liebevoll die „Vorzeigemädchen der Nation". Das sind Frauen, die haben oft schon in der Schule Höchstleistungen vollbracht, tolle Abschlüsse, sind sehr erfolgreich im Job. Gleichzeitig verhalten sie sich privat wie brave, angepasste Mädchen, die es allen recht machen wollen. Diese Frauen wollen gefallen, sie schauen immer zuerst, was braucht der Partner.

Und haben dabei nicht gelernt, ihre eigenen Wünsche zu artikulieren?
Genau. Daraus entsteht oft emotionale Abhängigkeit insofern, als diese Frauen sich vor allem über die Bedürfnisse von anderen definieren und da ihre ganze Energie reinlenken. Da ist die Enttäuschung vorprogrammiert.

Die emotionale Abhängigkeit tritt an die Stelle der finanziellen, die seltener wird, weil beide Geld verdienen?
Richtig. Das ist ja ein Riesendruck, der auf den jungen Frauen lastet. Alles ist machbar, Kinder, Karriere, und dann noch Yoga und vegan leben, gut aussehen. Sich davon unabhängig zu machen, ist eine Riesenleistung.

Wie ist das bei älteren Paaren?
Die kommen oft, wenn die Kinder aus dem Haus sind, und sie auf einmal merken, dass ihr wichtigstes gemeinsames Thema wegfällt. Dazu kommen die hormonellen Veränderungen bei Männern und Frauen. Die Chance, sich jetzt noch einmal den eigenen Bedürfnissen zuzuwenden, macht vielen Angst.

Wer ist die treibende Kraft, wenn Paare zu Ihnen kommen – eher die Frauen?
Nein, gar nicht. Frauen kommen eher mit dem Thema Partnerwunsch- und -suche. Wegen Beziehungskonflikten kommen eher die Männer, allerdings oft fünf nach zwölf, wenn die Frauen die Trennung innerlich schon vollzogen haben.

Was raten Sie Ihren Kunden denn dann?

Trennen ist die einfache Variante. Dazu brauchen uns die Paare in der Regel nicht. Ich rate oft demjenigen, der gehen will, einzufordern, dass sich der Partner zunächst einmal allein auf einen tiefgehenden Reflexionsprozess einlässt. Oft geht es um bestimmte Wesensmerkmale, die einerseits in der Kindheit oft sehr hilfreich waren, es in einer Beziehung mit dem Anspruch der Gleichberechtigung aber eben nicht mehr sind.

Das müssen Sie erklären.

Ich meine die Platzhirsche dieser Welt, die im Job sehr erfolgreich sind, sehr fokussiert, sehr durchsetzungsstark, rhetorisch sehr gewandt – und eben auch in der Partnerschaft dominant. Wenn die Frau – oft sind es immer noch die Frauen – das aber nicht (mehr) so mitmachen will, reagieren diese Männer oft mit kleinen, fiesen Abwertungen. Sie versuchen, den anderen nicht groß werden zu lassen. Weil die Angst groß ist, privat die Kontrolle zu verlieren. Vielen ist das natürlich nicht bewusst, sie machen es eben nicht absichtlich. Und so gilt es, diese Angst im Gespräch zu thematisieren, ernst zu nehmen und aufzuklären.

Wie groß ist denn überhaupt die Bereitschaft, an sich zu arbeiten?

Dazu braucht es einen gewissen Leidensdruck. Im Sinne von: Wenn ich mich nicht ändere, ist der Partner weg oder wird es spätestens in der nächsten Partnerschaft sehr wahrscheinlich ähnlich schwierig werden. Die Betroffenen sollen lernen zu erkennen: Wann spiele ich die Karte, die meinem Partner, meiner Partnerin nicht mehr gefällt, und wann beiße ich mir vielleicht lieber mal auf die Zunge, weil ich sonst meine Beziehung ruiniere. Einmal nicht das letzte Wort haben, den anderen entscheiden lassen – oft sind es ganz einfache Dinge, mit denen man sich das Leben einfacher machen kann. Es geht ja oft gar nicht um die Sache, sondern unbewusst um Macht.

Die Themen, mit denen Paare zu Ihnen kommen, sind je nach Alter unterschiedlich. Ändert sich auch die Streitkultur von Generation zu Generation?
Verändert hat sich vielleicht die Art, wie Konflikte ausgetragen werden. Natürlich sind die Rahmenbedingungen andere seit den 70ern, als die Frau noch die Erlaubnis des Mannes brauchte, um arbeiten zu gehen. Und diese Art des Runterschluckens, sich Anpassens, des alles dem Mann Unterordnens, das gibt es bei jüngeren Frauen seltener. Statt offen zu streiten, hat sich die Generation unserer Mütter da noch andere Wege gesucht, zum Beispiel über die Manipulation der Kinder. Die Auseinandersetzung war indirekter.

Und heute?
Heute lassen sich die jungen Frauen nicht mehr alles gefallen, sind lockerer und mutiger, was das Streiten angeht. Die jüngere Generation ist mit Datingportalen und so etwas aufgewachsen, da herrscht das Bewusstsein vor: Ich finde schon jemand anderen. Auch weil die finanzielle Abhängigkeit nicht mehr so da ist. Die Lage ändert sich allerdings, wenn Kinder im Spiel sind. Grundsätzlich geht es beim Streiten auch um das Thema Selbstwirksamkeit und Selbstwertschätzung.

Wie meinen Sie das?
Vor allem Frauen, aber auch vielen Männern, die zu uns kommen, fehlt es an der Überzeugung, selbst etwas Großes meistern zu können, etwas zu schaffen, ein erfülltes Leben zu haben – zur Not auch ohne den Partner. Ich muss mich aber selbst wertschätzen, wenn ich Respekt von meinem Partner einfordern will. Darum geht es ja im Streit, wenn der andere ausnutzt, dass er mich gut kennt, mein Vertrauen missbraucht, indem er bestimmte Knöpfchen drückt.

Letztlich geht es also auch beim Streit über liegen gelassene Socken oder die vielbeschworene Zahnpastatube um Respekt.
Na klar!

Wir haben viel über Rollenkonflikte von heterosexuellen Paaren gesprochen. Finden sich bei Homosexuellen ähnliche Muster?
Ja, das würde ich sagen. Auch wenn es vielleicht seltener festgefahrene Männlich- oder Weiblichkeitsklischees gibt, finden doch ähnliche Machtspielchen um Dominanz oder Unterdrückung statt. Auch die Konfliktthemen sind dieselben. Anders ist eher der Umgang mit dem Thema Sexualität, der aus meiner Erfahrung doch lockerer, ungezwungener ist.

Ist das Thema Sex insgesamt für Paare wichtiger oder unwichtiger geworden?
Schwer zu sagen. Viele kommen natürlich mit diesem Thema zu uns, aber es stecken oft andere Dinge dahinter. Wenn ein Partner oder eine Partnerin mir entgleitet, kann ich es oft daran festmachen, dass es beispielsweise weniger Sex gibt. Die Ursache für die Entfremdung ist aber eine andere. Oft geht es auch um Macht, da wird Sex als Druckmittel eingesetzt. Gleichzeitig entsteht durch die allgegenwärtigen sexuellen Reize außerhalb der Beziehung ein massiver Druck, sich ständig gegen die – oft auch eingebildete – Konkurrenz beweisen zu müssen.

Interview: Nadja Erb

Zur Person: Christine Backhaus (55) ist Diplom-Psychologin und Coach in Frankfurt. Die Inhaberin der Firma Psyconomy – Karriere & Beziehung im Dialog engagiert sich ehrenamtlich als stellvertretende Bundesvorsitzende des Vereins fim – Vereinigung für Frauen in Führung und Management e.V.

Spart euch euer Mimimi!

Warum uns Männern Verunsicherung gut tut

Von Daniel Dillmann

Der Mann ist verunsichert. Er weiß nicht wohin mit seinen Händen und den Stammtischsprüchen. Denn mit Ersteren darf er nicht mehr grabschen, und wenn er Letztere raushaut, bekommt er nicht mehr von allen Beifall dafür. Und es wird noch schlimmer. Die #Metoo-Bewegung hat scheinbar den Mann zum eigentlichen Opfer gemacht. Die „Süddeutsche" sah ihn „in der Krise", der „Spiegel" widmete seiner Verunsicherung eine Titelseite, und bei der „Zeit" beschäftigte man sich mit dem „geschwächten Geschlecht". Die Autoren sind Männer, ihre Essays leicht als reaktionäres taktisches Mittel zur Machterhaltung zu entlarven. Wer ihnen dennoch glaubt, wer in einer Bewegung ein Mittel der Unterdrückung des Mannes sieht, einer Bewegung, die nicht viel mehr hervorgebracht hat, als dass ein paar Prominente für ihr strafrechtlich relevantes Verhalten zur Verantwortung gezogen werden, der sei an die Statistik zu Gewaltverbrechen erinnert. Die lässt keine zwei Meinungen zur Geschlechterverteilung von Opfern und Tätern zu.

Selbst wenn sich also manch emanzipierter Mann verunsichert fühlt, ist das zu verschmerzen. Wenn eine unterdrückte Gruppe an den Säulen einer Herrschaftsstruktur rüttelt, dann wird den Herrschenden auch mal schwindlig. Das ist das Mindeste. Sollen Strukturen der Herrschaft aufgelöst werden, dann muss das nicht unbedingt zu Enthauptungen führen, aber um ein wenig Tumult kommen wir Herren und Damen nicht herum.

Menschen unterscheiden sich bekanntlich und sind gleichzeitig zu 99,9 Prozent identisch. So auch Frauen und Männer. Doch hauptsächlich Männer machen daraus einen unvereinbaren Gegensatz. Durch tradierte Geschichten, pseudo-wissenschaftliche Studien, rosa-hellblaue Erziehung und äußerliche Überformung. Und selbst vorhandene Unterschiede müssen gar nicht aufgelöst werden, dürften aber de facto keine Rolle spielen. Manche Menschen sind größer und stärker als andere, manche klüger. Aber jeder versteht, dass wir erst dann in einer gerechten Gesellschaft leben werden, wenn diese Faktoren nicht Chancen determinieren, Würde oder rechtlichen Status.

Die #Metoo-Debatte als Anstoß auf dem Weg zu einer emanzipierten Gesellschaft hat Fragen aufgeworfen, die nicht jeder Mann auf Anhieb beantworten kann. Wann ist was Belästigung, wann bin ich witzig und wann übergriffig, wann bin ich freundlich und wann sexistisch? Es ist wichtig, darüber zu reden und die Verunsicherung, die dadurch entstehen mag, ist ein sehr kleiner Preis dafür. Ein Mimimi ist unangebracht.

Wir Männer werden im Zuge dieser Entwicklung wohl einiges an Macht verlieren. Aber es gibt auch viel zu gewinnen. In einer emanzipierteren Welt muss nicht jeder ein hetero-harter Kerl mit Hang zu Technik und Fußball sein. Er kann Gefühle zeigen, ohne zum Schwächling abgestempelt zu werden. Der Mann muss nicht jede Antwort parat haben, hatte er vorher ja auch nicht. Die Bürde des Versorgers der Familie bleibt ihm erspart. Keiner verlangt von ihm diese Herrlichkeit, die superkraft-artig aus dem Besitz eines Hodensacks entsteht. Egal wie verunsichert der eine oder andere sich auch fühlen mag – wir sind längst nicht am Ende der Auseinandersetzung. Es ist sicherlich anstrengend. Aber es gibt keinen Grund, Angst zu haben.

Spitzenduo II: Papa, Mama – und Freunde

Jennifer Sutholt hat zum Vater ihres Kindes ein besonderes Verhältnis

Von Sonja Thomaser

Privat

Jennifer Sutholt

Jennifer Sutholt wollte ein Kind – was fehlte, war der Mann dazu. Aber muss das überhaupt ein Partner in einem romantischen Beziehungssinn sein? „Ich wollte mir den Traum vom Kind erfüllen und nicht mehr auf einen neuen Partner warten", sagt die 37-jährige Berlinerin. Und dann kam die Idee: „Als ich einer Kollegin von meinen Plänen erzählte, machte sie mich mit Co-Parenting bekannt. Das konnte die Lösung für mich sein, besonders, da die Kollegin mir den Vater meiner Tochter gleich mitlieferte – ein Freund von ihr." Sie trafen sich – und es passte.

„Den Wunsch nach einem eigenem Kind hatte ich schon lange, aber ich wollte keine Beziehung", sagt der Papa. So war die Co-Elternschaft für beide die perfekte Lösung. Die gemeinsame Tochter ist inzwischen zwei Jahre alt und es läuft rund, sagen die beiden: „Viele Streitpunkte oder Schwierigkeiten, die Paare gerade im ersten Jahr haben, fallen bei uns ja weg", so Sutholt. „Wir sind Freunde und Eltern", fasst der Papa diese besondere Partnerschaft in einfache Worte.

„Wir sind sehr unterschiedliche Charaktere, aber bei der Erziehung hilft uns das enorm", sagt Jennifer Sutholt und der Papa ergänzt: „Wir sprechen uns ab – diskutieren auch andere Ansätze und ziehen am gleichen Strang." Die Co-Eltern leben nicht zusammen – das wollen sie nicht.

„Sicher wird die Kleine Fragen haben, wenn sie älter ist und begreift, dass andere Familien etwas anders aufgebaut sind", dessen ist sich Sutholt bewusst. „Aber, ganz ehrlich, die Wahrheit ist doch: Mama und Papa wollten die Kleine so sehr, dass sie alles getan haben, um sie zu bekommen. Auch wenn unsere Familie etwas anders ist, so sind wir doch eine Familie."

Friede, Freude, Elternzeit?

Vor elf Jahren wurde das Elterngeld eingeführt. Inzwischen nehmen sich ein Drittel der Väter die berufliche Auszeit, um bei den Kindern zu sein und ihre Partnerin zu entlasten. Ein Grund zum Feiern? Oder Anlass zu fragen, was die übrigen abhält?

Von Boris Halva

Was für ein Konzept! Gut, der Name ist nicht besonders spektakulär, seine Wirkung offenbar umso mehr! Denn mit dem Elterngeld wurde nicht bloß ein Anreiz für Väter geschaffen, sich ein paar Monate um den Nachwuchs zu kümmern, ohne an die Arbeit denken zu müssen. Nein, mit dem im Jahre 2007 eingeführten Elterngeld scheint Vater Staat ein großer Wurf gelungen zu sein. Hat es doch „dazu geführt, dass sich soziale Normen verändert haben und ein gesellschaftlicher Wandel stattgefunden hat". Darüber hinaus hat es „einen Startpunkt gesetzt, von dem aus sich Familien auf den Weg gemacht haben, entsprechend ihren Vorstellungen zu leben". Und weil aller guten Dinge drei sind, darf noch etwas pathetisch hinzugefügt werden: „Die Einführung des Elterngeldes löste unter den Vätern eine kleine Kulturrevolution aus."

Gesellschaftlicher Wandel also. Ein Leben nach eigenen Vorstellungen. Eine kleine Kulturrevolution. In der Bilanz, die das Bundesministerium für Familie, Senioren, Frauen und Jugend (BMFSFJ) voriges Jahr nach dem ersten Jahrzehnt Elterngeld vorgelegt hat, wird nicht mit großen Worten gegeizt. Sämtliche Zitate im ersten Absatz stammen aus dem Bericht, der neben besagten Schwärmereien auch ein paar erfreuliche Grafiken präsentiert. So lässt sich etwa an apricotfarbenen Balken ablesen, dass 2008 jeder fünfte Vater in Elternzeit ging, während es 2014 bereits 34 Prozent waren. Tendenz weiter steigend, wie der 2018 veröffentlichte „Väterreport" des BMFSFJ belegt.

Und während also immer mehr Väter für eine gewisse Zeit ihr Arbeitspensum reduzieren oder komplett aussteigen, hat das Elterngeld auch „eine dynamische Entwicklung bei der Erwerbstätigkeit von Müttern" angeschoben. Von jenen Müttern, deren jüngstes Kind zwischen einem und acht Jahren alt ist, haben 55 Prozent mindestens einen Teilzeitjob – 2006 waren es nur 47 Prozent. Also auch der Ansatz, Mütter nicht nur zu entlasten, sondern ihnen auch Zeit zu geben, sich über ihre berufliche Zukunft Gedanken zu machen, hat Früchte getragen. Jetzt gibt es mit dem ElterngeldPlus sogar die Möglichkeit, nach dem Prinzip „Zeit gegen Geld" die Elternzeit in Kombination mit einer reduzierten Wochenarbeitszeit zu verlängern.

Also, mehr Väter in Elternzeit und mehr Frauen, die arbeiten – ist doch alles in Ordnung. Oder etwa nicht?

Nehmen wir den erwähnten gesellschaftlichen Wandel. Das Bild ist schon allein deshalb schief, weil das Elterngeld nur für einen kleinen Teil der Gesellschaft eine Veränderung der Lebenswirklichkeit hin zu mehr Selbstbestimmung und mehr Zeit für die Familie bedeutet. Einen sehr, sehr kleinen Teil: Es sind jährlich nicht einmal zwei Prozent der Gesamtbevölkerung, die es beziehen. Und obschon es erfreulich ist, wenn sich für diese etwas verändert, so ist das noch lange kein gesellschaftlicher Wandel. Da braucht es mehr als die 186.250 Väter, die im Sommer 2017 in Elternzeit waren!

Zumal der Wille, Gutes zu bewirken, ja auch nicht zwingend Gutes hervorbringt. Es mag sein, dass wieder mehr Mütter erwerbstätig sind, aber die Zahlen belegen auch, dass vor allem jene Frauen zu Hause bleiben, die eher wenig verdienen. So haben im Jahr 2014 von jenen Frauen, die vor der Geburt des Kindes zwischen 500 und 1.000 Euro verdient haben, gut ein Fünftel das Elterngeld bezogen, während es in dieser Einkommensgruppe 5,3 Prozent Männer waren. Bei höheren Einkommen ist es umgekehrt: In der Gruppe jener, die mehr als 2.770 Euro verdienen, beziehen ein Viertel der Männer, aber nur 7,6 Prozent Frauen das Elterngeld.

Sicher, diese Zahlen belegen, was ohnehin bekannt ist: Dass Paare sich die Elternzeit auch leisten können müssen. Doch über den Faktor Geld hinaus beeinflusst auch die gesellschaftliche und unternehmerische Akzeptanz der Elternzeit die Entscheidung der Paare, wie sie diese Auszeit gestalten – und mit welchen Konsequenzen. Denn während Männer eine gewisse Achtung erfahren, wenn sie zwei Monate in Elternzeit gehen, wird Frauen selbst aus einer kurzen Babypause ein Strick gedreht.

So hat eine im Herbst veröffentlichte Studie des Wissenschaftszentrums für Sozialforschung in Berlin gezeigt, dass die Länge der Elternzeit für eine Frau bei späteren Bewerbungen tatsächlich von Nachteil sein kann. Aber nicht in dem Sinne, dass je länger die genommene Elternzeit einer Frau, desto unattraktiver ist sie als Arbeitnehmerin, sondern genau umgekehrt. Für die Studie wurden 700 fiktive Bewerbungen von Frauen verschickt. Erfahrung und Qualifikation der Bewerberinnen waren identisch, einzig die Länge der Elternzeit unterschied sich. Das Ergebnis: Frauen, die nur zwei Monate Elternzeit genommen hatten, wurden seltener zu Vorstellungsgesprächen eingeladen als jene, die ein Jahr pausiert hatten. Mit einem Experiment im Anschluss fand das Team um die Wissenschaftlerin Lena Hipp außerdem heraus, dass Mütter, die sich eine längere Auszeit nehmen, als warmherziger, intelligenter, weniger intrigant wahrgenommen werden und daher auch bessere Führungspersönlichkeiten seien. Hieße im Umkehrschluss? Genau.

Und der Mann? Die Berliner Studie befasste sich auch mit den Auswirkungen der Länge der Elternzeit auf die Bewerbungschancen von Männern. Und belegt: Es gibt keine. Offenbar besteht da in Personalabteilungen Nachbesserungsbedarf.

Relativiert werden müsste auch der Begriff der eingangs erwähnten „Kulturrevolution“, die das Elterngeld unter Vätern ausgelöst haben soll und von der International Labour Organization (ILO) „als eine der wichtigsten gesellschaftlichen Veränderungen des 21. Jahrhunderts“ gepriesen wird. Natürlich gibt es Männer, die nicht nur die zwei Partnermonate nehmen, sondern sieben oder sogar zwölf Monate in Elternzeit gehen. Und die danach sicher bestätigen, was der „Väterreport“ hervorhebt: Dass Männer nach der Elternzeit ein innigeres Verhältnis zu ihren Kindern haben. Diese „aktiven Väter“

berichten auch „von einer Steigerung des eigenen Wohlbefindens und der eigenen Zufriedenheit“. Von einer Kulturrevolution dürfte man aber schon erwarten, dass sich mehr ändert als nur das Gefühl. Andererseits: Die Frauen profitieren laut Väterreport natürlich auch, da „aktive Väter starke Partner sind und sie wirksam in ihrer beruflichen Entwicklung unterstützen“.

Dennoch: Die Mehrheit der Männer nimmt keine Elternzeit – und zwar aus verschiedensten, meist nachvollziehbaren Gründen. Manche haben Angst, ihr Arbeitgeber könnte sie von der Liste der zu Höherem Berufenen streichen. Andere sind zu dem Ergebnis gekommen, sich eine Auszeit nicht leisten zu können. Wieder andere geben unumwunden zu, dass sie ihren Job einfach zu gerne machen und deshalb auf die Auszeit verzichtet haben. Dafür hätten sie aber nach der Geburt des Kindes ein bisschen kürzer getreten und ihre Frauen unterstützt. Es gibt ihn also, den positiven Nachhall. Und im besten Falle eben nicht nur für den Mann.

Da fällt es auch nicht so sehr ins Gewicht, wenn eine Gruppe von Männern das Nützliche mit dem Schönen verbindet. Beim Statistischen Bundesamt werden diese mit amüsiertem Unterton als „Sommerväter“ bezeichnet. Und tatsächlich sind die Balken der Grafik, die den Väteranteil der Jahre 2015 bis 2018 aufschlüsselt, im dritten Quartal eines jeden Jahres deutlich höher, mitunter sieben Prozentpunkte. Ein Schelm, wer hier Eigennutz unterstellt. Oder müsste man nicht eher sagen: Recht haben sie, die Sommerväter!? Wenn schon Auszeit, dann doch, wenn‘s draußen warm ist.

Der Sommer ist also die Win-win-Jahreszeit für alle. Nicht wenige Familien erfüllen sich in der Zeit den Traum von einer längeren Reise; es soll auch Väter geben, die in ihrer Elternzeit ein Haus gebaut haben. Aber auch hier darf eingeworfen werden: Und wenn schon? Elternzeit und Elterngeld sind, wir erinnern uns, „ein Startpunkt, von dem aus sich Familien auf den Weg gemacht haben, entsprechend ihren Vorstellungen zu leben“. Und sofern sich Frau und Mann einig sind, können sie diese Zeit so nutzen, wie es ihrer Vision vom Leben als Familie am ehesten entspricht. Oder diese Zeit nutzen, um eine Vision zu entwickeln.

In der Wochenzeitung „Die Zeit“ haben im Frühjahr drei Frauen von ihren Erfahrungen in der gemeinsamen Elternzeit berichtet. Was alle als durchaus heilsamen und positiven Effekt beschreiben, ist die Einsicht der Männer, dass so ein Tag mit Kind sehr ausgefüllt ist – und deshalb auch mal Wäsche liegenbleibt und kein Brot im Haus ist. Nichtsdestotrotz stellt die Autorin Alexandra Zykonov jüngst etwas zerknirscht in der „Brigitte" fest, dass selbst ihre emanzipierten Freundinnen nach der Geburt des ersten Kindes in die sogenannte Retraditionalisierungs-Falle getappt sind. Sie leben die Klischees, die sie immer vermeiden wollten – und reden das nicht nur sich selbst gegenüber klein.

Dieser „Konsensfiktion" genannte Effekt wird noch verstärkt von jener kleinen Gruppe von Männern, denen wohl auch nicht mit noch mehr (Eltern-)Geld beizukommen sein wird. Die ihre „Komfortzone Job" nicht verlassen, weil Kinder so unberechenbar sind und manche Frauen ihre Rolle einfach nicht teilen wollen. Die gibt es, glaubt man einem der Autoren des Portals vaterfreuden.de, der ein wenig gestrig erklärt: Ein Mann verliere „schnell die Lust daran, sich zu Hause zu beweisen", wenn er es seiner Frau nicht recht machen kann. Familie ist eben vermintes Terrain, jede vermeintliche Ordnung höchst fragil, da kann die Lust, sich zu beweisen, schon mal in Frust umschlagen. So was kommt auf der Arbeit nicht vor, da zählt das Wort als Vorgesetzter, da kann die Bürotür geschlossen werden. Da hat Mann auch mal seine Ruhe.

Mit der Ruhe ist es jetzt vorbei. Denn auch wenn Begriffe wie „gesellschaftlicher Wandel" und „kleine Kulturrevolution" ein bisschen hoch gegriffen sind, so ist nach elf Jahren Elterngeld deutlich geworden: Alle müssen sich bewegen, Mütter, Väter, Arbeitgeber. Auch, weil Elterngeld und leidenschaftliche Diskussionen um Gleichberechtigung und Vereinbarkeit von Familie und Beruf jahrhundertealte Strukturen nicht einfach auflösen werden. Aber: Der Anfang ist gemacht.

Spitzenduo III: Ohne Schubladen im Kopf

Handwerker Armin Seebald hat von seiner Tochter viel gelernt

Von Nadja Erb

Privat

Armin Seebald mit Tochter Lucie

Zwischen uns da ist ein sicheres Band. Ich weiß, ich kann immer auf sie zählen." So beschreibt Armin Seebald (54) die Beziehung zur wichtigsten Frau in seinem Leben – seiner Tochter Lucie. Das Band ist umso fester, weil sie den Frankfurter Handwerker immer wieder dazu brachte, sein Leben auf den Kopf zu stellen. Und sich mit Vorurteilen gegenüber Mädchen und Männern auseinanderzusetzen.

Das ging schon 2001 los, als die Achtjährige nach der Trennung der Eltern zum Vater kam. „Alleinerziehende Väter waren selten damals", erinnert sich Seebald. Angst, es nicht zu schaffen, habe er trotzdem nicht gehabt. Obwohl er seinen Job für eine gewisse Zeit an den Nagel hängen musste. „Ich wollte Zeit für Lucie haben, deshalb bin ich aus dem Handwerk mit den Terminen und den unregelmäßigen Arbeitszeiten raus und in Teilzeit bei Lidl an die Kasse."

So hatte er auch Zeit, sich „reinzuhängen", als seine Tochter im Verein Fußball spielen wollte. Die deutschen Frauen waren da gerade Weltmeister geworden, aber im Stadtteil ließen die kickenden

Jungs allzu oft ihr „Mädchen können das nicht" hören. „Der Hammer, wie viel Intoleranz da noch da war", erzählt Seebald. Er ging mit in den Verein, bot sich als Betreuer an, machte den Trainerschein. Und betreute auch dann noch eine Mädchenmannschaft, als seine Tochter dem Rasen schon den Rücken gekehrt hatte.

„Mädchen können das nicht", dieser Satz treibt Seebald seither um. Seiner Tochter hat er schon früh einen Akkuschrauber in die Hand gegeben, als Studentin jobbte sie für ihn auf der Baustelle. Für den Handwerker eine Selbstverständlichkeit, für seine Kollegen und Kunden oft nicht. „Es ist unfassbar: Wir ziehen Hochhäuser für Milliarden Euro hoch, aber schaffen es nicht, ein Frauenklo auf die Baustelle zu stellen", schimpft er. Inzwischen bietet Seebald Heimwerkerkurse speziell für Frauen an – sein Beitrag gegen die „Schubladen im Kopf". Inspiriert dazu hat ihn seine Tochter.

Schwan im Liebeswahn

Ungleiche Paare sind in der Tierwelt gar nicht so selten – aber immer irgendwie anrührend

Von Thomas Stillbauer

Hund und Katz. Massenweise. Eine Qualle, charmant begleitet von einem Fisch – „Seacret Service" hat jemand dazugeschrieben. Ein Kaninchen und eine Katze. Hund und Krähe. Silberreiher und Hirsch. Mops und Pony. Ein Labrador mit einer ganzen Kükenschar.

Wer auf Twitter, dem Internet-Kurznachrichten-Feuerwerk, den richtigen Leuten folgt, wird beinahe täglich mit verrückten Paaren beliefert, kuriosen, rührenden, auch nachdenklich machenden Verbindungen. Die Frage bleibt natürlich: Ist es wirklich Liebe? Oder machen die sich und uns was vor? Spielt man mit unseren Gefühlen?

Auf einer entfernten Insel soll sich bekanntlich mal ein riesiger Affe in eine Blondine verliebt haben. Ein gewisser King Kong. Aber Sie wissen ja, die Leute reden, einer tratscht es dem anderen weiter, und am Ende ist doch das meiste erfunden.

Relativ sicher kann man bei Khula und Imbuzi sein. Khula ist ein kleines Rhinozeros, Imbuzi ist eine Ziege – und beide sind absolut unzertrennlich, wie der Kinderkanal „The Dodo" berichtete. Als das kleine Nashorn auf die Welt kam, konnte seine Mutter ihm keine Milch und auch keine Liebe geben. Also kam es auf eine Farm für Rhino-Waisen in Tansania. Aber die anderen Dickhäuterkinder waren schon größer und viel zu rabiat für die schwache und unterernährte Khula. Da trat Imbuzi auf den Plan. Seither darf man die beiden Turteltauben keine fünf Minuten mehr trennen, sonst ist das Gejammer groß. Khula ist kräftig und selbstbewusst geworden und hat von Imbuzi unter anderem gelernt, wie man Gras frisst.

Ziegen sind offenbar sehr tolerant, was die Wahl der Gefährten angeht, denn eine ähnliche Romanze entwickelte sich zwischen Buckley (Hochlandkuh) und Ralphy (Ziege). Aber auch der Chihuahua Yoda und die Eseldame Lily machen aus ihrer Zuneigung kein Geheimnis. Komplikationen gab es, als Esel-Gentleman Hershey auf den Plan trat und Yoda tierisch eifersüchtig wurde. Aber er lernte schließlich, seine Herzensdame zu teilen.

Eine relativ ungewöhnliche Beziehung zueinander haben auch Bernie und Galaxy aufgebaut, besonders wenn man bedenkt, dass Galaxy eine Katze ist und Bernie eine Ratte. Am Anfang wussten sie nicht so genau, was sie voneinander halten sollen, aber dann habe doch die Liebe gesiegt, berichten die Leute in den USA, bei denen das Paar wohnt: „Galaxy wanted a friend more than she wanted a snack" – die Katze sah ein, dass sie lieber einen Freund wollte als einen Imbiss.

In Deutschland kommen solche Phänomene gut an, aber das Taschentuch bleibt dabei vorerst trocken. Nicht weil man hier rührenden Tierpartnerschaftsgeschichten gegenüber reserviert wäre, im Gegenteil. Es ist nur ... die rührendste Tierpartnerschaftsgeschichte von allen haben wir ja selbst. Sie spielt auf dem Aasee in Münster und beschäftigte jahrelang die Menschen und Medien bis nach Thailand. Ihre Hauptpersonen sind ein schwarzer Schwan namens Petra und ein Tretboot.

Im Frühling 2006 verliebte sich die schwarze Petra Hals über Kopf in einen zwar weißen, aber unwiderstehlich großen und starken Schwan. Dass er ihr gefühlsmäßig nicht gerade entgegenkam und auch sonst nicht sehr unternehmungslustig war, schien sie nicht zu stören. Petra wich ihrer großen Liebe nicht von der Seite, auch wenn der Boots-Mann gerade beruflich ein Menschenpaar über den See schipperte. In den Wintern zogen die zwei zusammen in den Münsteraner Allwetterzoo, der dem Paar großzügigerweise einen eigenen Teich zur Verfügung stellte.

Am schönsten wäre es natürlich, wenn aus der Liaison ein paar kleine Bötchen hervorgegangen wären, vielleicht für die Badewanne, aber nein, natürlich nicht. Petra begann irgendwann, sich auch für andere Schwäne zu interessieren, nach dem Motto: klein, aber oho. Die Zeit verging, eines Winters verschwand die Schwänin. Man entdeckte sie schließlich fix und fertig in Osnabrück. In einer Pflegestation kam sie wieder zu Kräften und fand dort auch den Schwan ihres Lebens.

Happy Ente, ließe sich fast sagen. Mit wem das Tretboot jetzt zusammen ist, weiß man nicht.

Herausgeberinnen

Bascha Mika, langjährige Chefredakteurin der taz, hat seit April 2014 gemeinsam mit Arnd Festerling die redaktionelle Leitung der Frankfurter Rundschau übernommen. Sie hat vielfältig zu gesellschaftspolitischen Themen veröffentlicht, für Aufsehen sorgte unter anderem ihre Biografie über Alice Schwarzer (1998).

Nadja Erb, ist stellvertretende Ressortleiterin Politik der Frankfurter Rundschau.

Autor*innen

MICHELE BERTELLI *ist freier Autor.*

THOMAS BORCHERT *berichtet für die FR aus Skandinavien.*

SANDRA BUSCH *arbeitet in der FR-Frankfurt-Redaktion.*

SANDRA DANICKE *schreibt für FR7.*

JOHANNES DIETERICH *berichtet für die FR aus Afrika.*

DANIEL DILLMANN *arbeitet in der FR-Onlineredaktion.*

ANKE DOMSCHEIT-BERG *ist Netzpolitikerin und Aktivistin.*

KLAUS EHRINGFELD *berichtet für die FR aus Lateinamerika.*

NADJA ERB *ist stellvertretende Leiterin des FR-Politikressorts.*

LARA FEDER *arbeitete in der FR-Rhein-Main-Redaktion.*

VIKTOR FUNK *arbeitet in der FR-Politikredaktion.*

MARTIN GEHLEN *berichtet für die FR aus Nordafrika.*

BORIS HALVA *leitet das FR-Panoramaressort.*

SABINE HAMACHER *arbeitet in der FR-Politikredaktion.*

FRANK HELLMANN *arbeitet in der FR-Sportredaktion.*

RUTH HERBERG *arbeitet in der FR-Politikredaktion.*

STEFAN KRIEGER *arbeitet in der FR-Onlineredaktion.*

FINN MAYER-KUCKUK *ist freier Autor.*

DANIEL KOTHENSCHULTE *ist Filmexperte der FR.*

INGRID KURZ-SCHERF *forscht, lehrt und publiziert zum Thema „Politik und Geschlecht".*

CAROLIN KÜTER *ist freie Autorin.*

FELIX LILL *berichtet für die FR aus Japan.*

ALICIA LINDHOFF *arbeitet in der FR-Politikredaktion.*

CHRISTINE LÜDERS *leitet die Antidiskriminierungsstelle des Bundes.*

SEBASTIAN MOLL *berichtet für die FR aus New York.*

ELENA MÜLLER *arbeitet in der FR-Politikredaktion.*

ILSE NAGELSCHMIDT *ist Professorin für Literaturwissenschaft.*

MANFRED NIEKISCH *ist früherer Direktor des Frankfurter Zoos und FR-Kolumnist.*

MANJA PRÄKELS *ist Schriftstellerin und Publizistin.*

KATHRIN ROSENDORFF *arbeitet in der FR-Rhein-Main-Redaktion.*

URSULA RÜSSMANN *arbeitet in der FR-Politikredaktion.*

JAVIER SAURAS *ist freier Autor.*

NICOLE SCHMIDT *ist freie Autorin.*

REGINE SEIPEL *arbeitet in der FR7-Redaktion.*

MIRA SIGEL *ist freie Autorin.*

JUDITH VON STERNBURG *arbeitet in der FR-Feuilletonredaktion.*

THOMAS STILLBAUER *arbeitet in der FR-Frankfurtredaktion.*

SONJA THOMASER *arbeitet in der FR-Onlineredaktion.*

MANUEL ALMEIDA VERGARA *arbeitet in der FR-Panoramaredaktion.*

ELLA CARINA WERNER *ist freie Autorin.*

MARIE-LUISE WOLFF *ist Vorstandsvorsitzende von Entega.*